内蒙古自治区社会经济发展蓝皮书·第三辑

总主编／杜金柱　侯淑霞

内蒙古自治区
体育产业发展报告
（2018）

主　编＼冯利英　巩红禹
副主编＼李海霞　鄂慧芳　田玉俐

THE REPORT OF SPORTS INDUSTRY
DEVELOPMENT ON
INNER MONGOLIA（2018）

经济管理出版社
ECONOMY & MANAGEMENT PUBLISHING HOUSE

图书在版编目（CIP）数据

内蒙古自治区体育产业发展报告.2018/冯利英，巩红禹主编.—北京：经济管理
出版社，2018.1
ISBN 978 - 7 - 5096 - 5662 - 4

Ⅰ.①内… Ⅱ.①冯… ②巩… Ⅲ.①体育产业—产业发展—研究报告—内蒙古—2018
Ⅳ.①G812.726

中国版本图书馆 CIP 数据核字（2018）第 027608 号

组稿编辑：王光艳
责任编辑：李红贤
责任印制：黄章平
责任校对：董杉珊

出版发行：经济管理出版社
　　　　　（北京市海淀区北蜂窝 8 号中雅大厦 A 座 11 层　100038）
网　　址：www. E - mp. com. cn
电　　话：（010）51915602
印　　刷：北京虎彩文化传播有限公司
经　　销：新华书店
开　　本：720mm × 1000mm/16
印　　张：15.5
字　　数：274 千字
版　　次：2019 年 8 月第 1 版　2019 年 8 月第 1 次印刷
书　　号：ISBN 978 - 7 - 5096 - 5662 - 4
定　　价：98.00 元

内蒙古自治区社会经济发展蓝皮书·第三辑

丛书编委会

总　序

2018 年是党的十九大的开局之年和改革开放 40 周年，在以习近平同志为核心的党中央坚强领导下，内蒙古自治区各族人民深入学习贯彻党的十九大和十九届二中、三中全会精神，全面落实党中央、国务院的决策部署，积极应对各种困难和挑战，锐意进取，扎实工作，全区经济社会持续健康发展，地区生产总值增长 5.3%，一般公共预算收入增长 9.1%，城乡常住居民人均可支配收入分别增长 7.4% 和 9.7%，取得了令人瞩目的成绩，唤起了社会各界深度了解内蒙古自治区社会经济发展情况的迫切愿望。

为系统描绘内蒙古自治区社会经济发展的全景图谱，为内蒙古自治区社会经济发展提供更多的智力支持和决策信息服务，2013 年、2016 年，内蒙古财经大学分别组织校内学者编写了《内蒙古自治区社会经济发展研究报告丛书》，两套丛书出版以来，受到社会各界的广泛关注，也成为社会各界深入了解内蒙古自治区的一个重要窗口。2019 年，面对过去一年社会经济发展形势的风云激荡，内蒙古财经大学的专家学者们再接再厉，推出全新的《内蒙古自治区社会经济发展蓝皮书》，丛书的质量和数量均有较大提升，力图准确诠释 2018 年内蒙古自治区社会经济发展的诸多细节，以文思哲理为中华人民共和国成立 70 周年献礼。书目包括《内蒙古自治区体育产业发展报告（2018）》《内蒙古自治区服务贸易发展报告（2018）》《内蒙古自治区劳动力市场发展研究报告（2018）》《内蒙古自治区财政发展报告（2018）》《内蒙古自治区区域经济综合竞争力发展报告（2018）》《内蒙古自治区文化产业发展研究报告（2018）》《内蒙古自治区社会保障发展报告（2018）》《内蒙古自治区工业发展研究报告（2018）》《内蒙古自治区投资发展报告（2018）》《内蒙古自治区资源环境发展研究报告（2018）》《内蒙古自治区"双创"指数研究报告（2018）》《内蒙古自治区云计算产业发展报告（2018）》《内蒙古自治区农业发展报告（2018）》《内蒙古自治区战略性新兴产业发展报告（2018）》《蒙古国经济发展现状与展望（2018）》《内蒙古自治区金融发展报告（2018）》《内蒙古自治区旅游业发展报告（2018）》《内蒙古自治区物流业发展报告（2018）》《内蒙古自治区能源发展报告（2018）》《内蒙古自治区对外经济贸易发展研究报告（2018）》《内蒙古自治区中小企业研究报告（2018）》《内蒙古自治区区域经济发展报告（2018）》《内蒙古自治区商标品牌发展报告（2018）》《内蒙古自治区知识产权发展报告（2018）》。

中国特色社会主义进入新时代的伟大实践，需要独有的思想意识、价值意念和技术手段的支持，从而形塑更高层次的经济和社会发展格局。以习近平中国特色社会主义思想为指引，践行社会主义核心价值观，筑牢使命意识，恪守学术操守，应是当代中国学者的既有担当。正是基于这样的基本态度，我们编撰了本套丛书，丛书崇尚学术精神，坚持专业视角，客观务实，兼容并畜，兼具科学研究性、实际应用性、参考指导性，希望能给读者以启发和帮助。

丛书的研究成果或结论属个人或研究团队的观点，不代表单位或官方结论。受客观环境及研究者水平所限，特别是信息、技术、价值观等迭代加速以及杂多变国内外形势复杂多见，社会科学研究精准描述的难度和发展走向的预测难度增大，如若书中结论存在不足之处，恳请读者指正。

编委会

2019 年 7 月

前 言

体育产业是指为社会提供体育产品的同类经济活动的集合以及同类经济部门的综合。广义的体育产业是指与体育运动相关的一切生产经营活动，包括体育物质产品和体育服务产品的生产、经营两大部分。狭义的体育产业是指体育服务业，或者是指体育事业中既可以进入市场，又可以盈利的部分。

体育产业是第三产业中的朝阳产业，在国民经济中占据重要地位。发展体育产业不仅可以壮大国威、展示国力，还可以增强人民体质。2015 年，国家体育产业的总规模为 1.7 万亿元，增加值为 5494 亿元，占 GDP 的比重为 0.80%；世界主要国家的体育产业占 GDP 的比重为 2.0%～3.0%，如同期美国水平为 3%、全球平均水平为 2.1%。我国体育服务业增加值占体育产业增加值的比重为 49.2%，从其发展规模和结构来看，目前整体规模较小，对国民经济贡献较低，但潜力无限，在未来能够成为我国国民经济新的增长点，也可能成为国民经济中的支柱产业。未来我国体育产业发展将步入黄金十年，对国民经济的贡献将稳步提升。

近年来，在国家经济社会和体育事业快速发展、运动理念逐渐普及、国家政策和资金持续支持的大背景下，我国体育产业呈现出较快的发展态势，整体规模不断扩大，体育产出明显增加。体育产业与其他行业如旅游、文化、教育、医疗、互联网等不断融合，在拓宽行业广度和深度的同时，也为体育产业提供多种发展和塑造的机会。

《内蒙古自治区体育产业发展报告（2018）》包括以下六个方面：第一，介绍了体育产业的相关概念，阐述了体育产业对国民经济社会发展的重要意义，概括了体育产业的历史沿革，并梳理了相关的重大政策。第二，结合全国体育产业发展环境和发展现状，对内蒙古自治区体育产业的发展状况按照时间顺序进行了梳理，从自治区成立以来，将其发展历程概括为萌芽→起步→探索→培育四个阶段。第三，对近年来内蒙古自治区体育产业发展状况按照项目类别进行了统计汇总分析，如 2015 年内蒙古自治区体育产业增加值为 138.84 亿元，占全区 GDP 比重为 0.77%，整体规模相对较小。第四，结合内蒙古自治区区情，对具有蒙古族特色的那达慕、赛马、赛车和冰雪体育项目进行了翔实的分析。第五，结合"十三五"规划，对内蒙古自治区体育产业的未来发展前景进行了展望。第六，本书附录中还包括全国"十三五"发展规划以及部分省份的 2015 年体育产业专项调查资料。

本报告主要基于内蒙古自治区体育产业的优势和特色，力图打造具有民族、地域特色的体育项目品牌，促进少数民族传统体育项目的发展，使体育产业成为自治区经济增长的新亮点和新增长极。本研究报告数据来源于直接和间接两个渠道：直接数据是通过进行体育产业专项调查取得；间接数据主要来自于国家体育总局、国家统计局、内蒙古自治区体育局、内蒙古自治区统计局和各种公开媒介渠道等，数据权威、翔实、丰富。该项调查工作是内蒙古自治区开展的第一次体育产业专项调查，涉及面广、空白点多、情况复杂、工作难度大。通过组织、实施调查，基本摸清了内蒙古自治区体育产业各类单位的基本情况，初步建立了内蒙古自治区体育产业各行业的基本单位名录库和基础信息数据库，对其发展规模、结构与布局有了深入了解，对其发展状况也有了一个清晰的认识。本报告的特点是利用专项调查数据，分析内蒙古自治区体育产业的发展现状，为内蒙古自治区体育产业发展献计献策。

本报告具有切实的操作性和实用性，对内蒙古自治区体育产业的改革实践发挥着导向性和引领性作用。在分析体育产业发展现状的基础上，本报告总结当前内蒙古自治区体育产业发展的优势、劣势、机遇和挑战，探究制约内蒙古自治区体育产业发展的瓶颈，梳理其他国家和地区发展体育产业的经验与做法，形成了有政策指导意义的对策方案，为政府及相关部门决策提供了参考依据。通过参阅本研究报告，可以对内蒙古自治区体育产业发展状况有一个比较系统、深入的了解。在此，我们也倡导广大读者重视体育锻炼，热爱体育运动。

本报告由内蒙古财经大学教师冯利英、巩红禹、李海霞、鄂慧芳、田玉俐编写，在写作过程中各章内容均经过反复讨论和多次修改。研究生陈雅、刘宇笛、王若男、塔娜等也为此书付出了大量汗水和努力，做了大量数据整理和分析工作。本报告的编写参考并汲取了大量体育产业相关著作、杂志等有益内容，受篇幅所限，恕不一一提及，在此表示衷心的感谢。虽然作者在编写过程中力求严谨和完善，但水平有限，书中难免存在疏漏或缺陷，敬请广大读者批评指正。

编者

2018 年 9 月于呼和浩特

目　录

第 一 章

绪 论

一、体育产业相关概念

现阶段，我国学术界观点大致认为体育产业是由体育产品制造和体育服务两大类经济活动构成的产业集合，目的是满足人们体育文化娱乐的需求。体育产品制造主要指体育用品与器材、体育服装鞋帽、体育建筑、体育食品、体育饮料等；体育服务则主要包括体育竞赛组织与表演、体育健身娱乐、体育新闻与媒介、场地出租、体育培训、体育中介、体育旅游等。

要研究体育产业，先要弄清何谓"体育"。我们国家把游戏、娱乐、休闲、身体锻炼、身体训练、项目比赛等身体活动，都叫作"体育"。其中，被列入学校教育，进行课堂教学和课外教学的活动，叫作"学校体育"；在社会组织或群众中进行的活动，叫作"群众体育"或"社会体育"；从西方引进的球类、体操、田径等取得金牌、纪录为国争光的运动项目的训练和比赛，叫作"竞技体育"。因此，与这些活动相联系的经济活动，即在市场经济体制下，除了国家拨款之外，其他自创经济收入的活动，就是"体育产业"活动。但这种定义是存在疑问的。

目前，我国对"体育产业"概念的定义不下十余种，可以说多为"想当然"的产物。我们要寻求"体育产业"概念的准确理解，不应当从国内这些"产物"中探求，而应当从国际公认的概念中去寻求出一个比较基准的说法。因为"体育"是从西方发展起来而后引进中国的，"体育产业"也是在西方商品经济的条件下发展起来的，他们在实践的基础上已经形成了比较接近于真理的认识，应当作为我们的重要借鉴。可惜我国真正研究或介绍西方"体育产业"的资料太少了，不大可能得出一个十分准确的界定，但也只能如此，摸着石头过河，错了修正就好。这里主要依靠联合国制定的"国际标准分类"中对"体育活动"的规定。

联合国制订的《全部经济活动的国际标准分类索引》把国民经济活动分为十个大部类：农业、狩猎业、林业和渔业；矿业和采石业；制造业；电力、煤气、供水业；建筑业；批发与零售业、餐馆与旅店业；运输业、仓储业和邮电业；金融业、不动产业、保险业及商业性服务业；社会团体、社会及个人服务；不能分类的其他活动。第9大部类即社会团体、社会及个人服务大部类中的第二大类，是代码为92的社会服务活动，其下的第四项即代码为924的"体育、娱乐"中的第一项，才是代码为9241的"体育"。它与娱乐同等属性，都属于社会服务行业，而且它只是一个四位数分类的小类，并不是一个对国民经济有影响的行业。

在联合国的分类规定中明确，体育包括组织和举办各种室内外专业和业余的体育活动，以及对这些活动的场地管理。这涉及各种组织、团体，如足球俱乐部，保龄球俱乐部，游泳俱乐部，高尔夫俱乐部，拳击、摔跤、健身俱乐部，冬季运动俱乐部，象棋、跳棋、多米诺骨牌和桥牌俱乐部，田径俱乐部，射击俱乐部等，还有对所有这些运动所需要的设施（如果是专门为它们设计和使用的）的管理。这些设施可能是各种竞技场和运动场，不论是开放式的还是封闭式的，也不论是否有观众席。体育还包括与促进和开展体育运动有关的活动，自由运动员、裁判、计时员、教练等的活动，体育学校、赛马马厩、车库等的活动，出于运动或娱乐目的的打猎和有关服务活动，这些在国民经济活动的分类中才属于体育行业，它们具有同其他任何行业不同的特征。

体育活动主要分两类。一类是举办专业（或职业）或业余的体育运动项目的训练和比赛的组织或团体的经济活动，这种活动多以俱乐部的形式进行，如足球、象棋、健身等俱乐部的身体技艺和智力的竞技活动，就是在竞技规则的指导和约束下通过比赛决定胜负的竞技性游戏活动。另一类是这个体育行业的场地、人员、设施的管理，包括：①对特别为体育专业或业余训练和比赛的使用而专门设计建造的各种场馆池的管理，这些场馆可以是封闭式的或开放式的，不论是否设有观众席，必须是专用的；②对举办竞技赛事必不可少的自由运动员、裁判员、计时员、教练等人员的参与的管理；③对专门为运动训练服务的体育学校，专为赛马、赛车服务的马厩、车库等的管理；④对打猎活动及为其服务的设施（如猎物）等的管理。总之，运动项目的训练和比赛活动以及同这些项目活动直接紧密相关的专门服务活动，就是联合国认可的体育行业的内涵和范围，也是西方社会公认的体育行业的界定。

综合以上分析，"体育产业"可以有两个界定：其一是产业结构理论中偏于宏观分类的"体育产业"概念，这个似乎应当以联合国的行业索引里规定的"Sports"为主，实际就是"体育行业"，这里面有事业单位、国家机关，也有营利性的企业，在我国是以公益性为主，所以总体上称作体育事业；其二是专指体育行业中的企业的集合，即"是指从事不同运动项目的训练和比赛活动，以及专门为这些活动服务的企业的集合"。也就是说，这个"体育产业"专门研究体育行业中形成（或潜在）的企业的集合，不包括体育行业中的公益事业部分，这才是我们"产业"研究的重要内容。现代产业经济学的主要对象就是研究"企业的集合"，是从产业经济的组织理论发展起来的，国外的产业经济研究也以这一部分为主。因此，我们的"体育产业"研究似乎也应当侧重于这个方面，也就是把"体育企业的集合"作为我们体育产业研究的核心。

我国政府于1985年颁布的《国民生产总值计算方案》中采纳的三次产业的分类方法，明确地将体育产业列入第三产业的第三层次。2013年1月14日，国家统计局印发了《三次产业划分规定》，对国民经济行业分类进行了重新调整，同时，2003年制定的三次产业的划分废止。在2003年制定的划分标准中，体育产业与卫生、福利业一起，构成卫生、体育与社会福利业，体育产业没有次级分类。而此次新的标准依照联合国标准产业分类的原则，参考了许多体育产业比较发达的国家的产业分类标准，将体育、文化与娱乐产业组合在一起形成文化、体育和娱乐业，体育产业的地位得到显著提高。更为重要的是，新的产业分类使体育产业在国民经济的核算体系中占有一席之地，让体育产业的统计资料有据可查，为我国体育产业的政策决策及科研提供了有效的信息支持。由此可见，我国政府对体育产业开始重视，但仍有许多欠缺，最明显的一点就是没有从理论上对体育产业的相关概念进行界定，导致学术界对体育产业的概念和范畴存在不同看法，这直接影响到体育产业的进一步研究与发展。

此外，体育产业的概念还分为广义和狭义两种。广义的体育产业是从事体育服务生产和经营的事业，既包括自主经营的体育企业单位，也包括由国家财政支出的各类公益性、事业性的体育事业机构。狭义的体育产业是从事体育服务生产和经营的体育企业的集合，其特征就是企业经营性。

体育产业的概念宽泛，在其理解上需要解决理论性与实践性、现实性与历史性两个同等重要的问题，因此，没有一个统一的认识。目前理论和实践工作者主要认同的观点如下：①体育服务业；②与体育运动有关的一切生产经营活动；

③体育事业中可赢利的那一部分；④社会主义市场经济体制下运行的体育事业。第一种观点主要依据英国经济学家阿伦费希尔在 20 世纪 30 年代提出的"三次产业分类法"和据此形成的国民生产总值的统计方法。这种观点有成熟的经济理论和现行国家政策的支持，被体育理论和经济理论的理论工作者认同。第二种观点主要依据体育运动中所蕴含的经济价值，从体育消费开始作为逻辑起点，有体育消费需求就有体育市场的形成，就有相应的体育产业。这种逻辑最终使体育产业的范围渗透到三大产业的各个领域中，成为一种复合产业。第三种观点主要从市场学、经济学的角度，把体育产业看作一个动态概念，他们的理念是发展的体育产业，就是不断地将体育事业推向市场的过程，并且随着体育产业化进程的加快，事业的比重会逐步降低，产业的比重会逐步升高。第四种观点是依据历史观和发展观的辩证统一，并结合我国当前国情提出的现行概念。

对于体育产业概念不同的认识是正常的，任何一个观点都要有它的理论依据、实践依据、认知和使用价值及明确的规定和使用范围，任何一种观点都有它的合理性和缺陷性，关键要认知它们的应用范围，坚持"兼收并蓄，博采众长，融合提炼，以用为本，固本求新"的原则，针对不同的时空条件环境，进行创造性的发挥。

体育产业的定义包含了如下一些重要内涵：第一，体育产业是"企业经济活动的集合"，这明确了体育产业经营性、营利性的产业性质，以区别公益性、非营利性的事业活动；第二，体育产业的产品形态是"服务或劳务"，这明确了体育产业的第三产业地位，同时也与生产体育相关物品的产业部门作了区分；第三，体育产业以"满足消费者体育需要为直接目的"，这明确指出了体育产业的产品使用价值，也由此划清了体育产业与体育经纪服务活动、体育广告服务活动等服务业的界限；第四，体育产业"以身体练习或运动为主要生产手段"，这一语道出了体育的本质特点与体育产业的特殊生产方式。

体育产业是指为社会提供体育产品的同一类经济活动的集合以及同类经济部门的综合，是生产体育服务产品的产业，是第三产业的组成部分。其中，体育产品既包括有形的体育用品，也包括无形的体育服务；体育经济部门不仅包括市场企业，也包括各种从事经营性活动的其他机构，如事业单位、社会团体乃至个人。

有学者在产业经济的研究中指出体育产业的内涵：体育产业指为满足人们健身健美、娱乐休闲和精神需要而从事体育劳务产品的生产和经营服务的体育部门、机构、社会团体、企业和其他法人及其各种活动和由此而产生的各种关系的总称。体育产业具有经营性特征，在市场经济条件下，体育产业的经营者享有法律规定的权利，获得应有的利润，按照法律规定缴纳税赋，承担相应的义务，根据市场经济的基本原则进入市场进行体育服务和相关产品的经营。体育产业属于第三产业，其主体部分主要是为不同的体育消费人群提供各类体育服务和体育产品的产业，这些服务和产品完全属于第三产业。

（一）体育产业的特点

产业随着社会分工和生产力的发展而发展，其内涵和外延随着社会生产力水平的不断提高而不断变化。在不同的历史时期或从不同理论研究出发，产业有着不尽相同的含义。杨叶红（2007）在体育产业概念界定及分类的研究中，基于体育产业的本质含义，对体育产业的特点进行了总结。体育产业与其他产业的主要区别在于它所提供的产品上，这种产品凝结了体育活动的多种要素，这些要素体现了体育产业最显著的"同类"或"相同"特性。从参与的过程和活动效果来看，体育产业在给参与者提供增强体质的产品的同时，也提供心理、情感和精神产品，这些产品中包含了产品提供者的专业技能与知识，并以劳动、服务的形式体现出来。参与者通过观看某项体育运动竞赛表演、自己体验运动过程来享受体育产业的产品。可见，服务类产品是体育产业的核心产品，而服装、设施、器材、场馆等实物类体育用品属于体育服务产品生产过程中的资源投入。体育产业主要具有以下特点：

1. 产业关联度高，附加值大

体育作为一种复杂的社会现象，与政治、经济、文化、生活等各个领域有着很好的"亲缘力"，这也使得体育产业在所有经济行业中具有很高的产业关联度。由于产业关联度高，体育产业在自身产生经济效益的同时，还对国民经济的其他产业部门形成了强大的辐射效应，从而创造出巨大的经济附加价值。发展体育产业对国民经济建设与发展具有非常重要的作用与意义。

2. 产品使用价值的多元性与高层次性

众多产业部门的产品，包括实物产品和服务产品，其使用价值相对单纯、集中，因而人们在消费时所获得的效用相对较为单一。例如，食品和饮料主要是为了满足人的生存需要，手机、汽车产品主要给人们的相互交往、联络带来便利，欣赏音乐会、美术作品主要体现在艺术的心灵感受。相比之下，体育产品的使用价值要更加多元化，人们从消费中获得的效用也更加多样化。以体育健身娱乐服务产品为例，人们不仅可以从中得到身体健康水平的提高、体质的增强，而且可以获得一种心理压力舒解、心情愉悦的惬意，甚至还能在人际的自由交往、自我不断超越等方面得到极大满足，其使用价值体现在人的身、心以及社会等多方面。再者，体育产品的使用价值具有高层次性。社会心理学家亚伯林罕·马斯洛将人的需求从低到高分为五个层次，即生理需求、安全需求、社交需求、爱与归属的需求、尊重需求和自我实现需求。在此意义上，社会经济发展的最终目的就是更好地满足人各个层次的需求。不同产业活动所生产的产品满足人的需求层次不同，如衣、食、住、行等相关产品主要满足人的生理需求，医疗、保险等服务产品主要满足人的安全需要等。体育产品的使用价值主要在于满足人的社交需求、尊重需求和自我实现需求等高层次的需求，尤其能够满足马斯洛所言的人之"高峰体验"情感需求。由于产品使用价值的多元性与高层次性，体育产业对于促进国民经济产业结构升级，推动现代社会的建设与发展进程具有深远的作用与意义。

3. 产品生产的不可复制性与不可储存性

体育产品生产的一个重要特点是不可复制性。绝大多数产业活动，在生产其产品尤其是实物产品（如人们日常生活中所使用的家具、电器、电脑、手机、汽车等）的过程中，可以完全使用或主要依赖现代技术设施、机械装备。由于这些物化生产要素具有稳定性、可靠性等基本特点，再加之借助现代化的生产流程与工艺，因而能够按照同样的规格、品质生产成千上万甚至百万、千万数量的产品。这些产品具有很强的同质性，人们在使用时很难感受到差别。而在体育产品的生产过程中，所投入的核心生产要素是人，包括运动员、教练员、健身教练等。由于人自身固有的生理、心理易变特征，加之人特有的主观能动性、创造性，决定了体育产品的生产具有不可复制性。例如体育竞赛表演服务产品，人们在现实中根本不可能欣赏到两场完全相同的足球赛或是橄榄球赛，即便是两支同样的球队、同样的球员配备在同一场地展开的两场对决，只要两支球队中任何一个球员的身体稍有不适、情绪稍有波动，或是某个战术的细微调整，就有可能导致比赛的巨大变化，从而给观众带来不同的观赏体验。

体育产品生产的另一个重要特点是不可储存性。一般而言，实物产品的生产与消费过程是相分离的，即产品生产出来之后，可以通过一定的方式被储存起来，以供消费者在任何其他时候使用。而体育产品一经生产出来，消费者必须即时消费，即生产与消费过程是同时进行的，生产过程完成，消费随即结束，产品无法保存下来。例如体育竞赛表演服务产品，运动员等生产者提供竞赛或表演服务的过程，也就是观众消费竞赛或表演服务的过程，竞赛或表演活动一旦结束，产品便不复存在。

需要指出的是，通过电视节目或光碟、音像等形式可以将体育产品进行复制与储存，但其本质已不属于体育产品，而属于传媒产品或文化产品，两者不可混为一谈。同时，这两类产品虽然内容相近，但给消费者带来的消费感受也不可同语。例如，人们在现场欣赏体育比赛或表演所获得的心理感受，绝不是观看电视转播、音像转录所能比拟的。因而，体育传媒产品或文化产品不能成为体育产品的完全替代品。

体育产品生产的不可复制性与不可储存性，决定了体育产品的消费是一次性的，而不可能像其他许多产品一样可以反复使用；还决定人们每一次在消费体育产品时都能感受到不同的消费体验，这种体验对消费者来说是一种难能可贵的记忆，正如体验经济大师约瑟夫·派恩所形容的，"它美好、难得、非我莫属、不可复制、不可转让、转瞬即逝，它的每一瞬间都是唯一"。

4. 产品消费的时间性与知识性

人们在消费或使用大多数产业部门生产的产品，包括实物产品和服务产品时，往往与自身的学习、工作或生活密切相关，而无须单独付出时间。例如房屋、家具、电器、服装等实物产品，人们在学习、工作和日常生活中，在闲暇之余，甚而在休息与睡眠时，都可以时时刻刻使用；又如物业公司提供的卫生、安全等服务产品，也是如此。体育产品消费则不同，它通常需要人们支付特定的、独立于日常生活与工作的时间。例如，人们只有在学习与工作之余或节假日休息时间，才可能去各种体育健身俱乐部、休闲会所从事各种身体锻炼与娱乐活动，以及去体育馆、运动中心观看、欣赏各种体育比赛与表演等。体育产品消费的时间性，实质上构成了人们在消费体育产品时的二次或多次投入，即在支付金钱之后还要另外投入个人的时间和精力，从而造成额外的消费成本。这势必影响到人们对体育产品的消费行为。例如，即便人们有着强烈的体育产品消费意愿，同时资金上也宽裕，但如果没有可支配的闲暇时间，或者可支配时间的机会成本过高，人们也会退出体育产品的消费行为。

同时，由于发展时间较短，我国体育产业还不够成熟，其发展过程中还是存在一些问题。一是国家统计部门对体育产业的划分不够合理。2003年5月14日，国家统计局印发了《三次产业划分规定》，此次产业划分与1985年制定的《三次产业划分标准》相比，体育产业的地位明显得到提升。但是新的产业分类标准把一些明显属于体育产业的门类划在娱乐业中，这些门类如保龄球、台球、高尔夫、跑马、滑雪等在体育产业，尤其在体育健身娱乐业中占据重要地位，是我国体育产业中不可或缺的重要组成部分，被划入娱乐业并不合适，在以后的分类调整中应该予以修订，把它们重新划入体育产业范畴。二是体育产业政策不够健全，体育产业法律法规不甚完善。随着市场经济体制的建立，我国体育事业发展的内外环境发生了很大变化，原有的政策已不能满足体育产业发展的需要，再加上国家体育管理体制改革滞后，对体育产业发展缺乏深层次的认识，导致体育产业政策不健全，管理各自为政。目前，我国体育产业化过程中存在大量急需规范管理的问题，但我国体育立法的社会基础比较薄弱，不仅体育产业法规的数量有限，而且立法的效力等级较低。1995 年颁布的《体育法》是体育最高层次的立法，是我国开展体育工作的最高法律依据，但仅凭《体育法》不足以完全处理体育产业化进程中出现的具体问题。三是各类专业人才缺乏。我国体育产业的发展，不仅需要精通体育知识的专业体育人才，也需要熟悉市场规律的经营管理人员，各类专业人才的培养是当务之急。但目前我国体育产业中的人才结构不容乐观，高学历人员少，具有经营管理知识的人才少，大部分管理人员为运动员出身，缺乏经营管理知识。我们应该重视体育产业中的人才队伍建设，在对现有体育产业管理人员进行培训的同时，积极引进高水平的经营管理人员，提高体育产业组织管理水平；鼓励有条件的高等院校开设与体育经济相关的专业，加强体育经济理论研究，培养一批既懂体育、又懂经营管理的复合型人才，满足体育产业化发展的需要。

（二）体育产业的分类

《国家体育产业统计分类》于 2015 年 8 月 27 日由国家统计局第 12 次常务会议通过，自公布之日起实施。体育产业按大类可分为体育管理活动，体育竞赛表演活动，体育健身活动，体育场馆服务，体育中介服务，体育培训与教育，体育传媒与信息服务，其他与体育相关的服务，体育用品及相关产品制造，体育用品与相关产品销售、贸易代理与出租以及体育场地设施建设 11 类。

此外，根据不同的分类依据，体育产业还有很多种分类方式：按照体育产品和劳务的生产方式分类可分为经营型体育产业、半经营型体育产业和非经营型体育产业；按照管理体制进行分类可分为体育主体产业、体育相关产业和体办产业；按照体育产业经营主体不同还可分为服务业体育行业、行政事业单位服务业大型百货公司等细分类别；等等。

虽然学术界对体育市场分类的认识不尽一致，但无论哪种分类的范围都不会超过体育竞赛市场、体育健身娱乐市场、体育培训市场、体育用品市场、体育人才市场、体育旅游市场、体育彩票市场和相应的体育中介组织市场。每种划分不同之处仅在于个别类别的分类不同。其中能够提供给使用者直接感受的服务产品的市场只有体育竞赛市场、体育健身娱乐市场和体育培训市场。

由于对体育产业概念理解的不同，体育产业的涉及范围也相应存在很大差异，同时，由于体育产业划分标准的不同，体育产业的分类和分类内容也呈现很大差异。国外体育产业分为核心产业、中介产业和外围产业。我国体育产业分为主体产业、相关产业和体办产业。国外体育产业的分类主要是从营销学的视角进行划分，国内体育产业的分类主要立足国情进行划分，两者是对产业类型的一种静态定性的划分，对本文的研究有很大的指导意义。但是，对体育运动进行市场开发，使其走产业化发展的道路，需要根据体育相关资源和体育产业结构的内部规律来对体育产业进行一种动态量性的划分：①主导产业，是指在体育产业结构系统中处于带头地位的产业，它在很大程度上决定了该体育运动产业结构系统未来的发展方向和模式；②支柱产业，是指在体育产业结构系统中总产出占较大份额的产业，是该体育运动产业的主要支柱；③辅助产业，是指在体育产业结构系统中为主导产业和支柱产业的发展提供基本条件的产业。由于辅助产业是主导产业和支柱产业发展的基础，因而一般要求辅助产业得到先行发展，否则它将可能成为整个体育运动产业发展的瓶颈。此外辅助产业的产品一般是主导产业和支柱产业的投入品。辅助产业、主导产业和支柱产业间会形成一个产业链条，形成产业间的前向、后向和环向关联，通过产业间的集聚效应、扩散效应、波及效应来带动整个体育运动产业的发展。

从对象上来看，体育实践的对象是被锻炼的人体，是锻炼者本人。"所有这些活动都能给人带来肌肉运动所产生的由本体感受器感受到的快感"，这种快感是指体育运动者通过身体的种种努力，获得了对自我身体力量的认可，在一次次认可的过程中，人感受到征服自我的快乐，感受到瞬间力量的爆发，这种瞬间的巅峰时刻往往使体育运动的观赏者也同时获得极度宣泄的快感。这是一个实际感受的过程，是消费者直接感受的服务。而脱离使用对象的产品则不属于体育产品，也就不属于体育产业。

从产业的视角审视体育的本质特征，体育产业表现的是一种服务或劳务，但这种服务或劳务与其他服务或劳务的不同之处在于它是一种产品使用者直接能够感受到的服务，即专门从事围绕着直接作用于消费者的体育服务或劳务的生产经营活动。

从管理模式上看，对体育产业的管理受国家的政治经济体制、经济发展状况、民族文化传统特点、体育自身性质和发展状况等的影响，因而呈现出不同的管理模式。一般有以下几种管理模式：①由政府设立专门的机构集权管理体育产业的政府管理型；②由各种社会体育组织进行分权管理体育产业的社会管理型；③由政府和社会体育组织共同管理体育产业的结合管理型。事实上，结合管理型是一个大体处于中间状态的类型，其间也存在政府主导管理和社会主导管理。目前，在体育产业管理形态上存在着一种由两极向中间集中的趋势。一些过去采用政府管理型的国家，如前东欧集团、中国等，开始鼓励社会组织与政府共同管理体育产业；而一些过去采用社会管理体制的国家，如加拿大、韩国等，政府逐渐深入体育事务，并设立了体育行政机构，从而使其管理体制成为结合型。

由体育产业概念的外延可得，体育产业包括生产和提供体育竞赛表演服务、体育健身娱乐服务的所有企业组织，因此，我们可以把体育产业分为体育竞赛表演服务业和体育健身娱乐服务业两大类。

体育竞赛表演服务业是指由职业或专业运动员等专门体育人才，主要通过自身的身体活动和运动技艺，来创造和生产出具有一定观赏性和娱乐价值的竞赛和表演服务，以满足社会公众精神文化需求的产业活动。体育竞赛表演服务业在现代社会的经济活动中扮演着越来越重要的角色。随着社会经济的不断发展，人们在物质生活方面得到了极大的满足，转而开始增加在精神层面的需要和追求。体育竞赛表演服务业所提供的服务产品，以其独特的魅力和文化气质，感染和征服着每一个消费者，使其在性情陶冶、情趣发展、压力舒解、竞争意识培养、好奇心理、个性张扬等诸方面的精神需求得到很好的满足，因而受到了很多现代人的青睐。

依据产品的直观特征，可将体育竞赛表演服务产品分为对抗性服务产品（竞赛服务产品）和非对抗性服务产品（表演服务产品）。对抗性服务产品是体育竞赛表演服务产品的主要形态。

体育健身娱乐服务业是指专门从业人员通过提供特定的场所、场地器材、技术指导与咨询等相关服务，供社会公众在闲暇时间自觉、自由、有偿地参与身体锻炼、保健康复、消遣娱乐的产业活动。作为体育产业的另一个组成内容，体育健身娱乐服务业与体育竞赛表演服务业的一个很大的区别在于其产品更加突出消费者的亲身参与性、体验性与创造性，因而在某些方面能够使人们得到更大的消费效用和满足，如身心健康、自我成就感、人际交往等，这使得体育健身娱乐服务业在现代社会人们的生活中占据了重要的一席之地，在某些发达国家如美国，体育健身娱乐服务业的产值甚至已经超过体育竞赛表演服务业，成为了体育产业中的支柱产业。

各地区体育产业发展各有千秋。我国幅员辽阔，各地风土人情各异，不同地区体育产业的发展也各具特色。我国东部及沿海等地区的经济比较发达，人们的消费观念前卫、收入高、闲暇时间充裕，经常参加体育健身娱乐活动，体育健身业发展迅速，相应带动了相关的体育旅游、体育用品制造业的快速发展，体育用品制造业在江浙、广州一带已经形成了一定的规模。在北部地区，人们对于体育竞赛的热情高，体育竞技业市场基础较好，体育竞赛业发展前景乐观。在体育健身娱乐方面，人们则比较喜爱具有北方气候特点的冰雪运动，如滑冰、滑雪、游泳等。在中部地区，由于经济原因，体育产业的发展较为滞后，人们的体育消费水平不高，需求主要集中在大众体育健身方面。按照中部地区的具体状况，可以积极培育以强身健体为主要目的的大众体育市场。而中部地区旅游资源比较丰富，具有得天独厚的自然生态环境，可以依托其丰富的旅游资源、独特的自然生态环境与特色鲜明的民族体育，重点开发体育旅游业，充分发挥体育产业对国民经济的带动作用。

二、体育产业的发展意义

（一）体育产业对国民经济发展的意义

体育产业和经济有着密切的联系，两者是相互影响、相互促进的，而且体育产业发展到一定程度也反映着经济发展的状况。一般来说，体育产业的发展依赖经济的发展，受经济的制约，体育产业的规模和水平反映着经济的状况和水平；同时，体育产业对经济的发展又起着促进和推动作用。正确地认识体育产业和经济的这种相互联系、相互制约、相互促进的关系，并依次建立其良性循环、协调发展的机制，已成为关系到体育产业发展的一个重要问题。

国民经济为体育产业的发展提供资金和物质条件。没有社会生产力的发展，没有经济为体育提供的资金和物质条件，体育的发展将是一句空话，而体育产业的发展则更加不可能，这已是被中外体育发展史所证明了的一般原理。要想发展体育产业，必须有强大的国民经济收入为后盾，因为体育产业涉及的产业及相关产业比较多，产业链多就证明有强大的市场，从而带动经济的发展。发展体育产业要建设大量的体育场馆设施，由于我们国家企业和个人的经济能力有限，修建这些场馆必须要有国家直接的经济补贴和政府间接的政策扶持，所以强大的国民经济实力是我国体育产业发展的基础。体育产业投资和体育消费受经济因素和非经济因素的影响和制约，其中主要受社会经济发展水平以及居民人均水平等经济因素的制约。我国由于受经济水平和投资观念、决策等因素的影响，投资仍以国家投资为主，但体育产业投资非常有限。从消费结构来说，尽管人们的生活随着经济发展水平逐年提高，但我国总体水平和消费结构还比较落后，体育产业投资和消费仍处于一个初级阶段。在一般家庭中，体育消费还没有被纳入日常预算之中。中国经济监测中心对北京市、上海市、天津市的居民存款意识进行了专项调查，调查结果显示，有的居民不愿意开放手脚消费的原因主要有以下几点：一是下岗失业的可能性使今后收入存在不稳定，二是教育制度的改革将使体育费用大大提高，三是医疗体制改革。因此，人们预期收入的不稳定性，在很大程度上制约着体育的投资和消费，居民只有在满足生存的需求后，才会扩大对体育产业方面的投入。

国民经济发展制约着体育产业发展的规模和水平。国家盛则体育强，国家衰则体育败，这是社会生产力发展水平制约体育水平的生动写照。自有奥运会、亚运会和世界杯等大型国际性或地区性体育赛事以来，经济制约体育产业的发展水平尤为突出。现代体育运动竞赛的主要经济特点就是规模大、耗资多，但运动竞赛具有较高的商业价值，能对一个国家的经济发展有着极大的推动作用，这也是近年来各国都争相申请举办奥运会和世界杯的原因。但竞争办赛事的权利归根结底是各国经济实力的较量，一个国家一旦经济发达了，其国民收入也会有很大的改善。只有经济发展了，国民才有闲暇的时间参与到体育当中来。一般来说，体育人口较多、体育意识较强、大型体育运动较为普及体育运动水平较高的国家或城市，都是一些经济较为发达、人均国民收入也较多的国家或城市。

体育产业的持续发展对国民经济的增长有极大的促进作用。我国人口多，自然资源有限，要保证国民经济持续稳定地增长，必须走扩大再生产的道路。对此，许多有识之士把目光投向了第三产业。体育产业的发展可以服务于经济的发展，对物质生产和国民经济增长起到直接或间接的促进作用。首先，发展体育产业特别是健身娱乐业，有利于改善劳动者的素质，提高劳动生产率。国外学者的研究结果表明：经常参加体育活动的人比不参加体育活动的人劳动生产率平均高 $0.6\% \sim 10\%$。日本学者调查的结果显示：积极参加体育运动的人，每年可节省医药费 2 万日元左右。因此，大力发展体育健身娱乐业，可以保护和增强社会生产力的主要因素——劳动力，促进劳动生产率的提高。其次，体育可以带来巨额收入，直接推动国民经济的发展。例如 1994 年，美国以不足 5 亿美元的资金举办了世界杯足球赛，据赛后有关专家估算，其利润额高达 40 亿美元。到 20 世纪 90 年代中期，美国体育产值超过 3000 亿美元。英国经济学家测算，为体育运动的发展每提供 1 英镑，就可产出 1.5 英镑。

体育产业作为一个经济部门，在我国的国民经济体系中尚未形成一个完善的产业，但却刺激了相关产业的发展。1994 年，我国体育用品出口额为 21.8 亿元，1995 年为 27.7 亿元，主要包括运动器材、运动服装等，其年产值不断上升。闻名全国的健力宝集团，借助于体育，生产运动饮料，从广东省三水市西南镇一家资产不过百万元且濒临倒闭的县办小酒厂，发展成为今天年产值超过 13 亿元，拥有 90 家分公司的多元化、外向型的有限公司，获得了巨大的经济效益。由此可见，体育产业的发展和国民经济的发展存在很大的联系。对体育产业的重视和发展对我国国民经济的发展有着非常重要的影响。

体育事业发展有利于促进我国经济产业结构的调整和第三产业的发展。长期以来，我国体育被作为一种福利事业进行经营。计划经济体制抑制体育经济功能的开发，阻碍体育资源的优化配置，不利于体育产业的进一步发展，也使得中国体育管理体制落后、体育市场化程度较低、体育产业所有权结构单一以及缺乏有效的投融资配套体制。中国体育产业经过多年的发展，总体规模正在不断扩大，对国民经济的贡献日趋显现。以北京市、上海市、广州市等大城市和沿海开放地区为中心，正在形成体育产业的快速增长带。体育产业在促进旅游、餐饮、会展、广播电视、新闻出版、房地产开发等相关行业的发展方面也发挥着越来越显著的作用。经营体育产业不仅取得了社会效应，而且取得了很好的经济效益。

我国体育产业对 GDP 有巨大贡献。奥运会等体育赛事是体育事业发挥作用的助推器。虽然我国体育产业占国内生产总值的比重仅为 0.2%，但是其发展有相当大的潜力。产业结构的调整和升级，加入 WTO 及北京承办 2008 年第 29 届奥运会等历史机遇和有利因素，预示着体育产业对国民经济的贡献份额将随中国国民经济发展水平的提高而增长的趋势。随着体育服务业的兴起和与世界经济的接轨，中国体育用品制造业迅猛发展，从而促进了我国第二产业的发展。

我国体育产业的发展有效地带动了相关产业的发展。体育产业与国民经济其他产业具有较强的关联性，主要原因如下：第一，体育产业是一种"注意力经济"，它能够引发良好的投资与消费倾向；第二，体育产业具有独特的社会辐射力和穿透力，使它在社会生活中占据不可缺少的重要地位；第三，体育赛事尤其是重大体育赛事，其投资注入产业范围较大，经济影响的范围往往超过了单一产业投资的影响。

体育产业的发展增加了社会就业机会。20 世纪 90 年代以来，在许多国家经济发展缓慢、劳动就业成为社会主要问题时，体育产业在增加社会就业机会方面的作用日益明显。据测算，2002～2007年，中国为筹办第29届奥运会累计新增就业岗位约为194万个，平均每年新增就业岗位约为32万个。随着中国体育产业的不断发展、壮大，其在解决就业方面的能量正在逐渐释放出来。

体育产业的发展可以刺激和拉动内需。在过剩经济时代，国家经济发展必须实行刺激消费、鼓励消费政策，开拓新的消费热点来扩大内需，以消费拉动国民经济增长、解决劳动力就业问题，这是可持续发展的、正确的经济发展战略决策。据有关资料介绍，我国在过去的二十年中，居民消费对经济的贡献率一直在60%左右，居民消费每增加1%，可带动GDP增长约0.5%。体育消费市场是一个庞大的市场。在现代社会，人们对于消遣娱乐的认识发生了许多变化。在工业发达国家产生了有关游戏、娱乐、运动、消遣的理论，最终形成了一种公认的社会文化活动，也形成了一个收入甚丰的体育文化市场。

体育产业的发展促进了企业的投资。投资的增长也会带来GNP的数倍增长。体育产业是企业扩大知名度、获取经济效益的理想领域。投资有两种形式：间接投资和直接投资。间接投资主要指以赞助等形式获得冠名权、指定产品等特许权形式的投资，以达到广告效应，进而增加产品的市场份额，从而最终获得丰厚的经济利润。例如，日本富士胶片公司由于赞助了1984年洛杉矶奥运会，其富士胶卷在美国的销售量比赞助前的1980年增加了近一倍。通过提供赞助取得奥运会的广告权等，一般要比在电视或其他媒体上播放广告具有更大的广告效应。直接投资就是企业直接把资本投入到体育产业中，以直接获得利润为目的投资。近几年，社会直接投资体育产业的发展态势很快。据有关资料显示，1998年北京市体育经营场所已达5000家，年营业额6亿多元，上缴税金7800万元。现阶段，我国已形成多种所有制成分的体育俱乐部、集体企业、集团等，但从运作机制上看，真正以现代企业制度形式运作的企业还很少，在社会上广纳资金、内部管理有一定透明度、接受社会监督的股份制企业目前只有中国体育产业股份有限公司一家。

综上所述，体育产业在国民经济发展中具有非常特殊的贡献。我国的体育产业化将为体育事业的发展带来新的机遇，进而为拓宽社会投资渠道、发展消费、扩大内需、刺激经济增长、优化产业结构创造条件。我国体育产业化的发展，必须与整个社会主义市场经济的发展相协调。我国经济的发展离不开体育产业，体育产业的发展进程更离不开当前的社会经济，这足以表明我国体育产业的发展空间十分广阔。

（二）体育产业对社会发展的意义

1. 体育产业对精神文明建设的作用

体育产业为社会提供了一种重要的文化活动场所和科学、健康、合理的活动方式，消化了大量的社会余暇时间，满足了青少年儿童体育娱乐的需要，部分地解决了老年人、残疾人的健康问题。同时，体育产业对安定社会、发展社区文化与服务也有重要的价值。因此可以说，体育产业对精神文明建设的特殊作用是其他产业和途径所不能替代的。

2. 体育产业对维护健康的作用

随着城乡居民平均寿命的普遍延长、居民疾病谱与死亡谱的变化和现代医疗手段的广泛应用，各国医疗费用的增长速度极快。医疗费用的迅猛增长已成为各国政府非常棘手的问题之一。体育产业是一种维护社会健康的重要产业，它对亚健康状态的人群有着特殊的意义。体育产业所提供的健身运动、消遣娱乐，是治疗亚健康状态各种身心疾病的一种最积极、最有效、最廉价的手段。

3. 体育产业对改善生活方式、提高生活质量的作用

现代社会和现代人要求与之相适应的生活方式，现代生活方式强调生活质量，而生活质量取决于经济、教育、环境和健康等要素。健康以及健康导致的长寿，是人们获取良好生存机会的基本生命前提。然而，由于历史和现实的原因，人们的生活方式中常常包含了许多不良的因素，特别是一些不良的消费习惯，影响了人们的健康和生命的延续。体育产业引导家庭与个人进行科学、正当、积极的消费，抵制不良的生活方式，以提高生活质量。因此，体育产业的发展程度和体育消费的数量和比例，往往可以用来衡量社会与家庭的生活质量。

健康的生活方式离不开运动。不论是室内运动还是户外运动，都离不开运动产品，这就带动了运动产品行业的发展。随着我国居民对生活质量的要求越来越高，户外运动产业运行由产品拉动转向服务推动。目前运动品牌从线下走到线上，不仅在距离上缩短了用户与商品之间的距离，更推动了物联网的迅速发展。户外体育产品如运动器械、运动衣物和运动专用鞋已进入各大电商首页、京东商城、苏宁电器、淘宝天猫等大型购物网站内均有其旗舰经销商。在保证产品性能的基础上，产品的服务成为了体育产业的主要增值内容，这体现在电商的运行模式上，包括运动器材的配送、帮助安装、教授使用、售后服务等。用户还可以就

同一体育产品开辟自己的讨论群，定期互相探讨，增加反馈值，增加该产品的多方面功能与价值。未来体育产品的营销可能迎来"垂直电商"的直接切入潮，虽然目前京东与淘宝等电商平台不乏体育产品的服务，但垂直电商却寥寥无几。目前垂直电商中较为成熟的是"优个网"，2008 年至今致力于运动电商品牌的打造，已积累了 500 万名用户，并于 2015 年初开始设置线下商铺，垂直介入将成为体育产业增值服务形成系统的有效方式。

电商服务系统完整，运动品牌功能转向。电商与体育产业合作，推出具有文化内涵的运动品牌。品牌不再是放在高高玻璃橱后面的观赏品，而是直接走入人民生活的使用型商品。目前直接经营运动品牌的电商队伍还未组建起来，但是通过不断地摸索和发展，运动品牌的功能就会通过独立电商的经营与管理变成一种潮流取向和一种文化风潮。这不仅有利于体育产业周边产品的营销，也有利于品牌文化的推广与认同。

4. "互联网+"的出现和发展带动全民健身风潮，体育形式多元化

互联网软件的研发以推出各类 APP 为主要手段。移动互联网对相关体育软件的研发已经进入高峰时期，小米商城、苹果商城可以下载使用的体育类软件已不下数十种。综合来看，此类软件主要分为计步类软件、制定体育锻炼计划类软件和精进体育锻炼效果的食谱制定类软件。例如健身类软件 Fit Time，其内容多元，关于健身方面有饮食、问答、励志、技巧方面的软件内容，主要功能区分为训练区、社区功能和用户设置区。训练区又分为减肥专区、普拉提腹肌训练专区、瑜伽课堂、HIIT 八分钟塑形课堂等；用户设置区分男女性别和时间强度；社区功能区侧重用户交流心得体会，互相激励和帮助，重点分为瘦身减肥观、增肌俱乐部等几个社区单元。总而言之，移动互联网健身与运动软件的开发、应用，将成为全民健身的重要辅助工具之一。

体育软件的研发与完善促成体育产业链的生态发展。在互联网发展变化的过程中，将互联网技术与革新思想运用到实际的生活和生产力的提升上已经成为市场发展的重要组成因素。软件的研发与完善不仅能够惠及中国近十亿的手机和电子产品用户，同时也是对体育从业人员的升级与考验。体育产业链的发展并非只有体育赛事、体育周边产品的研发、推广与销售，还包括与之相关的一切行业，如体育教育事业、体育新闻事业、体育项目开发事业、体育设施生产事业和体育场馆建设事业等。体育软件的不断精进与发展，将成为体育产业服务增值的最直接来源。

健身模式新开发，体育形式更多元。"互联网+"时代，在以信息技术为载

体的体育产业发展链条下，体育形式变得多元而灵活，健身模式的开发形式也变得更加人性化、更具有服务价值，而不再是传统意义上的到教练那里去、有教练教授、训练和反馈严重脱节的模式。在未来，锻炼不再是费时费力的事情，不再需要到固定的场所去、寻找固定的教练、训练固定的内容，而是通过O2O的模式以全新的挑战方式来充盈人们的生活与视线。

5. 体育运动与心理健康的教育和医疗服务相结合

目前的研究表明，体育运动对心理健康服务系统的健全有着不可或缺的重要作用。自闭症儿童在户外的自然体育活动中能够展露笑颜，有心理暗疾的儿童在户外体育活动中寻找适合自己的体育游戏并能够从中得到治愈。这在心理卫生医疗服务方面也应该被考虑到增值服务方面。

发展线上心理卫生与体育训练结合的咨询预约服务、教育与医疗的增值服务。未来，线上的心理健康问卷调查分析给予用户稳定而科学的生理、心理健康数据，相应给出与之相匹配的身体医疗方案或心理治疗诊断预案。这更利于患者早期发现自身问题，而不再因各种空间、时间的制约错过诊断时间，从而错失最佳治疗时机。

6. 体育产业的发展对全民健身具有积极的促进作用

21 世纪，我国体育事业的发展要适应社会主义现代化建设的要求，努力建设世界体育强国，为实现和谐社会和振兴中华而奋斗。国民经济中体育产业的发展带动了体育运动的快速发展，使国家的民族凝聚力和运动员的凝聚力不断增强。一个成功球队的成员不仅有能力一起密切配合（团队合作），而且他们还相互吸引。在这个意义上，人们不难理解为什么队员相互欣赏并乐于共同比赛的球队比缺少这方面素质的球队表现更出色。体育产业引导家庭与个人进行科学、正当、积极的消费，抵制不良的生活方式，以提高生活质量。因此，体育产业的发展程度和体育消费的数量和比例，往往可以用来衡量社会与家庭的生活质量。体育产业还是一种"无烟工业"，消耗能源少，不会造成环境污染，符合转变经济增长方式的要求。因此，体育产业是一个可以长期存在和持续发展的产业。我国正处在改革发展的关键时期，科学发展、共建和谐社会是时代的主题，更是我国人民的意愿。体育作为社会主义精神文明建设的重要组成部分，应为促进社会和谐做出新的贡献。发展全民体育运动，可以提高人民群众的身心健康水平。体育产业的良性发展，对全民体育运动的开展具有有效的促进作用。"十一五"时期，要继续实施好"三边"工程，即建设好群众身边的体育设施、建设好群众身边的体育组织、开展好群众身边的体育活动。2008年北京奥运会，是在我国举办的一项重大国际体育盛会，奥运会的召开承载着中华民族的百年梦想。中国体育产业将伴随奥运会的到来得到更加飞快的发展。国务委员陈至立2007年1月18日出席全国体育局长会议时也强调，要深入学习贯彻胡锦涛同志等中央领导同志的重要指示精神，全面贯彻党的十六大和十六届三中、四中、五中、六中全会精神，做好2008年北京奥运会的各项工作，大力推动全民健身，促进体育事业全面协调可持续发展。我们要以科学发展观为统领，充分发挥体育在构建社会主义和谐社会中的重要作用。大力开展体育运动是促进人全面发展的重要途径，是落实以人为本的科学发展观的具体体现。要充分发挥体育培养人们健康文明的生活方式、塑造美好心灵、弘扬社会正气、弘扬集体主义和爱国主义精神、增强国家和民族的向心力、凝聚力的作用，为构建社会主义和谐社会做出更大贡献。应以承办奥运会为契机，促进竞技体育水平的新提高，掀起群众体育的新高潮，推动体育产业的大发展，促进体育管理的现代化，在全社会积极倡导和大力开展"迎奥运，讲文明，树新风"活动，推动社会主义物质文明和精神文明建设，乘奥运东风，聚人心、抓机遇、求发展、促和谐，为经济发展和社会进步做出更大的贡献。

7. 体育综艺价值得以挖掘，传媒与体育搭建产业链条

2014年，浙江卫视引进韩国体育真人秀节目《Running Man》，译名为《奔跑吧，兄弟》。该节目在2014年同时段综艺类节目中一直处于领跑地位，并由此在国内各地方社区活动中、各类院校日常体育活动中掀起了模仿热潮。撕名牌、指压板、水枪大战、追捕游戏等都成为了趣味体育的新鲜代名词。综艺体育的深化发展为教育和社会带来的体育概念的发展以及改革都有重要的启发作用。传媒与体育搭建起综艺体育的平台能够生产出相应的传媒体育产品，如相关的体育电子竞技游戏的研发、体育媒体传播学的实效运转。此外，综艺体育内涵的拓展与挖掘目前在各大卫视都开始有了探索，尤其是真人秀体育节目《全员加速中》《挑战者联盟》等。在未来，真人秀体育综艺节目的内容将成为体育教学以及体育全民娱乐、游戏化的主要借鉴方式。

"互联网+"时代下信息技术的不断提升、科学技术的不断进步，未来"互联网+"体育的发展模式是体育产业的必然趋势。由于我国"互联网+"和体育产业发展还不够成熟，所以从互联网增进体育产业增值服务的建议如下。

体育产业增值服务通过线上APP预约完成，提高时效性。体育产业的增值服务主要是通过线上商城以及线上APP来运行的，尤其是对于传统意义上的体

育产品读物。但是目前所研制的线上 APP 的相应功能还不够完善，所以提高其时效性和真正的使用价值才是互联网对体育产业增值服务的最终价值。APP 的设计应当是在普遍市场调研以后，根据最终形成的数据来分析广大体育产品用户或消费者的心理与生理需求，广泛而多元地设定功能。功能的信息筛选力要强，能够根据不同身体情况、不同生理和心理需求、不同年龄阶层、不同社会阶层人士的需求而转变功能或调动资源。

利用大数据、云端技术不断深化开发体育产业增值服务类别。百度云、115 云盘、360 云盘的不断开发运用，广泛增加了个人空间存储量。大数据的发展对信息技术的发展起到了至关重要的作用。云端技术的日臻成熟，转播体育赛事、观众参与现场体育赛事购票服务、比赛数据追踪等都是科技对体育增值服务的贡献。2014 年 10 月，国务院印发了《关于加快发展国民体育产业促进体育消费的若干意见》，意见指出，2012 年中国的体育产业增加值为 3 亿余元，占 GDP 总值的 0.61 个百分点。为创新体育产业的增值服务体系建设，政府职能部门也应当做到创新体制机制，权力下放，将商业和群体的体育比赛活动审批程序简化，推动体育职业改革。优化产业结构与布局，利用大数据检测评估和培养一批具有市场潜力的体育合作企业。当然，体育服务业也是重点扶植对象，体育从业人员综合素养的培养和提高也应提上日程。

以体育的综艺功能提高体育旅游类产品的营销价值。体育综艺节目的火爆引发出各个地方对体育游戏模仿创生的热潮。同样，《奔跑吧，兄弟》体育真人秀拍摄过的地方也都成为观众热衷游玩的地方，这在无形中也是体育综艺的经济带动功能，为体育旅游的兴起起到了一定的营销作用。在"互联网＋"体育的系统下，我们更应该在综艺体育节目播出后，联合旅行社推出相应的体育节目旅游附产品，一方面加大体育运动的娱乐趣味性，另一方面促进地方旅游经济的发展。

开发心理卫生与体育训练结合的线上医疗系统。这种康复型的线上医疗系统应当是可以在任一多媒体终端登录的，具备原始数据储存与清零的功能；应当能够定时提醒用户进行数据记录更新，完成实时记录观察，在各项指标正常的情况下应给予用户相应的数据报告；当发现异常时应能提醒用户进入"警备状态"，立刻就医；应当能就用户的生理心理状况作出总体评估，且此评估内容应该能够成为正规医院参考的有效内容。开发心理卫生与体育训练相结合的线上医疗系统软件将成为解决现在社会"就医难，就医贵"现象的又一福音。它为居民省去到医院排队挂号的时间，能就用户个人身体状况进行测算与分析，并能给予一定范围内的医疗辅助，当超出可辅助范围的情况下可自动预约医院急诊系统，对用户进行收院治疗。在未来，这一切都将可以实现。体育锻炼的内容成为普及人民健康身体的医疗辅助手段，在互联网无线畅通的流动中，为全民发展做出贡献。

"互联网＋"体育的模式能够在促进体育产业不断进步的同时增加体育活动以外的其他服务，尤其是传媒类、科技发展类和旅游类，甚至医疗类。所以体育产业在信息技术的影响下已经成为大数据时代服务业的代表产业之一，未来发展之路也很长远。

三、相关政策及对体育产业发展的影响

（一）体育产业发展政策汇总

1. 国发〔2014〕46号文件

2014年10月2日，国务院下发《国务院关于加快发展体育产业促进体育消费的若干意见》，强调当前体育发展的主要任务是创新体制机制和优化产业结构。

2.《关于体育场馆房产税和城镇土地使用税政策的通知》

2015年12月17日，财政部与国家税务总局在其官网上发布了《关于体育场馆房产税和城镇土地使用税政策的通知》，文件中提到，对事业单位、居民委员会、村民委员会拥有的体育场馆进行补助，适当减免用于体育活动的房产、土地，免征房产税和城镇土地使用税。而对于经费自理的事业单位、体育社会团体、体育基金会、体育类民办非企业单位拥有并运营管理的体育场馆，在特定条件下，也可以对其用于体育活动的房产、土地，免征房产税和城镇土地使用税。

3.《中国足球中长期发展规划（2016～2050年）》

2016年4月6日，国家发展改革委、国务院足球改革发展部际联席会议办公室（中国足球协会）、体育总局、教育部共同编制了《中国足球中长期发展规划（2016～2050年）》。文件中提到，到2020年，全国特色足球学校达到2万所，中小学生经常参加足球运动的人数超过3000万人。全国足球场地数量超过7万块，使每万人拥有 0.5~0.7 块足球场地。中期目标则要求国家男足跻身亚洲前列，女足重返世界一流强队行列。远期目标至 2050 年，要求达到足球一流强国的水平。

4.《体育发展"十三五"规划》

2016 年 5 月 5 日，《体育发展"十三五"规划》正式发布，在《规划》中提出，到 2020 年，全国体育产业总规模超过 3 万亿元，经常参加锻炼的人数达到 4.35 亿人，人均体育场地面积达到 1.8 平方米。

5.《全国足球场地设施建设规划（2016~2020 年)》

2016 年 5 月 9 日，国家发展改革委、体育总局、教育部、国务院足球改革发展部际联席会议办公室（中国足球协会）共同编制了《全国足球场地设施建设规划（2016~2020 年)》。文件中提到，到 2020 年，全国足球场地数量超过 7 万块，平均每万人拥有足球场地达到 0.5 块以上。

6.《关于推进体育旅游融合发展的合作协议》

2016 年 5 月 15 日，国家体育总局与国家旅游局签署了《关于推进体育旅游融合发展的合作协议》。《协议》内容显示，旅游、金融、体育互动融合，助力经济转型升级。

2016 年 1~4 月举办的 311 场各类大型体育赛事，观赛和参赛人数共计 338 万人，关联消费达 119 亿元，对举办地的经济拉动超过 300 亿元。

7.《体育产业发展"十三五"规划》

2016 年 7 月 13 日，国家体育总局正式发布了《体育产业发展"十三五"规划》，在《规划》中提到，到 2020 年，体育产业总规模超过 3 万亿元，从业人员数超过 600 万人，体育服务业增加值占比超过 30%，建设 50 个国家体育产业示范基地、100 个国家体育产业示范单位、100 个国家体育产业示范项目，体育消费额占人均居民可支配收入比例超过 2.5%。

8.《全民健身计划（2016~2020 年)》

2016 年 6 月 15 日，国务院印发《全民健身计划（2016~2020 年)》，《计划》指出，到 2020 年，每周参加一次及以上体育锻炼的人数达到 7 亿人，经常参加体育锻炼的人数达到 4.35 亿人，体育消费总规模达到 1.5 万亿元。

9. 《竞技体育"十三五"规划》

2016 年 8 月 31 日，国家体育总局对外公布了《竞技体育"十三五"规划》，《规划》中明确表示，要以足球改革为龙头，加强对足、篮、排三大球运动项目的研究和重点扶持，研究制定在国内竞赛、人才交流、体教结合、奖励机制、后备人才、基地建设等方面对三大球项目的倾斜政策。

10. 《"健康中国 2030"规划纲要》

2016 年 10 月 25 日，中共中央、国务院印发了《"健康中国 2030"规划纲要》，《纲要》中指出，到 2030 年，健康服务业总规模将达 16 万亿元，经常参加体育锻炼的人数达到 5.3 亿人，确保学生校内每天体育活动时间不少于 1 小时，实现每千人拥有社会体育指导员 2.3 名。

11. 《关于加快发展健身休闲产业的指导意见》

2016 年 10 月 25 日，国务院办公厅印发了《关于加快发展健身休闲产业的指导意见》，《意见》指出，到 2050 年，健身休闲产业总规模达到 3 万亿元。

12. 《冰雪运动发展规划（2016～2025 年）》

2016 年 11 月 2 日，国家体育总局发布了《冰雪运动发展规划（2016～2025 年）》，其中指出，到 2025 年，我国参加冰雪运动的人数超过 5000 万人，并带动 3 亿人参与冰雪运动；我国冰雪产业总规模 2020 年达到 6000 亿元，2025 年达到 1 万亿元；全国中小学校园冰雪运动特色学校 2020 年达到 2000 所，2025 年达到 5000 所。

13. 《全国冰雪场地设施建设规划（2016～2022 年）》

2016 年 11 月 2 日，国家体育总局发布了《全国冰雪场地设施建设规划（2016～2022 年）》，其中指出，到 2022 年，全国滑冰馆数量不少于 650 座，滑雪场数量达到 800 座，雪道面积达到 1 亿平方米，雪道长度达到 3500 千米，新建滑雪场不少于 240 座、雪道面积不少于 7000 万平方米、雪道长度不少于 2500 千米。

14. 《群众冬季运动推广普及计划（2016～2020 年）》

2016 年 11 月 2 日，国家体育总局发布了《群众冬季运动推广普及计划

（2016～2022 年)》，《计划》中提出，到 2020 年实现"3 亿人参与冰雪运动"的目标。

15.《关于进一步扩大旅游文化体育健康养老教育培训等领域消费的意见》

2016 年 11 月 28 日，国务院办公厅印发了《关于进一步扩大旅游文化体育健康养老教育培训等领域消费的意见》，《意见》中表示，要大力促进体育消费、提高体育场馆使用效率，盘活存量资源，制定实施冰雪运动、山地户外运动、水上运动、航空运动等专项运动产业发展规划。

16.《水上运动产业发展规划》

2016 年 11 月 8 日，国家体育总局在北京市召开新闻发布会，发布了《水上运动产业发展规划》，指出到 2020 年，水上运动产业发展总规模达到 3000 亿元，水上运动俱乐部达到 1000 个，全国水上（海上）国民休闲运动中心达到 10 个。

17.《航空运动产业发展规划》

2016 年 11 月 8 日，国家体育总局在北京市召开新闻发布会，发布了《航空运动产业发展规划》，指出到 2020 年，航空运动产业发展总规模达到 2000 亿元，建立航空飞行营地 2000 个、各类航空运动俱乐部 1000 家，参与航空运动消费人群达到 2000 万人。

18.《山地户外运动产业发展规划》

2016 年 11 月 8 日，国家体育总局在北京市召开新闻发布会，发布了《山地户外运动产业发展规划》，指出到 2020 年，山地户外运动产业发展总规模达到4000 亿元。

19.《关于大力发展体育旅游的指导意见》

2016 年 12 月 22 日，国家旅游局、国家体育总局共同印发了《关于大力发展体育旅游的指导意见》，其中提出以下发展目标：到 2020 年，在全国建成 100 个具有重要影响力的体育旅游目的地；建成 100 家国家级体育旅游示范基地；推出100 项体育旅游精品赛事；体育旅游总人数达到 10 亿人次，占旅游总人数的15％；体育旅游总消费规模突破 1 万亿元。

政府相继出炉的《"十三五"旅游业发展规划》，为体育产业繁荣发展带来了重大机遇，体育产业的黄金时期将加速到来。然而，尽管体育产业市场广阔，但是专业人才短缺，这是未来体育产业要面临的一大挑战。我国应正确把握体育发展的机遇和挑战，调整相应的国家政策和经济对策，使我国体育产业发展向更成熟的方向迈进。

（二）体育产业发展政策影响

国家根据我国不同区域的经济发展状况和国情制定的不同政策，为我国体育产业的发展提供了更好的政策平台和机遇。

1. 体育产业结构有望改善

我国体育产业尽管规模发展较快，但产业结构一直是制约体育产业发展方式转型升级的掣肘。新的政策将更加关注体育产业中属于第三产业的发展，李克强总理主持的国务院会议也特别强调，"推动体育健身与医疗、文化等融合发展，大力发展体育旅游、运动康复、健身培训等体育服务业"。这将有力地推动体育服务业的快速发展，从而达到改善体育产业结构的目的。

2. 消费驱动格局有望形成

长期以来，受国家经济宏观环境的影响，我国经济发展更多地关注投资和出口两驾"马车"，而忽视了消费之"轮"。新的政策突出"让大众健身消费助力经济社会发展"，进一步明确了消费的重要地位。这将有望为消费之"轮"的转动助力，从而出现投资、消费、出口三驾"马车"并驾齐驱的新格局。

3. 部门协调机制有望形成

长期以来，我国体育产业管理方式实行条块化和垄断化管理，对体育产业的管理较为分散、封闭，如重大体育赛事由国家体育总局审批、体育赛事转播由中央电视台独家垄断、赛事安保由国家专业部门统一安排等。举办赛事的审批权、经营转播权、安保服务等彼此割裂，尚未形成政府各部门联动的合作机制，严重影响了体育产业政策的执行效力。因此，建立各部门分工明确、协调一致的联动协作机制，将有效保障相关体育产业门类的立体化深度融合。此次由国务院布置、发展和改革委员会牵头出台的政策，明确了"完善财税、价格、规划、土地等政策"，从而有利于搭建财税、物价、规划、土地、工商等各部门之间的桥梁，为建立体育产业发展的多部门合作机制提供可能，为形成政府引导、市场驱动、全社会共同参与的体育产业发展联动机制，实现政府、社会、市场各司其职，体育产业健康、可持续发展创造条件，保障体育产业发展方式的顺利转型升级。

4. 体制约束机制有望突破

客观地评价，我国体育产业体制仍然维持在当时设想的基本思路上，并没有太大的突破，体制的约束直接成为我国体育产业发展方式转型升级的主要障碍。新《意见》的出台，最大的亮点就是"简政放权、放管结合"，提出了取消商业性和群众性体育赛事审批，并放宽赛事转播权限制，从而在体制约束机制上最大限度地为企业"松绑"；同时，新《意见》也提出了推进职业体育改革，鼓励发展职业联盟，从而有望打破长期存在的政府干预职业体育的"虚化"格局。

一个国家国民经济的整体发展往往以区域经济的发展为先导和前提。以区域经济的发展带动国民经济的发展已经成为我国国民经济发展的国家战略。因此在发展体育产业方面，区域体育产业是当前我国体育产业发展的重要环节。提升我国体育产业竞争力，必须以发达地区体育产业为先导，以本地区内的首位城市为中心，以点带面、分层推进，努力实现我国体育产业的协调发展。传统的比较优势理论的局限性表明，我国区域体育产业的研究不能仅停留在比较优势，而应由比较优势向竞争优势转化。

除体育产业发展政策给我国体育发展带来的发展机遇外，我国体育产业发展本身还存在着一些问题。

除22号文件——《体育产业"十二五"规划》，体育产业需要建立系统的发展政策体系。我国体育产业发展布局的典型代表就是国家体育总局授牌的"国家体育产业基地"，《体育产业"十二五"规划》也提出要合理规划体育产业基地的建设布局。但当前，以国家体育产业基地为代表的体育产业功能区在定位、管理和标准上还存在较多问题，需要进一步加强和规范体育产业基地的建设，以此为体育产业的布局建设打好基础。有关22号文件中的一些宏观意见还未出台任何具体实施细则和相关配套政策。22号文件是宏观的，其实施还需要许多配套政策的支撑，才能真正落实。例如，22号文件中有"鼓励金融机构适应体育产业发展需要，开发新产品、开拓新业务"的条款，由谁来做这样的金融创新工作，是国家体育总局联合央行统一操作还是各商业银行自定，这些都需要进一步细化和落实。另外，当前也应加紧出台促进体育产业内部子行业发展的配套政策，如体育竞赛表演业、体育健身休闲业、体育场馆业和体育用品业等。

第二章

改革开放四十年取得的辉煌成就

体育产业是新兴的、具有发展前途的、主要满足人们精神文化健身等需求的产业，其与国民经济关系密切，经济的发展推动了体育及其相关产业的发展，体育产业是推动经济社会持续发展的重要力量，其发展潜力巨大。鉴于体育和经济关系密不可分，本书从国家和内蒙古自治区两个层面分别概述改革开放四十年经济和体育方面取得的辉煌成就。

一、改革开放四十年我国经济发展取得的辉煌成就

（一）我国经济发展取得的成就

1978年12月党的十一届三中全会以后，我国开始实行对内改革、对外开放的政策，从此我国走上了经济快速发展的道路，在经济上取得了举世瞩目的成就，成为世界上经济发展速度最快的国家。国家综合实力有了极大的提高，人民生活水平有了极大的提高。

1. 国家综合实力显著增强

2017年，初步核算，全年国内生产总值为827122亿元，比上年增长6.9%。其中，第一产业增加值为65468亿元，增长3.9%；第二产业增加值为334623亿元，增长6.1%；第三产业增加值为427032亿元，增长8.0%。第一产业增加值占国内生产总值的比重为7.9%，第二产业增加值比重为40.5%，第三产业增加

值比重为 51.6%。全年最终消费支出对国内生产总值增长的贡献率为 58.8%，资本形成总额贡献率为 32.1%，货物和服务净出口贡献率为 9.1%。全年人均国内生产总值为 59660 元，比上年增长 6.3%。全年国民总收入为 825016 亿元，比上年增长 7.0%。

图 2-1 是改革开放以来我国国内生产总值和人均国内生产总值的变化趋势。1978 年国内生产总值为 3678.7 亿元，2017 年达到 827122 亿元，比 1978 年增长 224.84 倍；1978 年人均国内生产总值为 385 元，2017 年达到 59660 元，比 1978 年增长 154.96 倍。如图 2-2 所示，1978 年，第一产业增加值占国内生产总值的比重为 27.7%，第二产业增加值比重为 47.7%，第三产业增加值比重为 24.6%；到 2017 年，第一产业增加值占国内生产总值的比重为 7.9%，第二产业增加值比重为 40.5%，第三产业增加值比重为 51.6%。与改革开放之初相比较，第一产业增加值占国内生产总值的比重下降了 19.8 个百分点，第二产业增加值比重下降了 7.3 个百分点，第三产业增加值比重上升了 27.0 个百分点，可见，第三产业发展势头迅猛，产业结构由"二一三"演变为"三二一"。

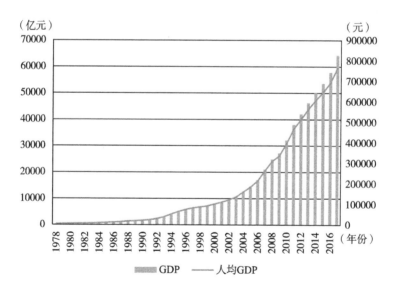

图 2-1 改革开放以来我国国内生产总值和人均国内生产总值的变化趋势

2. 发展质量效益改善

2017 年，全国一般公共预算收入 172567 亿元，比上年增长 7.4%。全国一般公共预算支出 203330 亿元，同比增长 7.7%。其中税收收入 144360 亿元，比上年增加 13999 亿元，增长 10.7%。2017 年全国财政收入运行的新特点归纳为以下五个方面：一是财政运行总体平稳，财政收入增速加快；二是税收收入和主要税种收入占比回升，财政收入质量提高；三是先进制造业和现代服务业税收增势强劲，结构调整和动能转换在税收上体现得更加明显；四是实体经济回暖带动工商业相关税收增加较多，税收增收结构进一步优化；五是中西部地区增收贡献率明显提高，区域间财政收入增长的均衡性进一步提高。

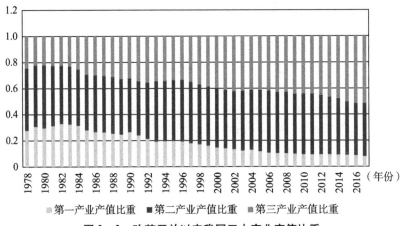

图 2-2　改革开放以来我国三大产业产值比重

　　如图 2-3 所示，改革开放 40 年以来，财政收入由 1978 年的 1132.26 亿元增长到 2017 年的 172567 亿元，是 1978 年 152.4 倍；财政支出由 1978 年的 1122.09 亿元增长到 2017 年的 203330 亿元，是 1978 年的 181.2 倍。

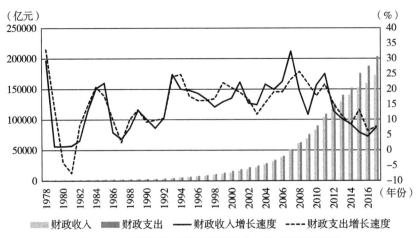

图 2-3　改革开放以来我国财政收入与支出变化趋势

3. 全社会固定资产投资增加

2017 年，全社会固定资产投资 641238 亿元，比上年增长 7.0%。1980 年固定资投资仅为 910.9 亿元，2017 年是 1980 年的 703.96 倍（见图 2-4）。其中，固定资产投资（不含农户）631684 亿元，增长 7.2%。分区域看，东部地区投资 265837 亿元，比上年增长 8.3%；中部地区投资 163400 亿元，比上年增长 6.9%；西部地区投资 166571 亿元，比上年增长 8.5%；东北地区投资 30655 亿元，比上年增长 2.8%。

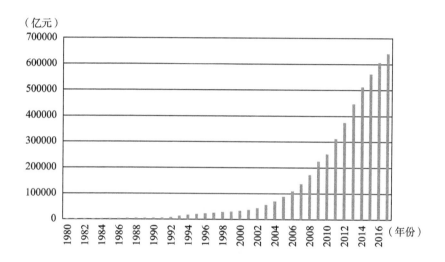

图 2-4　1980～2017 年我国固定资产投资趋势

在固定资产投资（不含农户）中，第一产业投资 20892 亿元，比上年增长 11.8%；第二产业投资 235751 亿元，比上年增长 3.2%；第三产业投资 375040 亿元，比上年增长 9.5%。基础设施投资 140005 亿元，比上年增长 19.0%，占固定资产投资（不含农户）的比重为 22.2%。民间固定资产投资 381510 亿元，比上年增长 6.0%，占固定资产投资（不含农户）的比重为 60.4%。六大高耗能行业投资 64430 亿元，比上年下降 1.8%，占固定资产投资（不含农户）的比重为 10.2%。

4. 人民生活水平显著提高

2017 年，全国居民人均可支配收入为 25974 元，比上年增长 9.0%，扣除价格因素，实际增长 7.3%。全国居民人均可支配收入中位数为 22408 元，增

长 7.3%。按常住地分，城镇居民人均可支配收入为 36396 元，比上年增长
8.3%，扣除价格因素，实际增长 6.5%。城镇居民人均可支配收入中位数为
33834 元，增长 7.2%。农村居民人均可支配收入为 13432 元，比上年增长
8.6%，扣除价格因素，实际增长 7.3%（见图 2-5）。农村居民人均可支配收
入中位数为 11969 元，增长 7.4%。按全国居民五等份收入分组，低收入组人
均可支配收入为 5958 元，中等偏下收入组人均可支配收入为 13843 元，中等
收入组人均可支配收入为 22495 元，中等偏上收入组人均可支配收入为 34547
元，高收入组人均可支配收入为 64934 元。全国农民工人均月收入为 3485 元，
比上年增长 6.4%。

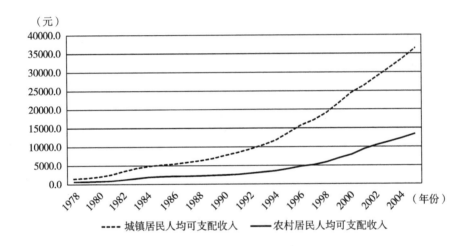

图 2-5 全国城乡居民收入水平

全国居民人均消费支出为 18322 元，比上年增长 7.1%，扣除价格因素，实
际增长 5.4%。按常住地分，城镇居民人均消费支出为 24445 元，增长 5.9%，
扣除价格因素，实际增长 4.1%；农村居民人均消费支出为 10955 元，增长
8.1%，扣除价格因素，实际增长 6.8%。恩格尔系数为 29.3%，比上年下降 0.8
个百分点，其中城镇为 28.6%，农村为 31.2%。

按照每人每年 2300 元（2010 年不变价）的农村贫困标准计算，2017 年年末
农村贫困人口 3046 万人，比上年末减少 1289 万人；贫困发生率为 3.1%，比
上年下降 1.4 个百分点。贫困地区农村居民人均可支配收入为 9377 元，比上年
增长 10.5%，扣除价格因素，实际增长 9.1%。

（二）内蒙古自治区经济发展取得的成就

党的十一届三中全会以来，内蒙古自治区国民经济和社会发展取得了巨大成就。四十年来，内蒙古自治区综合经济实力、产业发展层次、城乡发展面貌、区域协调发展水平、发展保障能力和人民生活水平均上了一个大台阶。

改革开放以来，内蒙古自治区认真贯彻落实科学发展观和党中央、国务院的各项宏观调控政策，按照自治区党委、政府确定的发展思路和目标，努力构建和谐社会，不断完善发展思路，大力推进结构调整，加快发展社会事业，着力改善人民生活，走出了一条符合内蒙古自治区实际的经济发展路子。全区经济社会发生了翻天覆地的变化，国民经济综合实力显著增强，人民生活水平有了明显提高，呈现出政治稳定、经济发展、民族团结、社会进步的可喜局面。改革开放四十年以来，内蒙古自治区经济方面取得的成就可概括为以下几个方面：

1. 综合经济实力显著增强

如表 2 - 1 所示，内蒙古自治区生产总值由 1978 年的 58.04 亿元增加到 2017 年的 16103.2 亿元，年均增长 11.82%；人均生产总值由 317 元增加到 63786 元。在下行压力持续加大的情况下创新调控举措，稳住了经济增长，实现了经济新常态下的新发展。

表 2 - 1 内蒙古自治区改革开放以来经济总量数据

年份	生产总值（亿元）	第一产业（亿元）	第二产业（亿元）	第三产业（亿元）	人均生产总值（元）
1978	58.04	18.96	26.37	12.71	317
1979	64.14	21.03	28.37	14.74	343
1980	68.40	18.03	32.26	18.11	361
1981	77.91	27.14	32.04	18.73	407
1982	93.22	33.32	37.21	22.69	480
1983	105.88	35.90	41.98	28.00	535
1984	128.20	42.98	47.74	37.48	640
1985	163.83	53.54	56.95	53.34	809
1986	181.58	54.64	61.55	65.39	888
1987	212.27	62.21	70.42	79.64	1025
1988	270.81	90.20	85.72	94.89	1291

年份	生产总值（亿元）	第一产业（亿元）	第二产业（亿元）	第三产业（亿元）	人均生产总值（元）
1989	292.69	89.08	98.96	104.65	1377
1990	319.31	112.57	102.43	104.31	1478
1991	359.66	117.19	124.03	118.44	1642
1992	421.68	126.86	152.56	142.26	1906
1993	537.81	149.96	203.46	184.39	2423
1994	695.06	208.53	254.52	232.01	3094
1995	857.06	260.18	308.78	288.10	3772
1996	1023.09	312.82	364.77	345.50	4457
1997	1153.51	322.52	422.39	408.60	4980
1998	1262.54	341.62	458.86	462.06	5406
1999	1379.31	342.91	510.47	525.93	5861
2000	1539.12	350.80	582.57	605.74	6502
2001	1713.81	358.89	655.68	699.24	7210
2002	1940.94	374.69	754.78	811.47	8146
2003	2388.38	420.10	967.49	1000.79	10015
2004	3041.07	522.80	1248.27	1270.00	12728
2005	3905.03	589.56	1773.21	1542.26	16285
2006	4944.25	634.94	2374.96	1934.35	20523
2007	6423.18	762.10	3193.67	2467.41	26521
2008	8496.20	907.95	4376.19	3212.06	34869
2009	9740.25	929.60	5114.00	3696.65	39735
2010	11672.00	1095.28	6367.69	4209.02	47347
2011	14359.88	1306.30	8037.69	5015.89	57974
2012	15880.58	1448.58	8801.50	5630.50	63886
2013	16916.50	1575.76	9104.08	6236.66	67836
2014	17770.19	1627.85	9119.79	7022.55	71046
2015	17831.51	1617.42	9000.58	7213.51	71101
2016	18632.57	1628.65	9078.87	7925.05	74069
2017	16103.2	1647.2	6408.6	8047.4	63786

经初步核算，2017年，全区实现地区生产总值16103.2亿元，按可比价格计算，比上年增长4.0%。其中，第一产业增加值为1647.2亿元，增长3.7%；第二产业增加值为6408.6亿元，增长1.5%；第三产业增加值为8047.4亿元，增长6.1%（见图2-6）；三次产业比例为10.2:39.8:50.0。第一、第二、第三产业对生产总值增长的贡献率分别为10.3%、14.8%和74.9%。人均生产总值达到63786元，比上年增长3.6%（见表2-1）。

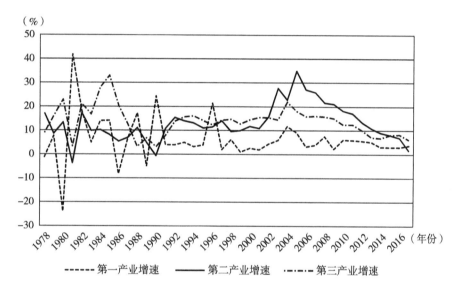

图2-6 改革开放以来内蒙古自治区三大产业历年增长速度

2. 转型升级步伐明显加快

"五大基地"建设取得重要进展，三次产业结构由32.7:45.4:21.9演进为10.2:39.8:50，初步形成了多元发展、多极支撑的产业格局。产业结构发生了巨大变化，逐步摆脱了改革开放以前的"农业基础薄弱、工业发展水平较低、服务业发展严重滞后"的局面，形成了具有自身特色的产业体系，由1978年的"二一三"类型变化为2017年的"二三一"类型。2017年，内蒙古自治区第一产业占GDP比重为10.2%，第二产业占GDP比重为39.8%，第三产业占GDP比重为50.0%，表明产业结构正在向高级化的进程演变（见图2-7）。

3. 固定资产投资总额增加

2017年，全社会固定资产投资总额为14404.6亿元，比上年下降6.9%，是

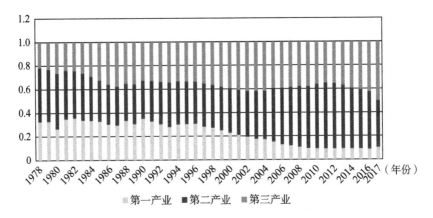

图2-7 改革开放以来内蒙古自治区三大产业产值比重

1985年的274.79倍，年均增长超过10%（见图2-8）。其中，500万元以上项目完成固定资产投资14219.3亿元，下降7.0%。从投资主体看，国有经济单位投资6647.5亿元，集体单位投资92.6亿元，个体投资225.5亿元，其他经济类型单位投资7439.0亿元。从三次产业投资看，第一产业投资891.1亿元，增长15.0%；第二产业投资5617.6亿元，下降13.4%；第三产业投资7895.9亿元，增长11.6%。按项目隶属关系分，地方项目完成投资13746.6亿元，中央项目完成投资657.9亿元。

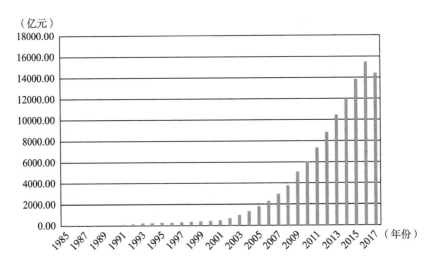

图2-8 内蒙古自治区固定资产投资总额

4. 财政收入和支出增加

一般公共预算收入由1978年的6.9亿元增加到2017年的1703.4亿元，年均增长超过10%；一般公共预算支出由1978年的18.7亿元增加到2017年的4352亿元，年均增长超10%（见图2-9）。

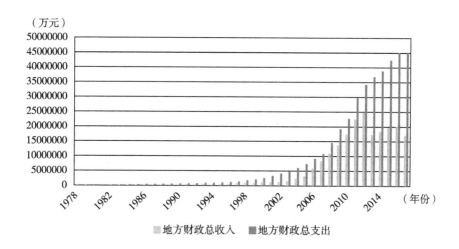

（万元）

■地方财政总收入　■地方财政总支出

图2-9　改革开放以来内蒙古自治区财政收入和支出

5. 民生水平显著提高

2017年，各级财政累计投入民生资金1.18万亿元。城乡居民人均可支配收入由1978年的301元、131元增加到2017年的35670元、12584元，年均增长也超过了10%，高于经济增速，城乡居民收入差距缩小到2.8∶1。社会保障制度实现城乡全覆盖，保障标准达到或超过全国平均水平。大力实施扶贫开发、百姓安居和创业就业工程。

2017年，城镇常住居民人均可支配收入为35670元，比上年增长8.2%，扣除价格因素后，实际增长6.4%。从主要收入构成看，工资性收入为21707元，增长6.6%；经营净收入为6349元，增长16.2%；财产净收入为1824元，增长5.3%；转移净收入为5789元，增长6.8%。城镇常住居民人均生活消费支出为23638元，增长3.9%。农村牧区常住居民人均可支配收入为12584元，比上年增长8.4%，扣除价格因素后，实际增长6.7%。从主要收入构成看，工资性收入为2649元，增长8.2%；经营净收入为6385元，增长2.7%；财产净收入为

515 元，增长 13.8%；转移净收入为 3036 元，增长 21.8%。农村牧区常住居民人均生活消费支出为 12184 元，增长 6.3%。城镇居民家庭恩格尔系数为 27.4%，农村牧区居民家庭恩格尔系数为 27.8%，分别比上年下降 0.9 个和 1.5 个百分点（见图 2－10）。

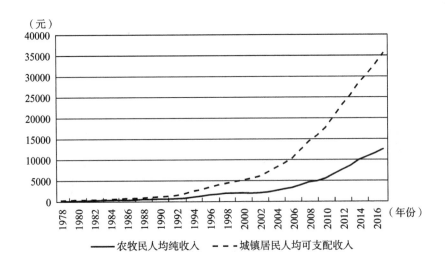

图 2－10　改革开放以来内蒙古自治区居民收入水平

资料来源：《内蒙古自治区 2017 年国民经济和社会发展统计公报》。

二、改革开放四十年体育事业取得的辉煌成就

（一）我国体育事业取得的成就

改革开放以来，我国经济的持续增长和人们收入水平的不断提高，为体育产业的发展奠定了坚实的基础，体育产业的蓬勃发展，也为国民经济的快速、健康发展做出了贡献。改革开放之初，发展经济成为中国政府的主要任务，而体育比赛具有联系广泛、参与人数多、社会影响大的特点，再加上体育自身社会发展的需要，体育赛事活动成为地方各级政府发展经济的重要载体。我国经济的发展，带动了居民收入的提高以及可支配收入的增加，促进了体育消费观念的改变，扩大了体育的市场容量。

当前我国已有各类体育经营企业 2 万多家，总投资额达到 2000 亿元人民币，营业额为 6000 亿元人民币。1998 年在上海市举办的八运会，成为 20 世纪中国最大的体育盛会。38 个新建、改建的体育馆，总投资达 56 亿元、总面积达 70 万平方米的体育场馆，为上海这座现代化的城市增添了浓烈的时代气息，同时使上海市成为那一时期亚洲单个城市中体育设施最完备的城市。另外，中国对体育产品的消费需求和潜在消费者在中国人口中占有相当大的比重。观赏竞技体育，实现心理与情感的满足，日益成为现代人的生活方式。国家发展经济必须刺激消费、鼓励消费，开拓新的消费热点来扩大内需，以消费拉动国民经济增长，解决劳动力就业的问题。

发展城市体育能带动和促进相关产业的发展。由于体育具有健身、娱乐、休闲、竞赛的特点，它能够推动旅游、商业、交通、电信、新闻出版、餐饮等相关服务行业的发展，从而吸引数以亿计的人亲身体验体育运动、观赏体育竞赛，体育产业则通过人们的消费取得经济收入。长此以来，体育成为了一种公认的社会文化活动。

我国具有极大的潜在体育产业发展市场。从竞技体育到体育用品、从体育彩票到体育设施，由体育市场催生的体育产业，日益显示出体育产业的良好可投资价值和发展前景。在巨大的市场机会和市场利益驱动下，一个包含体育竞技、体育健身、体育娱乐、体育用品、体育设施、体育传播、体育广告、体育材料等若干行业的体育产业正在改革开放的春风中迅速发展形成，对扩大内需、推动经济发展产生不可低估的作用。

1. 我国体育产业发展历程

关于我国体育产业发展的阶段划分问题，早期已有部分学者对此进行过梳理和研究，他们的基本意见如下：我国体育产业的实践活动开始于党的十一届三中全会以后。本报告中也沿用上述观点，并以此为起点将我国体育产业的发展历程大致分为萌芽起步、探索发现和快速发展三个阶段。

（1）萌芽起步阶段。体育产业存在于生产活动、军事战争、宗教祭祀、学校教育等活动中，发展到今天形成了包括健身娱乐业、竞赛表演业、体育教育咨询培训业、体育中介组织等种类齐全的体育产业经过了一个漫长的发展过程。体育与经济互相结合、互相作用的关系由来已久，据体育史料证明，自商品经济出现，体育和经济已进入互相作用、互相渗透的原始萌芽阶段，早期的体育服务人员已存在，运动娱乐业已兴起。

我国体育产业萌芽起步阶段为 1978～1992 年，该阶段以改革开放背景下开展体育经营活动为标志。党的十一届三中全会以后，随着我国经济、社会改革开放的逐步深入，原有体制下过分集中于体委办体育，各级体委对体育事业的领导、协调、监督作用未得到充分体现等种种弊端逐步暴露。在此形势下，中共中央做出了关于进行体育体制改革的决定，并先后由中共中央和国家体委分别颁布了《关于进一步发展体育运动的通知》和《关于体育体制改革的决定（草案）》两个重要文件，以推动体育社会化、科学化，促进体育全面发展和提高的改革开放。

体育体制改革从两个方面加速了我国体育产业的初步形成：一是推动了体育场馆"以体为主、多种经营"方针的形成。国家体委提出"在优先保证发展体育事业的前提下，逐步实现场馆面向群众、面向社会，并由行政管理型向经营管理型过渡；在保证体育活动的前提下，发展多种经营，广开财路，提高场馆使用率，逐步做到自负盈亏，以场馆养场馆"。二是促进了我国竞技体育的社会化。鼓励专业运动队与企业合作，提倡体育竞赛与经营活动联合进行，形成了"内引外联""体育搭台、经贸唱戏"的社会化特色。这一改革开拓了运动队赞助企业的局面，促使上海虹口体育场、南京五台山体育中心、广州白云足球队、万宝路广州网球精英赛等体育经济实体的不断涌现。综上所述，该阶段的主要特征是"以体育场馆改革为龙头，带动运动队和体育竞赛活动吸引社会资金"，这是体育界进行体育经营性活动的初步尝试。

（2）探索发现阶段。我国体育产业探索发现阶段为 1992～2001 年。该阶段以建立社会主义市场经济体系的背景下，体育的社会化、产业化、市场化改革为标志。随着我国社会主义市场经济体制改革目标的确立和向社会主义市场经济的转变，体育事业的发展背景和环境发生了巨大的变革。

1992 年，国家体育运动委员会召开了研讨体育体制改革的中山会议，随后发布了《关于深化体育改革的决定》，提出了"建立与社会主义市场经济相适应、符合现代体育运动规律、国家调控、依托社会、有自我发展活力的体育体制和良睦循环的运行机制，形成国家办和社会办相结合、集中与分散相结合的格局"的改革总目标，并将体育产业问题作为深化体育体制改革的一个重要问题提上议事日程。

1993 年，全国体委主任会议制定了《关于培育体育市场，加快体育产业化进程的意见》，确立了体育要"面向市场，走向市场，以产业化为方向"的基本思路。1995 年，国家体委还颁布了《体育产业发展纲要（1995～2010）》，指出我国体育产业的 3 个类别，即体育主体产业、体育相关产业和体办产业。1996 年的第 8 届全国人大四次会议通过的《国民经济和社会发展"九五"计划和 2010

年远景目标纲要》，进一步明确要求"体育工作要形成国家和社会共同兴办体育事业的格局，走社会化、产业化道路"。

在上述改革目标和基本思路的指导下，国家体委陆续推出了全国性单项协会实行实体化或项群管理、推进俱乐部的职业化、举办中国体育用品博览会，以及开放体育竞赛市场、发行体育彩票、成立体育基金会等具体措施，体育产业有了快速发展。总体来看，该阶段我国体育已经突破了单纯创收增资和主要由体委一家办的模式，开始走向面向社会、多方位的产业化开发的道路。体育产业的格局初现端倪，形成了竞赛表演、健身娱乐等多种业态共同发展的态势。

（3）快速发展阶段。我国体育产业快速发展阶段为2001年至今。该阶段以2001年北京赢得第29届奥林匹克运动会主办权为起点。北京承办2008年奥运会对21世纪我国政治、经济、文化的发展与繁荣产生了巨大的促进作用，为我国体育产业的发展也带来了重大的机遇。国家体育总局充分认识到了这一点，提出要抓住历史机遇，大力发展我国体育产业，提升我国体育产业的综合竞争力。2005年和2007年先后召开了两届全国体育产业工作会议，分别提出了"体育产业跟群众体育、竞技体育，都是我国体育事业的重要组成部分"以及"体育产业绝不仅仅是体育部门自身所办的产业，而是作为社会经济生活一部分的体育产业，是全社会的体育产业"等重要发展思路。

2006年7月，国家体育总局颁布的《体育事业"十一五"规划》中又明确提出了"十一五"时期我国体育产业的发展目标，即要"初步建成与大众消费水平相适应，以体育服务业为重点，多业并举、门类齐全、结构合理、规范发展的体育产业体系，形成多种所有制并存、全社会共同参与、共同兴办的格局"。这标志着我国体育产业发展已进入新的战略机遇期。与此同时，国家体育总局还开展了体育服务认证、全运会市场开发、体育服务标准化工作、体育产业统计、国家体育产业基地建设等多项体育产业相关工作，旨在进一步推动我国体育产业健康、有序、全面的发展。在社会各界的共同努力下，目前我国体育产业呈现出良好的发展态势，规模不断扩大、领域不断拓展、结构不断优化、效益不断提高，进一步满足了人民群众日益增长的多元化健身需求，也为当地经济、社会的发展做出了应有的贡献。

总而言之，在该阶段，一方面政府通过加快职能转变、建立与完善体育产业管理体制、规范体育市场、优化发展环境等方面促进了我国体育产业的发展；另一方面体育市场本身也在2008年举办的北京奥运会的积极推动下，通过体育竞赛表演业的发展，带动了体育健身休闲、体育中介、体育培训、体育用品等市场的发展，初步构建了面向大众、以服务消费为主的体育市场体系。体育产业作为我国国民经济新的增长点已初见端倪。

2. 我国体育事业取得的成就

通过梳理相关文献和书籍资料，本书将我国体育事业取得的成就概括为以下几个方面：

（1）体育产业概念的探讨深化了人们对体育产业的认识。随着我国改革开放的推行、经济和社会的飞速发展以及人民生活水平的迅速提高，体育也开始作为一种经济业态得到初步发展。1985年国务院颁布的《国民生产总值计算方案》正式将体育部门列入第三产业范畴。自那以后，"体育产业"的概念逐步受到社会各界的关注。本报告第一部分探讨了体育产业的不同概念和定义，关于"体育产业"的概念根据我国体育产业发展阶段和不同角度进行了阐述，有其积极的意义。对"体育产业"外延和内涵的探讨不断深化了人们对体育产业的认识。可以预见的是，随着我国体育产业实践活动的蓬勃发展，理论界对体育产业概念的探讨将继续前行，届时，我国体育产业的内涵和外延将更加丰富。

（2）体育场馆改革成为体育产业发展的切入点。改革开放以前，国家对公共体育场馆实行统收、统支、统管的供给服务型财政经济政策，公共体育场馆是国家财政全额预算拨款单位。在党的十一届三中全会提出以经济建设为中心以后，各地方场馆在能够完成上级体委布置的体育比赛、训练和开展群众性体育活动等任务的前提下，充分发挥了场地设备的多功能性，广开门路，开展多种经营活动以增加收入，纷纷进行了体育场馆改革的尝试。

上海是中国率先实施体育场馆改革的省市。早在20世纪80年代初，上海体育场馆已经进行了多次改革：1979年，上海市制定了《上海市公共体育场馆增收节支结余提成留用实施办法》，在以此为主的前提下从事多种经营，把职工劳动所得同本单位经营成果相联系；1982年制定了《上海市体育场馆试行经费"预算包干"和按业务与经济效果提成实施办法》，用体育业务成果和经济效果两个标尺进行定分考核，试行分等级发奖金；1984年制定了《关于体育场馆试行承包责任制的意见》，对收入提成的分成和奖金分配做了新的较合理的规定。在上海市的带动下，全国各个省市都对体育场馆改革进行了各种尝试和探索。1994年12月，国家体委在上海市虹口体育场召开了全国体育场馆深化改革现场会，对他们"两个效益一起上，不吃皇粮交公粮"的经验进行了总结和反思，认为他们的改革"对全国体育场馆由事业型向经验型转变提供了基本经验，展示了发展方向"。但总体来说，"以体为主、多种经营、以副养体"是我国体育场馆改革初期的重要内容。直至今日，我国体育场馆改革的步伐从未停止，改革的内容也突破了单纯创收增资的运行模式，开始走向"依托场馆、全面发展"的综合性体育产业开发阶段。

体育场馆改革不仅探索解决了我国体育场馆运营和发展的资金问题，更为重要的是它还成为了体育产业发展的切入点，对我国体育产业其他领域的影响是深远的、极大的。但需要指出的是，在我国体育场馆改革进程中同样也遇到了诸如"体育场馆的公益性特征难以体现"以及"为了一味追求经济利益而改变体育场馆功能"等一系列问题。体育场馆改革是一项任重而道远的工作，未来各省市还将进一步探索适合我国国情和地情的体育场馆运行新模式。

（3）足球改革成为竞技体育职业化的突破口。1992年国家体委发布的《关于深化体育改革的决定》，提出了建立具有中国特色的社会主义体育新体制的目标。根据深化体育改革的总体设想，足球被选作体育体制改革的突破口。1992年6月，在北京市红山口召开全国足球工作会议之后，足球项目率先进入以"体制改革与机制转换为核心，以实现实体化、俱乐部制和产业开发为重点"的历史阶段，成为我国体育职业化改革的先导。1993年，上海、大连等多个足球试点城市以体委与企业联办的形式建立了职业足球俱乐部，广东健力宝有限公司、上海大众汽车有限公司、广州奇星药业厂等一批企业，拿出数百万元乃至数千万元投资足球俱乐部。同年，中国足协尝试性地举办了首次采用主客场制的中国足球俱乐部锦标赛。1994年4月，万宝路全国足球甲级联赛揭幕，标志着我国职业足球俱乐部开始正式运作。

在足球改革初见成效的影响下，经验被推广到其他体育领域和运动项目中，篮球、排球、乒乓球、网球、羽毛球、围棋等项目分别在20世纪90年代实行了主客场形式的职业俱乐部联赛，拉开了我国竞技体育职业化的帷幕，推动了整个竞技体育体制改革的深入。足球职业化改革促进了我国竞技体育体制改革的步伐，是在社会主义市场经济条件下解决竞技体育发展所遇矛盾与困难的尝试，为我国体育改革，为体育社会化、产业化、市场化提供了借鉴，推动了我国体育产业的发展。

（4）体育健身休闲会所成为体育产业发展的生力军。早在20世纪80年代初，伴随着改革开放的春风，体育健身休闲产业悄然传入中国。好莱坞明星简·方达倡导的有氧健身操在我国曾一度流行，大众健身市场由此开始孕育。1988年，我国第一个健身休闲会所在深圳市出现；20世纪90年代初，马华在北京市成立了自己的俱乐部——马华健身俱乐部，之后她又在河南省、河北省、云南省、黑龙江省、吉林省、辽宁省等地开办了10家健身俱乐部分部，成为国内健身俱乐部以连锁方式进行经营的最早尝试者。此外，随着我国体育健身市场的逐渐壮大，青鸟宝迪沃·英派斯、亚历山大会馆、美格菲、美国倍力等知名健身会所也纷纷进入大陆市场，形成了一批经营规模较大、发展迅猛并具有一定社会影响的体育健身休闲会所。

体育健身休闲会所的发展与社会的政治、经济紧密联系。改革开放之前，体育健身休闲会所并没有生存的土壤；到了有计划的商品经济时代，体育健身休闲会所开始迅速地铺开、成长；在社会主义市场经济条件下，体育健身休闲会所"如鱼得水"，获得了空前的发展。它的产生和发展，不仅满足了不同消费者的不同层次和个性化的消费需求，同时也加快了我国体育产业的结构优化。体育健身休闲会所现在已成为体育产业发展的生力军。

（5）商业性国际体育赛事成为体育产业发展的推进器。体育赛事是体育产业的核心产品，也是体育产业领域中最活跃、最有影响力的重要组成部分，特别是一些商业性国际体育赛事，它对体育产业发展的推进作用就更加明显。改革开放初期，由于我国体育管理体制以及体育市场需求等诸多原因，我国基本上没有举办过商业性的赛事，直到1988年个体广告商温锦华依靠社会资金成功运作"八国男篮邀请赛"，我国才有了首个商业性质的国际体育赛事。在此之后，我国的商业性国际体育赛事如雨后春笋般不断出现，英国阿森纳、曼联，西班牙皇家马德里、巴塞罗那，意大利尤文图斯，德国拜仁慕尼黑，美国银河足球队，NBA传奇巨星队、国王队、火箭队等国外职业高水平俱乐部或运动队纷纷登陆中国，巴西、英格兰、巴拉圭等国家足球队也先后造访。近年来，由于城市发展的需要，北京市、上海市、广州市等大都市引进了一大批商业性的国际体育赛事，一级方程式汽车大奖赛、网球大师杯赛、中国网球公开赛、汇丰高尔夫球公开赛、宝马高尔夫球公开赛等纷纷在中国落户。

由于商业性国际体育赛事与体育产业中几乎所有的类别都具有产业关联，它对体育产业的波及效应非常明显。另外，2008年北京奥运会的举办加强了国内机构与国际体育组织的联系，并对规范体育赛事的运作方式产生积极影响。因此，未来国际商业性体育赛事定会快速增长，从而极大地推动我国体育产业的发展，成为我国体育产业腾飞的推进器。

（6）体育中介服务成为体育产业发展的催化剂。1984年，中共中央发出了《进一步发展体育运动的通知》，提出了加快体育社会化步伐的指导方针。社会主义市场经济的发展以及体育改革的兴起，极大地解放了人们的思想，调动了社会办体育的积极性。体育中介活动的环境有了较大改变，体育经纪活动开始出现。

1985年，广东陈剑荣安排当时著名的足球运动员古广明赴联邦德国治疗伤病，随后作为代理人介绍他到德国曼海姆俱乐部踢球，这一经纪行为成为我国首次体育中介服务活动。自那以后，我国的体育中介活动蓬勃发展。1994 年，全球著名的体育经纪公司——美国国际管理集团（IMG）进入中国，一举拿下中国职业足球商业经营权，此后瑞士国际体育休闲公司（ISL）、八方环球等一批国际体育中介机构纷纷进入中国。1997 年，我国著名运动员朱建华在上海市注册成立了国内第一家专业化的体育经纪公司——希望国际体育经纪有限公司。同年 12 月，广东鸿天体育经纪有限公司在广州成立。随后，中体产业经纪公司、长城国际体育传播公司、东方体育经纪公司、北京高德体育文化中心等一系列专业体育经纪公司相继成立。迄今为止，我国专门从事体育中介服务的公司已经多达数百家，这为我国近三十年来体育产业的蓬勃发展起到了积极的推动作用。1999 年，我国体育中介服务市场在立法工作方面也有了突破性进展，北京市、上海市、广东省等地先后颁布了《体育经纪人管理办法》，中国足协出台了《足球经纪人管理办法》。2000 年 4 月，中国篮协又颁布了《篮球经纪人管理办法》。这些法规的颁布实施进一步规范了我国的体育中介市场。总而言之，我国体育中介市场经过 20 多年的发展，开始步入业务广泛、门类齐全、从业人员素质逐步提高的蓬勃发展阶段，对我国体育产业的发展起到了促进作用。随着我国体育产业管理体制和运行机制的进一步完善，未来体育中介产业将具有更加广阔的发展空间和发展前景，在推进我国体育产业发展的沟通、催化作用方面将日趋显著。

（7）体育用品博览会成为体育用品业的亮点。我国体育用品市场在计划经济体制下已经存在，但这一市场的大发展还是在改革开放以后。随着人民生活水平的提高、体育消费意识的觉醒和全民健身浪潮的高涨，体育用品业在近年来也得到了飞速发展，成为我国体育产业各领域中规模最大、成熟度最高、竞争性最强的行业，而体育用品博览会则成为我国体育用品业发展中的一个主要亮点。

早在 1985 年 1 月，深圳市就在全国范围内举办了第一次多国体育用品展销活动，共有 400 多种展品，参观购买者每天达上万人次，一周零售额获外汇 5 万元以上、人民币 1 万元以上，订货金额达 200 多万元人民币和外汇 35 万元。1988 年 8 月，由《中国体育报》等单位联合举办了我国首次全国名优体育产品展销会，国内外 77 个厂家送展上万种体育用品。

但最能够反映我国体育用品业发展态势的还属 1993 年开始的中国体育用品博览会，它由国家体育总局、中国体育用品联合会共同主办，国家体育总局体育器材装备中心承办。1993 年举办的第 1 届中国体育用品博览会，展位数为 200 个，参展人数仅为 1000 人；而 2007 年第 18 届体育用品博览会上，展位数达到了 5000 个，参观人数达到 16 万人。这充分说明它的发展速度极其迅猛，也充分显示了我国体育用品市场高速发展的态势。目前中国体育用品博览会已成为我国唯一的国家级、国际化、专业化体育用品展会，同时也是规模仅次于德国慕尼黑博览会和美国拉斯维加斯博览会的亚洲最大、世界第三的专业展会。

（8）体育彩票成为体育产业的重要组成部分。体育彩票业是否属于体育产业的范畴一直是理论界和实务界争论的一个热点问题，争论双方各执己见，意见不一。现实告诉我们：体育彩票业的发展与我国体育的发展以及人们的体育消费意识息息相关，它为我国体育事业的发展提供了巨大的财力支持。因此，有必要在回顾传统的计划经济体制下我国体育产业发展历程时对体育彩票发展进行梳理。彩票一直被视为"资本主义货色"而长期被列入"禁区"，无人问津。党的十一届三中全会之后，我国开始了以市场为导向的经济体制改革，人们的思维观念和思维方式也随之发生了很大变化。在这种背景下，国家体委开始着手探讨我国发行体育彩票的理论问题。同时，部分省市也开始了小规模的体育彩票销售活动。1984年10月10日，北京市为第4届北京国际马拉松赛发行了"发展体育奖"彩票，这是新中国的第一张体育彩票，开创了中国体育彩票发行之先河。

为落实国务院对体育彩票管理的要求，加强全国体育彩票工作的统一规划和宏观管理，经中央机构编制委员会批准，国家体委于1994年4月5日正式成立了体育彩票管理中心，使体育彩票的统一发行和管理在组织上得到了有力的保障。彩票管理中心成立后，立即会同国家体委计划财务司和政策法规司起草了《1994～1995年度体育彩票发行管理办法》，经中国人民银行批准，于1994年7月18日以国家体委第20号令公布实施。这是我国第一个专门的体育彩票管理法规，它标志着我国体育彩票从此走上了法制化、规范化的发展轨道。

自1994年全国统一发行体育彩票以来，我国体育彩票业呈现出市场迅速扩大、玩法逐渐丰富、技术不断进步、管理日臻完善等特点。至2007年，我国体育彩票发行量达到了385亿元，是1994年10亿元发行量的近40倍，年平均增长率为22%，体育彩票业已初具规模，并成为我国体育产业的重要组成部分。

（二）内蒙古自治区体育事业取得的成就

改革开放四十年来，内蒙古自治区体育方面发生了历史性的深刻变化，取得了令人瞩目的伟大成就。1979年12月，内蒙古自治区革命委员会体育运动委员会更名为内蒙古自治区体育运动委员会。为适应体育社会化的要求，经自治区政府同意，1981年9月27日，成立了和体委平行的中华全国体育总会内蒙古自治区分会，其所属的各盟市体育总会，全区性各行业、系统体育协会和各单项运动协会相继恢复或建立。1989年，中华全国体育总会内蒙古自治区分会改称内蒙古自治区体育总会。

1982 年 9 月，内蒙古自治区受国家民委和国家体委的委托，在呼和浩特承办了第二届全国少数民族传统体育运动会，这是新中国成立以来首次有全部 55 个少数民族代表参加的民族传统体育运动会。

1985 年 8 月 11 日至 10 月 3 日，内蒙古自治区第一届少数民族传统体育运动会分别在锡林郭勒盟锡林浩特市、哲里木盟通辽市和阿拉善盟阿拉善左旗 3 个赛区举行；内蒙古自治区第二届少数民族传统体育运动会于 1989 年举行；1991 年，呼和浩特市又承办了第四届全国少数民族传统体育运动会马上项目分赛场的比赛。

1991 年和 1997 年，自治区在呼和浩特市成功举办了自治区成立以来规模最大的两次那达慕大会，在国内外产生了广泛的影响。庆祝内蒙古自治区成立 50 周年的那达慕于 1997 年 7 月 21～25 日在呼和浩特市内蒙古赛马场举行。在为期 5 天的那达慕盛会上，2 人打破 1000 米速度赛马、3 人打破 5000 米走马、3 人打破 10000 米走马的自治区纪录。锡林郭勒盟等代表团分获男女搏克团体前六，哲里木盟等代表团分获蒙古象棋团体前三，赤峰市等代表团分获武术团体前三。伊克昭盟、包头市、哲里木盟、乌海市代表团获 "体育道德风尚奖"，阿拉善盟等盟市获 "那达慕优秀组织奖"。

1997 年，自治区主办了有日本、韩国、伊朗、中国、中国台北和中国内蒙古自治区 6 个国家和地区的 28 名运动员参加的内蒙古第六届国际马术比赛；承办了第八届全国运动会男子柔道预赛暨全国锦标赛、全国少年儿童游泳锦标赛和全国足球乙级联赛的主场比赛；同时举办了田径、摔跤、柔道、举重等自治区级青少年比赛 7 项次，参赛运动员 1487 人次，有 5 人 19 次破 8 项自治区少年最高纪录。同年，自治区新增国家级裁判员 6 个项目 12 人，新增国家一级裁判员 18 个项目 66 人，分别有 5 名和 1 名国家级以上裁判员受到国家体委和全国八运会组委会的表彰，有 18 个项目 37 人被评为全国优秀裁判员。

根据自治区实际和竞技体育的发展趋势，按照 "缩短战线、发挥优势、突出重点、效益优先" 的原则，重新调整和布局优秀运动队运动项目，撤销现代五项和曲棍球项目建制，增设跆拳道项目，同时撤销设在呼和浩特市和锡林郭勒盟的自治区优秀运动队建制。在自治区所设的 13 个运动项目（包括 1 个冬季项目）中，自治区运动员参加国内各项比赛共获得 173 个名次，其中 27 枚金牌（包括全国最高水平比赛金牌 5 枚）、25 枚银牌、27 枚铜牌、17 个第四名、31 个第五名、12 个第六名、21 个第七名、13 个第八名；参加国际比赛共获得 27 个名次，包括 4 枚金牌、5 枚银牌和 7 枚铜牌，其中自治区有 6 个项目的 6 名运动员、2

名教练员入选中国体育代表团，参加了在泰国举行的第 13 届亚运会，并取得 1 枚金牌、1 个第四名、2 个第五名和 1 个第六名，为国家和自治区争得荣誉。至 1998 年底，全区共有专职教练员 367 人，其中高级教练员 21 人、中级教练员 147 人、初级教练员 199 人。同年，有 10 名运动员晋升为运动健将，24 人达到国家一级运动员标准。

1998 年，在由自治区体委主办，有日本队、韩国队、中国台北队、中国一队和中国二队 5 支代表队 15 名骑手参加的第七届内蒙古国际马术比赛中，中国台北队、中国二队和中国一队分获团体前三名，中国二队呼和、中国台北队黄瑞坚和余国安分获个人前三名。同年，承办了全国男子柔道精英赛暨第 13 届亚运会男子柔道选拔赛第二站比赛、1997～1998 年度中国乒乓球擂台赛第 17 场比赛、华北协作区手枪比赛和全国足球乙级联赛的主场比赛。区内竞赛除举办了九运会外，还举办了乒乓球、航空模型和室内田径 3 个项目的全区青少年比赛，有 706 名运动员参赛。同年，自治区新增国家一级裁判员 70 名。

自治区第九届运动会是 20 世纪自治区最后一次综合性体育盛会，分设甲乙两类竞赛项目，甲类项目面向社会和群众，乙类项目限定一定年龄段的青少年参加。比赛从 2 月开始分阶段、分赛区进行。全区 12 个盟市的代表团和行业体协、厂矿企业、学校等 252 支代表队 3800 多名运动员（其中乙类项目 1524 名）参加了 18 个甲类项目、11 个乙类项目比赛，是历届全区运动会中规模最大、参赛人数和参赛单位最多的一次。1998 年 8 月 22 日，自治区第九届运动会开幕式在包头市举行，有 1 人超 1 项全国青少年纪录，53 人 10 队 110 次超 39 项自治区最高纪录，99 人 26 队 189 次超 61 项自治区青少年纪录，22 人 9 队 58 次超 17 项自治区儿童纪录，有 2 个代表团荣获"体育道德风尚奖"。获得金牌总数前三名的是呼和浩特市、包头市和赤峰市代表团，包头市、呼和浩特市和赤峰市代表团分获团体总分前三名，获得 1994～1998 年期间向自治区优秀运动队输送运动员奖励前三名的是呼伦贝尔盟、赤峰市和呼和浩特市。

全国第六届少数民族传统体育运动会分别于 1999 年 8 月 18～23 日在分赛场拉萨、9 月 24～30 日在主赛场北京举行。内蒙古自治区代表团 213 人参加了拉萨分赛场和北京主赛场的比赛，进行了马上项目、民族式摔跤、押加、射弩、武术 5 个大项的比赛和马上技巧、女子搏克、赛驼、抢枢、布鲁 5 个项目的表演。代表团全体成员精神振奋、团结拼搏，夺得金牌 13 枚、银牌 9 枚、铜牌 12 枚，荣获团体总分和奖牌总数第一名、金牌数与分赛场东道主西藏代表团并列第一名的优异成绩，表演项目也分获一等奖 1 个、二等奖 3 个、三等奖 1 个，并有 30 名运动员荣获"个人体育道德风尚奖"。

　　1999年，自治区体委结合实际，按照"缩短战线、发挥优势、突出重点、效益优先"的原则，撤销了设在呼伦贝尔盟的自治区速度滑冰优秀运动队建制。女运动员萨仁夺得第四届全国城市运动会射箭金牌，打破自治区射箭队多年来的沉闷局面。赛娜在第九届全国冬季运动会女子速滑全能500米比赛中勇夺桂冠，结束了内蒙古自治区在全国冬运会上没有金牌的历史。内蒙古自治区运动员在国内外重大年度比赛中共获得金牌31枚（其中全国最高水平比赛金牌7枚）、银牌26枚、铜牌25枚。呼和浩特市代表团参加第四届全国城市运动会，夺得2枚金牌、3枚银牌和3枚铜牌，并获体育道德风尚奖。在第九届全国冬季运动会上，呼伦贝尔盟运动员获得金、银、铜牌各1枚，总分101分，在35个参赛单位中金牌数列第9位，总分列第8位。是年有160名各盟市的青少年运动员参加田径、柔道、乒乓球、游泳等9个项目的全国青少年及协作区比赛，获得6个第一名、4个第二名和4个第三名。同时，有5项10名运动员被批准为一级运动员，6项13名运动员晋升为运动健将，1名运动员晋升为国际级运动健将。

　　1999年，自治区体委举办了有伊朗、日本、韩国、新加坡、中国和中国台北6个国家和地区8支代表队参加的内蒙古第八届国际马术比赛，日本队、韩国队和中国台北一队分获团体前三名，阿力瑞沙·高特沙瑞夫（伊朗）、密切尔（新加坡）和孟克（中国）分获个人前三名；承办了全国马术精英赛、全国少年摔跤比赛和全国拳击邀请赛；为培养后备人才举办了全区青少年比赛13项次，有1628名运动员参赛，其中4人破8项次自治区最高纪录，1人破1项次自治区少年纪录。同年，新设立部分自治区纪录，其中新设立的自治区最高纪录有14人12大项36项次、青年纪录有9人8大项24项次、少年纪录有12人9大项25项次。年内有20个项目的68人晋升为一级裁判员，5个项目的6人晋升为国家级裁判员，1人晋升为国际B级裁判员。自治区优秀运动队参加全国各类比赛共获得249个录取名次，其中获全国最高水平比赛金牌7枚；参加国际比赛获得22个录取名次，其中第一名6个，有1名运动员代表国家参加了悉尼奥运会。盟市体校组队参加全国青少年比赛，获得99个录取名次，其中第一名6个，有3名运动员被评选为国家田径优秀后备苗子。巴彦淖尔盟体校被评为国家田径高水平后备人才培养基地。组织完成了近3500多名全区青少年运动员的注册工作。同年，内蒙古有5个项目的11名运动员晋升为运动健将，6个项目的22名运动员达到国家一级运动员标准。

　　2000年，自治区主办了由日本队、韩国队、伊朗队、中国台北队、中国一队、中国二队（内蒙古队）6支代表队18名运动员参加的第九届内蒙古国际马术比赛，伊朗队、中国一队和韩国队分获团体前三名，日本队的西村宪悦、中国二队（内蒙古队）的孟克和日本队的真下一成分获个人赛前三名；承办了 2000 年全国游泳夏季达标赛（北区）、2000 年奥运会全国男子柔道第三次选拔赛、全国拳击协作区比赛和中德足球对抗赛辽宁抚顺队对德国沃尔夫斯堡队的比赛、1999～2000 年度爱立信中国乒乓球擂台赛第 22 场比赛、2000 年全国摩托车越野锦标赛首站比赛、全国"双鱼杯"全民健身乒乓球邀请赛、全国"佛雷斯杯"羽毛球邀请赛、全国业余网球晋级赛、国际女子网球卫星赛、北京国安二队与内蒙古联队的足球推广赛。自治区还举办了速度滑冰、柔道等全区青少年比赛 12 项次、全区社会性比赛 20 项次，均获圆满成功。

2000 年 5 月 7～14 日，由自治区副主席周维德任团长、共 38 人组成的内蒙古自治区代表团参加了在上海市举行的全国第五届残疾人运动会，获得 13 枚金牌、1 枚银牌和 2 枚铜牌，代表团获体育道德风尚奖。同时，有 6 名运动员、1 名教练员入选中国代表团，参加了 10 月 18～30 日在澳大利亚悉尼举行的第 11 届残疾人奥运会，夺得 3 枚金牌、1 枚银牌和 1 枚铜牌，并有 3 人 6 次打破世界纪录。5 月 28 日至 6 月 6 日，2000 年全国体育大会在浙江省宁波市举行，由自治区副主席宝音德力格尔任团长，自治区体育局局长贺希格图、副局长郭厚诚为副团长的共 56 人组成的内蒙古代表团参加了中国式摔跤、航空模型、体育舞蹈、健美、高尔夫球 5 个项目的比赛，获得 3 枚金牌、2 枚银牌、2 枚铜牌，总分 56 分，金牌数和团体总分分别列参赛代表团的第 18 位和第 23 位，并获体育道德风尚奖。6 月 25～27 日，在呼和浩特市举办了内蒙古自治区参加全国第四届农民运动会的选拔赛，本次选拔赛设田径（含拔河）、中国象棋、民兵军事三项 3 大项目，来自 10 个盟市的 300 多名农牧民运动员参加了比赛，呼和浩特市、乌兰察布盟和包头市代表队分获团体总分前三名。通过选拔，组建了自治区参加第四届全国农民运动会的队伍。10 月 29 日至 11 月 4 日，在四川省绵阳市举行的第四届全国农民运动会上，由自治区副主席傅守正任团长、59 人组成的内蒙古自治区代表团，参加了田径、中国象棋、中国式摔跤和民兵军事三项 4 个大项的比赛，夺得 6 枚金牌、3 枚银牌和 3 枚铜牌，在 32 个代表团中名列第九，所获成绩是自治区历次参加全国农民运动会最好的一次。2000 年，自治区新增国家级裁判员 4 个项目 6 人，一级裁判员 7 个项目 32 人；有 31 人次破 3 个项目 19 个小项的自治区成人纪录，19 人次破 5 个项目 22 个小项的自治区青少年纪录。

2001 年 11 月 11～25 日，全国第九届运动会在广东省举行（其中的马拉松项目、冬季项目先期分别在北京、哈尔滨进行），来自各省份、香港特别行政区、澳门特别行政区、台湾地区，以及中国人民解放军、新疆生产建设兵团、各行业体协共 45 个代表团的 8608 名运动员参加了 30 个大项、345 个小项的比赛。内蒙古自治区代表团共计 173 人，其中运动员 114 名，共参加了武术散打、跆拳道、速度滑冰、帆船、拳击、马术（速度赛马）、射击、射箭、国际式摔跤（古典式、自由式）、柔道、田径、男子曲棍球 12 个项目的比赛。此外，内蒙古自治区还有与有关省市、行业体协交流和与解放军双记分的 41 名运动员参加比赛。全区代表团共夺得 6.5 枚金牌、2.5 枚银牌、5.5 枚铜牌，团体总分 425.5 分，金牌总数与团体总分均列全国第 21 位，代表团荣获体育道德风尚奖，实现了运动成绩和精神文明双丰收。

2001 年，内蒙古自治区优秀运动队参加全国各类比赛（不包括全国九运会决赛）共获得 174 个录取名次，其中第一名 30 个；参加国际比赛获得 10 个录取名次，其中第一名 4 个。自治区优秀运动员先后在世界最高水平比赛中夺得 3 项世界冠军（纪海平的 2001 年世界杯射击总决赛男子手枪速射、萨仁的第 41 届世界射箭锦标赛反曲弓女子团体淘汰赛团体、格日勒图的第 6 届世界武术锦标赛 65 公斤级散打）。盟市体校组队参加全国青少年比赛 7 个项目共 124 人，获得 38 个录取名次，其中第一名 4 个。

2002 年 8 月 28～31 日在兴安盟乌兰浩特市举办的全区第五届少数民族传统体育运动会，是自治区历史上场馆条件最好、开幕式最精彩、比赛最规范、服务最周到的一次民运会。运动会设搏克、赛马、射箭、蒙古象棋、布鲁、秋千、武术、射弩、押加、中国式摔跤和毽球 11 个比赛项目，全区 12 个盟市的 1200 多名运动员、教练员、裁判员和工作人员参加，通辽市、兴安盟和赤峰市代表团分列团体总分前三名。内蒙古马术队和呼伦贝尔市代表团在运动会期间分别进行了马术和抢枢表演。

2002 年 5～8 月举行的全区第十届运动会（以下简称十运会），是新世纪自治区举办的第一次、也是规模最大的一次综合性运动会。十运会开幕式于 8 月 6 日在包头举行，8 月 10 日闭幕，共有 12 个代表团、526 支代表队、5500 多名运动员在全区 8 个盟市参加了 23 个甲类项目、13 个乙类项目共 36 个运动项目的比赛，有 22 人 70 次破 28 项自治区纪录，82 人 193 次破 62 项自治区青少年纪录，此外还创立了一批自治区青少年纪录。包头市、呼和浩特市和赤峰市代表团分获金牌总数前三名，呼和浩特市、包头市和赤峰市代表团分获团体总分前三名，呼和浩特市等 12 个盟市代表团被评为"体育道德风尚奖代表团"，乌海市等 8 个盟市被评为十运会"甲类项目优秀赛区"。

2002 年，自治区运动员在全国最高水平比赛中共获得 61 个名次，其中 7 个第一名、13 个第二名、15 个第三名；在国际比赛取得 17 个名次，其中 7 个第一名、3 个第二名、3 个第三名；在全国青少年比赛中获得 54 个名次，其中 7 个第一名、6个第二名、4个第三名。刘国辉夺得射击世界冠军并获得2004年雅典奥运会入场券，哈达巴特尔勇夺亚洲拳击锦标赛71公斤级冠军。自治区射击、马术、拳击3个项目的6名运动员、1名教练员入选第14届亚运会中国体育代表团，取得4金1银1铜和2个第五名的成绩，并分别打破1项亚洲纪录和1项亚运会纪录，同时实现了中国体育代表团亚运会马术项目奖牌零的突破。

29名运动员参加了2002年5月25日至6月3日在四川省绵阳市举行的全国第二届体育大会所设22个大项中的中国式摔跤、轮滑、航空模型、健美、围棋、中国象棋六项比赛，获得4枚金牌、4枚银牌、1枚铜牌、5个第五名和3个第六名。

2003年9月6～13日，在宁夏回族自治区举办的全国第七届少数民族传统体育运动会是新世纪举办的首次全国民族传统体育盛会，来自全国34个代表团的3799名民族体育健儿参加了14个竞赛项目的比赛和126个项目的表演。内蒙古代表团共有159名成员参加大会所设的马术、民族式摔跤、秋千、武术、射弩、押加、花炮7个竞赛项目的比赛和马上技巧、赛骆驼2个项目的表演，夺得11枚金牌、10枚银牌、7枚铜牌，获得总分325分，金牌总数和奖牌总数分列各代表团第一名，团体总分与东道主宁夏代表团并列第一名，2个表演项目均获一等奖。

2003年，自治区有4名教练员、15名运动员入选国家奥运集训队备战2004年雅典奥运会；自治区优秀运动员在国际比赛中共获得6个名次，1人获亚洲青年锦标赛冠军；参加全国比赛共获得269个名次、35个冠军，其中全国最高水平比赛获51个名次、8枚金牌、8枚银牌、7枚铜牌；自治区代表团28名运动员参加了9月16～23日在江苏省南京市举行的全国第六届残疾人运动会举重、田径2个大项的比赛，夺得金牌8枚、银牌3枚、铜牌9枚；参加了在湖南省举办的全国第五届城市运动会，共夺得41个名次，其中金牌2枚、银牌4枚、铜牌6枚。

2004年，自治区有2名运动员、1名教练员代表中国参加了第28届雅典奥运会；在国际比赛中共获得15个名次、10个冠军；参加全国各项比赛共获得269个名次、29个冠军，其中全国最高水平比赛获得62个名次、6个冠军；8名射击运动员和14名田径运动员获得全国十运会决赛权；在全国射箭室外锦标赛上，获男子团体排名赛和个人淘汰赛两项冠军。

2004年，内蒙古自治区举办了第12届内蒙古国际马术比赛，承办了国际山地自行车越野赛、中国国家队－阿联酋国家队足球赛、全国男篮甲A西部行、全国青少年篮球赛、全国越野摩托车锦标赛、全国越野滑雪比赛和国际女子网球卫星赛、中国业余网球公开大奖赛分站赛、全国优秀青少年乒乓球调赛、第四届中西部七省区领导干部乒乓球比赛等活动。

2005 年，全区共有 122 名运动员参加了全国十运会 13 个大项、71 个小项的决赛，夺得 1 枚金牌、4.5 枚银牌和 10 枚铜牌，总分 379.5 分；在全国 46 个代表团中，全区金牌数列第 26 位，奖牌数和总分均位于第 23 位，并荣获"体育道德风尚奖"。

2005 年 9 月，由中国汽车运动联合会和内蒙古自治区体育局共同主办的中国石油 2005 中国汽车越野锦标赛在自治区圆满举办，这是内蒙古自治区举办的首届中国汽车越野锦标赛，来自全国的 24 支车队、48 辆赛车共 400 余人参加了比赛。比赛全程 2163.86 千米，6 个赛段共 616.28 千米。

2006 年，内蒙古自治区优秀运动员参加国内外大赛共获得 49 个第一名、50 个第二名、71 个第三名，打破 1 项世界纪录和 4 项全国纪录，男子乒乓球队成功晋级甲 B 联赛，荣获中国拳击运动突出贡献奖和射击运动贡献奖。在 2006 年 5 月举行的第三届全国体育大会上，自治区代表团参加了 5 个项目的比赛，取得 3 金、8 银、3 铜、1 个第四名和 5 个第六名的好成绩。在第四届全国特殊奥林匹克运动会上，自治区代表团参加了 7 个大项的角逐，共获金牌 17 枚、银牌 11 枚、铜牌 15 枚。在韩国釜山举行的第四届世界轮椅举重锦标赛上，内蒙古自治区运动员获得 2 枚金牌，并 2 次打破残疾人举重世界纪录。

2007 年 11 月 10 ~ 18 日，第八届全国少数民族传统体育运动会在广州市举行。内蒙古自治区代表团有 241 人参加了运动会，共获得 13 枚金牌、31 枚奖牌，金牌和奖牌总数均超过上届。

2008 年，内蒙古自治区有 4 名教练员、13 名运动员入选中国体育代表团，参加了北京奥运会柔道、拳击、田径、曲棍球 4 个大项、9 个小项的角逐，参赛运动员人数超过历届参加奥运会运动员人数的总和，在全国有运动员参加奥运会的省份和体协中居第 13 位，位列全国 5 个少数民族地区之首；参赛项目数是历届全区参赛奥运会项目数的总和。本届奥运会上，内蒙古自治区在全国获得奥运会奖牌的 26 个单位中居第 19 位。

2008 年 6 月举办的东方马拉松越野赛是近年来自治区举办的规模最大、参与人数最多、涉及面最广的一次赛车运动，来自 29 个国家和地区的 223 辆赛车报名参赛。2008 年 7 月，在科尔沁右翼中旗举行了首届全国中国马速度大赛，这是首次将中国马比赛正式列为国家级赛事，为发展中国马文化探索了一条新路。2008 年 9 月，自治区 1 名教练员、4 名运动员入选中国代表团参加北京残奥会，夺得 3 枚金牌、1 枚银牌和 1 个第六名、1 个第八名，并 3 次打破世界纪录。在10 月举行的第六届全国农民运动会上，自治区获得金牌 4 枚、银牌 5 枚、铜牌 3

枚和 1 个第四名。

2009 年，在第十一届全国运动会上，内蒙古自治区共有 173 名运动员参加了 14 个大项、80 个小项的比赛，取得了 7 金、4.5 银、8.5 铜的优异成绩。在参赛的 42 个代表团中，内蒙古自治区综合金牌榜位列第 22 位，综合奖牌榜位列第 20 位，内蒙古自治区综合总分榜排在第 22 位。

在第 16 届广州亚运会上，自治区共有 19 名运动员代表国家参加了田径、马术、现代五项、柔道、拳击、曲棍球、藤球、铁人三项 8 个项目的比赛，取得了 4 金、3 银、4 铜的亚运会最好成绩。

2010 年 6 月 6～12 日，世界元老乒乓球锦标赛在内蒙古自治区呼和浩特市举行，近 700 名运动员参赛，比赛共设拳击、柔道、自由式摔跤、乒乓球、射箭、田径 6 个大项、51 个小项的比赛。自治区代表团共获得 25 枚金牌、22 枚银牌和 18 枚铜牌，金牌和奖牌总数均名列第一。

2010 年 8 月 16～22 日，自治区第十二届运动会在乌海举行，来自全区 12 个盟市代表队的 3340 余名运动员参加了 23 个大项、412 个小项的角逐，共产生了 487 枚金牌、457 枚银牌和 457 枚铜牌。其中，8 人 22 次超 4 项自治区最高纪录，80 人 122 次超 43 项自治区青少年最高纪录，充分展示了内蒙古自治区竞技体育良好的发展态势。

2011 年，在第十二届冬运会上，内蒙古自治区代表团有 8 个盟市、209 名运动员组团参加，获得了 1 金、2 银、3 铜，并有 13 名运动员在八个项目中取得四至八名的好成绩。在第七届城运会上，自治区青年运动员共获得 5 枚金牌、4 枚银牌、7 枚铜牌，创造了参加城运会以来的最好成绩。

在 2012 年伦敦奥运会上，内蒙古自治区共获得两个第六名（刘相蓉获女子铅球第六名、高丽华获女子曲棍球第六名）和一个第七名（吴树根获女子柔道 48 公斤级第七名）的成绩。

全国第十二届运动会于 2013 年 8 月 31 日～9 月 12 日在中国辽宁省举行。这届全运会共设 31 个大项、350 个小项，来自全国各地 38 支代表队的 9770 名运动员展开对 420 枚金牌的争夺战。内蒙古自治区共有 213 名运动员在 15 个大项、137 个小项上参赛，经过激烈的角逐，内蒙古自治区体育代表团荣获 5 枚金牌、6 枚银牌、11 枚铜牌，总分 562 分。

2014 年，内蒙古自治区优秀运动员参加国际、国内重大比赛共获得金牌 74 枚、银牌 87 枚、铜牌 126 枚。其中，在第八届世界女子拳击锦标赛上，杨晓丽、李倩分别为中国代表队夺得 1 金、1 银，创造了中国女子拳击的最好成绩。代表中国队出战仁川亚运会的自治区女子运动员陈东琦与队友配合夺得 50 米步枪三姿团体金牌，这是自治区运动员时隔32年后再次夺得的步枪亚运会冠军。2014年8月16~25日，第十三届全区运动会在赤峰市举行，本届运动会首次将雪上项目、橄榄球、女子足球等项目纳入正式比赛，共设24个大项、510个小项，8000多名运动员参赛。其中，1人超全国少年纪录，8人19次打破13项自治区最高纪录，31人41次打破31项自治区青少年最高纪录。

2014年，内蒙古自治区举办了首届内蒙古马术节，由自治区体育局、自治区旅游局、自治区体育总会、自治区马术协会主办，主题为"马年、马术、马尚"，主要活动内容包括专业赛事、趣味体验、文化纵横、马具展示4个部分，共有17个代表队参加了场地障碍、盛装舞步、走马、速度赛马和马上两项（跑马射箭、跑马拾哈达）5个专业赛事的比赛。走马、速度赛马、马上两项的比赛设奖金，总奖金近50万元。参与比赛、表演的马匹总数超过200匹。

2015年，内蒙古自治区运动员在国际国内重大比赛中共获得奖牌81枚。其中，金牌20枚、银牌22枚、铜牌39枚，全区运动员在国际国内重大比赛中的历年获奖情况如表2-2所示（详见附录）。

表2-2　全区运动员在国内外重大竞赛中获奖牌　　　　单位：枚

年份	奖牌总数	国外获奖	国内获奖
2002	97	13	84
2003	108	3	105
2004	136	13	123
2005	96.5	6	90.5
2006	1649	46	1603
2007	1432	14	1418
2008	1448	14	1434
2009	1506	11	1495
2010	1590	51	1539
2011	199	36	163
2012	100	7	93
2013	115	3	112
2014	288	87	201
2015	81	11	70
2016	241	13	228
2017	222	35	187

2015 年 8 月 9～17 日，第十届全国少数民族传统体育运动会在鄂尔多斯市举行，此次运动会共设 17 项竞赛项目和 178 项表演项目。来自全国 31 个省份、新疆生产建设兵团、解放军代表团以及台湾代表团共 34 个代表团的 6240 名运动员参加了比赛。663 名运动员参加了 17 个竞赛项目 93 个小项和 16 个表演项目的比赛。内蒙古自治区代表团在竞赛项目中获得一等奖 27 个、二等奖 43 个、三等奖 62 个，奖牌总数 132 个，比上届增加 70 个；在表演项目中获得一等奖 5 个、二等奖 4 个、三等奖 6 个；取得了精神文明和运动成绩双丰收，荣获内蒙古自治区代表团参加历届全国民族运动会的最好成绩。

第三章

内蒙古自治区体育产业发展概况

一、萌芽阶段（1947～1977 年）

1947 年内蒙古自治区成立后，自治区党委和人民政府非常重视发展民族体育，并把其作为"贯彻民族政策，增强民族团结"的一项重要工作。

内蒙古自治区体育运动委员会（以下简称体委）成立于 1954 年 3 月 6 日，隶属于内蒙古自治区人民政府，设办公室、群众体育科、竞技指导科、计划财务科。1956 年 10 月 12 日，内蒙古自治区党委批准自治区体委成立党组。1966 年底至 1968 年上半年，受"文化大革命"的影响，内蒙古自治区体委机构瘫痪，体育工作停滞。1971 年，自治区体委作为自治区革命委员会的职能部门得到恢复，并于 1972 年初陆续任命领导成员。1973 年 3 月，自治区革命委员会政治部批准成立自治区体委党委（后改称党组）。1948 年，自治区政府划拨专款，恢复了停办多年的呼伦贝尔盟甘珠尔庙那达慕大会，之后内蒙古自治区那达慕活动高潮迭起，锡林郭勒、乌兰察布、伊克昭、巴彦淖尔各盟相继举行了盟一级那达慕大会。1950～1953 年，全区举办了规模较大的民族传统体育大会 16 次，有54000 多名各族群众参加了摔跤、赛马、射箭及球类、田径比赛，观众人数达 20多万人。

朱德在 1949 年的一次体育工作会议上指出，"要广泛地采用民间原有的许多体育形式"，强调了开展民间传统体育项目的重要性。为了促进自治区民族传统体育的健康发展，1949～1958 年，自治区体委举办了 18 次"民族体育短期培训班"，组织体育专家、民族体育学者和盟市体育骨干研究改进了赛马、摔跤、射箭等民族传统体育项目的服装、器材，修订了比赛规则，传授了现代体育运动技术，革除了民族体育运动中许多历史遗留下的糟粕，使民族传统体育焕发了青春，也为现代体育运动在内蒙古自治区的开展奠定了基础。

1954 年，内蒙古自治区举办了首届全区那达慕大会，之后自治区人民政府分别于 1957 年和 1962 年在呼和浩特举办了第二届和第三届全区那达慕大会，至于旗以下各级机构组织的中小型那达慕就数不胜数了。通过党和人民政府的大力提倡，蒙古族传统的那达慕盛会如雨后春笋般遍及全区各地，而且内容越来越丰富多彩。

二、起步阶段（1978～1991 年）

该阶段以改革开放背景下开展体育经营活动为标志。党的十一届三中全会以后，随着我国经济、社会改革开放的逐步深入，原有体制下过分集中于体委办体育、各级体委对体育事业的领导、协调、监督作用未得到充分体现等种种弊端逐步暴露。在此形势下，中共中央做出了关于进行体育体制改革的决定，并先后分别由中共中央和国家体委颁布了《关于进一步发展体育运动的通知》和《关于体育体制改革的决定（草案）》两个重要文件，以推动体育社会化、科学化，促进体育全面发展和提高的改革。

体育体制改革从两个方面加速了我国体育产业的初步形成：一是推动了体育场馆"以体为主、多种经营"方针的形成。国家体委提出，"在优先保证发展体育事业的前提下，逐步实现场馆面向群众、面向社会，并由行政管理型向经营管理型过渡；在保证体育活动的前提下，发展多种经营，广开财路，提高场馆使用率，逐步做到自负盈亏，以场馆养场馆"。二是促进了我国竞技体育的社会化。鼓励专业运动队与企业合作，提倡体育竞赛与经营活动联合进行，形成了"内引外联""体育搭台、经贸唱戏"的社会化特色。这一改革开拓了运动队赞助企业的局面，促使诸多体育经济实体的不断涌现。简而言之，该阶段的主要特征是"以体育场馆改革为龙头，带动运动队和体育竞赛活动吸引社会资金"，这是体育界进行体育经营性活动的初步尝试。此外，1985 年国务院颁布的《国民生产总值计算方案》正式将体育部门列入第三产业范畴。

（一）体育事业管理

内蒙古自治区体育事业发展顺应改革开放潮流。1979 年 12 月，内蒙古自治区革命委员会体育运动委员会更名为内蒙古自治区体育运动委员会。为适应体育社会化的要求，经自治区政府同意，1981年9月27日，成立了和体委平行的中华全国体育总会内蒙古自治区分会，时任自治区党委常务书记王铎任名誉主席、自治区副主席杰尔格勒任主席、自治区副主席周北峰等12人任副主席，下设秘书处办理日常工作。体总分会所属的各盟市体育总会，全区性各行业、系统体育协会和各单项运动协会相继恢复或建立。1986年1月22日，第二届委员会成立，时任自治区时任党委副书记、人大常委会主任巴图巴根为名誉主席，体委主任贾殿英为主席，自治区政府副秘书长葛鸿儒等9人为副主席。1989年，中华全国体育总会内蒙古自治区分会改称内蒙古自治区体育总会。

（二）体育产业单位

中共十一届三中全会后，体育开始涉及场馆出租、土地转让、兴办公司等经营创收活动。20世纪80年代，体育产业以经营体育用品和极少的体育项目为主，且体育场馆设施落后，多数无法经营。这一时期对体育产业的认识和实践，大都停留在"体育搭台、经贸唱戏"的阶段，体育只是充当一种推动经济发展的手段，其产业地位和经济价值并未得到大多数人的认同。相应地，体育用品业得到了一定的发展，但主要是在广东省、福建省等沿海地区从事体育服装、运动饮料、运动鞋等劳动密集型体育用品的生产，产品技术含量较低，生产规模较小。

1. 内蒙古自治区体育发展公司

1983年4月25日，自治区体委召开了办公会议，主要研究体委系统如何贯彻自治区党委、政府《关于发展城镇集体经济和个体经济若干问题的暂行规定》和呼和浩特市委、市政府为此召开的专门会议精神，结合体委的实际广开财路，搞好增收节支工作和劳动就业的问题。与会同志一致认为，要在不影响各项体育活动的前提下，充分利用现有条件，认真抓好此项工作。为此，体委成立体育服务公司。会议议定成立体育服务公司筹备领导小组，领导小组由金自煌、伊祥林、尚士凡、石耀荣、丁淑珍六名同志组成，金自煌任组长，伊祥林任副组长。

20世纪70年代末80年代初期，通过接待外国体育旅游团队，内蒙古自治区体育产业初步兴起。内蒙古自治区体育产业形成之初主要靠行政手段运作。1984年，自治区体委成立体育实业服务公司，并配备了领导班子，正式开始了经营创收活动。公司开设了服装器材门市部、家用电器门市部和健美音乐酒家，扩大了业务，增加了营业额。1984年，自治区体委接待了美国、英国、日本、巴西、加拿大、秘鲁、爱尔兰、澳大利亚、印度、中国香港、中国澳门等十多个国家和地区的 11 个体育旅游团、2 支运动队共 189 人，旅游外事工作纯收入 54385 元。至 1984 年底，共安排体委职工待业子女 26 人，总营业额 35 万多元，纯盈利 4.5 万元。为适应体育旅游事业的发展，在机构设置和业务工作方面与中国体育服务公司相对口。1985 年 4 月 17 日，自治区体委批准在体委体育实业服务公司的基础上组建中国体育服务公司内蒙古分公司，公司与体委办公室合署办公，实行"一套人马、两个牌子"，但经济上独立核算、自负盈亏，并有较大的经营自主权。1985 年 8 月 3 日，公司在自治区工商局注册登记，注册资本为 45 万元。1986 年 1 月，国家体委正式成立了中国国际体育旅游公司。经自治区体委、外办和旅游局的批准，1987 年 6 月，中国国际体育旅游公司内蒙古公司正式注册成立，隶属中国体育服务公司内蒙古分公司领导，与中国体育服务公司内蒙古分公司旅游部合署办公，同样实行"一套人马，挂两个牌子"。1988 年，内蒙古体委劳动服务公司成立，为集体所有制性质的企业，由中国体育服务公司内蒙古分公司总经理金自煌兼任经理。

1988 年，自治区体委推行体育体制改革，对所属公司、体育事业服务中心、体育馆、赛马场等实行经营承包责任制，公开招聘承包责任人，提出了"以体为主，多种经营"的创收模式，从此迈出了体育事业由行政管理向经营管理转变的步伐。1988 年 12 月 25 日，自治区体委做出的《关于内蒙古体委体育服务公司实行目标管理的决定》进一步明确：体育服务公司的经营目的是为委内劳务市场提供尽可能多的劳动岗位并不断为公司发展创造条件，进而为自治区体育事业提供资金和服务；体育服务公司代行体委劳动服务公司的管理职能和体育服务公司、体育旅游公司、劳动服务公司及以上三公司所属经营网点的全部经营管理工作和所有资产的管理使用。承包期为 1989 年 1 月 1 日至 1990 年 12 月 31 日，由金自煌为总经理，贺根环、杨东为副总经理。责任期内，体育服务公司仍然独立发包、独立核算、自主经营。至 1989 年底，内蒙古自治区体委所属公司除按时完成上缴利税外，企业积累已达 110 万元，为自治区创汇 65 万元，安排系统内子女和劳务市场富余人员 113 人，为促进体育事业商品化、社会化起到了积极作用。

1990 年，根据自治区清理整顿公司领导小组关于"保留中国体育服务公司内蒙古分公司和中国国际体育旅游公司内蒙古分公司的实体，其名称由换照发证机关按有关规定核准"的要求，在工商行政管理部门换照发证时，公司分别改称为内蒙古自治区体育发展公司和内蒙古国际体育旅游公司。自治区清理整顿公司领导小组同时批准保留内蒙古体委劳动服务公司。为贯彻落实国家体委《关于确保优秀运动队运动服装的供应办法》，保证自治区优秀运动队和体委系统专业训练和竞赛的需要，1990 年 2 月 23 日，内蒙古自治区体委批准成立内蒙古专业运动服装器材供应站，隶属内蒙古赛马场，与赛马场同属差额补贴性事业单位，编制从赛马场调剂，单独核算。

1991 年 4 月 5 日，自治区体委决定，内蒙古专业运动服装器材供应站与内蒙古自治区体育发展公司合并，统一领导，合署办公，由体育发展公司副经理贺根环负责全面工作；内蒙古国际体育旅游公司与赛马场合并，统一领导，合署办公，由赛马场场长魏永平负责全面工作。至 1991 年底，内蒙古自治区体育发展公司下设经贸部（办公地址在内蒙古赛马场）和宏顺泰典当商行（注册资金 18 万元）、奥林匹克酒店（地址均在呼和浩特市新华大街 14 号），并在包头市、二连浩特市、俄罗斯赤塔市等地设有分公司，成立以来营业收入 1000 多万元，纯利润 200 多万元。内蒙古国际体育旅游公司是经国家旅游局核准，自治区工商局注册登记，具有法人资格的二类旅行社，本部设在内蒙古赛马场，并在北京市、广州市、集宁市、包头市、蒙古国乌兰巴托市等地设有办事处或联络站。内蒙古体委劳动服务公司下设体育用品商店（注册资金 17.4 万元）、体育服装加工部和糕点加工厂（均位于呼和浩特市新华大街 14 号）。这三家公司共有职工（含停薪留职人员）89 人，其中，全民固定工 16 人、劳务市场工人 4 人、合同制工人 4 人、大集体工人 36 人、知青合同工人 26 人、借用 2 人、临时工 1 人。

2. 北京成吉思汗马术公园

为解决体委表演马术队经费不足的问题，从 1983 年开始，表演马术队积极设法开办第三产业。1984 年 4 月和 6 月，国家体委中国体育服务公司和北京市国营东风农场的领导两次到内蒙古自治区体委，提出在北京市联合开办马术公园事宜。三方对开办马术公园的可行性和合作条件进行研究后，于 1984 年 8 月 31 日在北京市正式签署了合作经营合同，决定在北京市合作创建并经营一所供竞赛表演娱乐用的马术公园——成吉思汗马术公园，地址在北京市朝阳区酒仙桥附近，占地面积约 9 万平方米。公园经营的业务范围包括蒙古民族的马术、马球、赛马、障碍赛马等比赛和骆驼赛跑表演、骑乘旅游、骑乘照相、小卖部等。此事得到北京市政府的支持，被纳入北京市城市建设规划。在三方签订协议期间，时任北京市市长陈希同接见了我方代表，表示欢迎内蒙古自治区体委来京投资，共同繁荣首都的经济，促进马术事业的发展，丰富首都人民的文化生活，为旅游创汇创造条件。

按照协议，内蒙古自治区体委负责提供一流的表演马术队，包括运动员的工资、伙食、服装、器材及马匹等费用；国家体委中国体育服务公司出资 60 万元负责公园基建工程；北京市国营东风农场负责提供 160 亩土地，并负责水、电、暖的供给和食堂、马厩、运动员宿舍等。之后，内蒙古自治区体委着手采用合同工的形式组建马术公园表演马术队。马术公园实行董事会领导下的经理负责制。国家体委中国体育服务公司原副总经理郑凤荣任董事长，内蒙古自治区体委和北京市国营东风农场的领导任副董事长，国家体委中国体育服务公司开发部部长牛忠贤任经理，内蒙古自治区体委占布拉、北京市国营东风农场冒涛任副经理（后冒涛任经理）。

马术公园于 1984 年底破土动工，并定于 1985 年 8 月 1 日开业，但因基础工程项目中漏项过多、投资缺口过大和施工质量低劣，于 1985 年 11 月被迫停工未能按期开业。为不使该公园半途而废，经三方协商，缺口的 40 万元投资由三方按利润分成比例提供。因此，内蒙古自治区体委提供了 13.3 万元，使马术公园工程于 1987 年春复工。

1987 年 8 月，马术公园的主体工程竣工，但因原工程设计没考虑主席台的有关设备和硬化路面、交通工具、电信设备等配套工程和设施，因此还需投资 150 万元，否则无法开业。三方均表示无力再予投资。于是，北京国营东风农场提出终止合同、马术公园停办的建议。1987 年 9 月，三方在呼和浩特市召开了董事长扩大会议，会议鉴于追加 150 万元投资无法解决的实际情况，决定停办马术公园。1988 年在北京召开了三方会议，决定北京市国营东风农场赔偿内蒙古自治区体委 20 万元（包括 1 万元马匹费），赔偿款于 1989 年底前付清。

为筹建马术公园，内蒙古自治区体委共投资 32 万元，其中包括向公园基建工程投资 13.3 万元，向体委表演马术队投资 18.7 万元（含部分表演马术队的马匹、饲料和人员工资）。虽然充实后的表演马术队在近三年的时间里进行马术表演和参加拍电影等取得一些收入，再加上解除合同后北京市国营东风农场赔偿了内蒙古自治区体委 20 万元，但仍然给自身造成了一定的损失。内蒙古自治区体委第一次与外单位联合开发第三产业以失败而告终。

（三）体育项目

改革开放以后，我国经济发展步入正轨，各方面的事业发展犹如雨后春笋，历史悠久的那达慕更加生机勃勃。1982 年，锡林郭勒盟、呼伦贝尔盟和呼和浩特市等盟市举办的那达慕大会，不但参赛的选手、竞赛的项目众多，而且吸引了 40 多万各族群众观战助威。1982 年 9 月，内蒙古自治区受国家民委和国家体委的委托，在呼和浩特承办了第二届全国少数民族传统体育运动会，这是新中国成立以来首次有全部 55 个少数民族代表参加的民族传统体育运动会。乌兰夫、万里、阿沛·阿旺晋美等党和国家领导人出席了开幕式，并接见了与会的全体运动员、裁判员及工作人员。来自全国 29 个省份的 55 个少数民族共 1605 名运动员、教练员和大会工作人员组成了 34 个少数民族代表团，满载着兄弟民族的深情厚谊，齐聚呼和浩特市，接受党和人民的检阅。运动会期间，46 个少数民族的 600 多名运动员表演了 68 个具有浓郁民族特色的传统体育项目达 300 多场次，观众达 80 万人次。内蒙古自治区代表团的波依阔、赛马、赛骆驼、乘驼射击、布鲁、马术等精彩表演，受到中外来宾热烈的赞美。

1984 年 2 月，阿拉善右旗努日盖苏木呼和乌拉嘎查牧民其木德一家在新春佳节举办了自治区首届家庭那达慕，进行了赛骆驼、摔跤、乘马射箭、赛民歌等比赛，全国 23 家报刊登载，成为轰动全国的新闻。在 1985 年，锡林郭勒盟、哲里木盟、乌兰察布盟、呼伦贝尔盟、伊克昭盟举办的那达慕大会上，比赛项目不仅有传统的搏克、赛马、射箭、布鲁、蒙古象棋等，还增加了现代体育项目和趣味性娱乐项目，而且众多女选手跃上搏克赛场，开创了古老民族盛会的新风。随着自治区"牧业畜草双承包责任制"在全区的贯彻和落实，勤劳致富后的草原牧民家庭那达慕方兴未艾。此后，锡林郭勒盟、哲里木盟、巴彦淖尔盟、乌兰察布盟、阿拉善盟各地勤劳致富后的农牧民接连不断地举办了内容丰富、形式各异的家庭那达慕和家庭运动会，开创了民办那达慕的新局面。在全区民族形式体育竞赛和表演的基础上，为了弘扬民族文化、发展民族体育事业、增强各族人民体质、促进民族团结进步。1985 年 8 月 11 日至 10 月 3 日，内蒙古自治区第一届少数民族传统体育运动会分别在锡林郭勒盟锡林浩特市、哲里木盟通辽市和阿拉善盟阿拉善左旗 3 个赛区举行；内蒙古自治区第二届少数民族传统体育运动会于 1989 年举行；1991 年，呼和浩特市又承办了第四届全国少数民族传统体育运动会马上项目分赛场的比赛。

三、探索阶段（1992～2000 年）

第三阶段是 1992～2000 年。该阶段以建立社会主义市场经济体系的背景下，体育社会化、产业化、市场化改革为标志。随着我国社会主义市场经济体制改革目标的确立和向社会主义市场经济的转变，体育事业的发展背景和环境发生了巨大的变革。

1992 年，国家体委召开了研讨体育体制改革中山会议，随后发布了《关于深化体育改革的决定》，提出了"建立与社会主义市场经济相适应，符合现代体育运动规律，国家调控，依托社会，有自我发展活力的体育体制和良性循环的运行机制，形成国家办和社会办相结合、集中与分散相结合的格局"的改革总目标，并将体育产业问题作为深化体育体制改革的一个重要问题提上议事日程。为了适应这一转变，随着市场经济体制改革，国家体委机构也进行了较大的改革，所有运动项目管理职能从政府管理中分离出来，成立了20个运动项目管理中心。尤其是以足球改革为突破口，推进协会实体化的进程，将足球运动推向市场；与此相适应，各足球运动队都按照职业俱乐部组建的要求，成为自负盈亏、自主经营的市场主体，带动了中国足球产业的发展。

1993年，全国体委主任会议制定了《关于培育体育市场，加快体育产业化进程的意见》，确立了体育要"面向市场，走向市场，以产业化为方向"的基本思路。

1995年6月20日，国务院颁布实施《全民健身计划纲要》（以下简称《纲要》），该《纲要》是国家发展社会体育事业的一项重大决策，是20世纪末和21世纪初我国发展全民健身事业的纲领性文件，是为了更广泛地开展群众性体育活动、增强人民体质、推动我国社会主义现代化建设事业发展，而特别制定的纲要。全民健身计划是一个由国家领导、社会支持、全民参与，有目标、有任务、有措施的体育健身计划，是与实现社会主义现代化目标相配套的社会系统工程和面向21世纪的发展战略规划，它是一项跨世纪的、有战略意义和长远生命力的、造福子孙万代的宏伟基业。国家体委还颁布了《体育产业发展纲要（1995～2010年)》和相应的体育产业发展的法规，指出了我国体育产业的3个类别，即体育主体产业、体育相关产业和体办产业。在《体育产业发展纲要（1995～2010年)》中，明确了中国未来15年体育产业发展的指导思想、重点和目标，发展体育产业的基本政策和基本措施。中央和地方政府都制定了相应的体育产业发展的法规，办起了中国体育博览会，开放了体育竞赛市场；此外，还发行了中国体育彩票，成立了体育基金等。《体育产业发展纲要（1995～2010年)》的颁布很好地带动了相关体育健身场馆的建设，健身场所的丰富多样化也引导了不同群体的健身娱乐需求。从初期较为单一的广场健身形式，发展成为室内外相结合的多种健身产业。

1996年第8届全国人大四次会议通过的《国民经济和社会发展"九五"计划和2010年远景目标纲要》进一步明确要求，"体育工作要形成国家和社会共同兴办体育事业的格局，走社会化、产业化道路"。国家体委还在重庆市和长春市确定了两个体育产业开发实验区。这一切都标志着中国经济已突破单纯的创收增资模式，开始走向立体化的产业开发阶段，这一发展集中表现为三个转化：一是通过开辟国内外商业性竞赛市场、引进外资开发体育场馆建设，发行体育彩票，使体育开始由"搭台"的配角向经营的主体转化；二是以出售体育竞赛的电视转播权、产品专利权、广告制作权与大众体育有偿服务为特征，使体育产业开始由有形资产的利用向无形资产的开发转化；三是按照现代企业制度模式，以股份制方式开发经营体育产业为特征，使外部输出性赞助开始向增强自身造血功能的经营转化。

1998 年 2 月 25 日，随着"中体产业"公司股票在上海证券交易所的成功上市，中国体育产业的发展进入了一个新的里程碑。

在上述改革目标和基本思路的指导下，国家体委陆续推出了全国性单项协会实行实体化或项群管理、推进俱乐部的职业化、举办中国体育用品博览会，以及开放体育竞赛市场、发行体育彩票、成立体育基金会等具体措施，体育产业有了快速发展。总体来看，该阶段我国体育已经突破了单纯创收增资和主要由体委"一家办"的模式，开始走向面向社会、多方位的产业化开发，体育产业的格局初现端倪，形成了竞赛表演、健身娱乐等多种业态共同发展的态势。

（一）体育事业管理

1992 年 2 月 19 日，内蒙古自治区成立了第三届委员会，自治区政协主席千奋勇和自治区副主席赵志宏为顾问，体委主任贺希格图为主席，体委党组副书记杨卯成等 14 人为副主席。为进一步深化改革，加强体委系统经营创收活动的管理，增强体育部门的活力，使管理体制逐步完善，1992 年 3 月 27 日和 1995 年 10 月 18 日，自治区体委先后制发了《内蒙古自治区体委直属单位经营管理暂行办法》和《关于对经营单位的考核奖惩试行办法》，明确了体委系统经营活动的管理规定。1992 年，自治区体委决定在内蒙古自治区体委招待所试行工资总额包干管理，实行所长负责制下的全员风险抵押承包经营，每年上缴一定的纯利润。同时，为加速体育体制改革的步伐，研讨市场经济条件下的体育运行机制，提高全区各级体育部门的经营管理水平，推进全区体育产业化发展，于 1993 年举办了全区体育产业及经营管理学习研讨班，1995 年召开了全区体育经济研讨会。

1997 年，自治区体委机关设办公室、人事处、计划财务处、训练处、竞赛处、群众体育处、科技教育处和机关党委，直属单位有体育工作第一大队、体育工作第二大队、体育工作第三大队、体育科学研究所、体育运动学校、赛马场、体育馆、体育发展公司、体育彩票管理中心、体育总会秘书处、机关事务服务中心、体育人才管理中心（内设）。至 1997 年底，全区有自治区级行业体育协会

10 个，各单项运动协会 30 个。同年，自治区政府首次以政府名义召开全区体育工作会议，对"八五"以来全区体育工作进行了全面总结，并部署了"九五"时期全区体育工作。会上，自治区政府与各盟行政公署和市人民政府签定了《内蒙古自治区 1997~2000 年体育工作目标化管理责任书》。会后，自治区政府批转自治区体委《关于加快发展旗县级体育事业的意见》。自治区体委、财政厅、农业厅等部门还制定了《全区体育先进县标准和评选办法》《全区体育先进县标准的细则》。自治区体委草拟并上报了《内蒙古自治区体育设施管理条例》，协助举办自治区成立 50 周年大庆那达慕大会。包钢带钢厂成立了自治区第一个职业化足球俱乐部，并参加了全国足球乙级联赛。自治区体委机关加强公务员制度入轨后的管理工作，首次运用计划网络法管理机关工作。

为了加强对体育工作尤其是全民健身工作的领导和管理，确立一个中近期目标，自治区政府在多方调查论证的基础上，于 1997 年初在全区体育工作会议上，与各盟市行署、政府签定了以全民健身为主要内容的《内蒙古自治区盟市（1997~2000 年）体育工作目标化管理责任书》（以下简称《责任书》）。《责任书》对各盟市全民健身工作的各项内容都做了详细、明确的规定，从领导重视、组织建设、经费投入、设施建设，到群体活动的开展、先进的争创评比等都进行了量化，以此作为考核体育工作的准绳。1997 年 5 月，自治区人民政府转发了自治区体委《关于加快发展旗县级体育事业的意见》，进一步明确了自治区旗县级体育工作的基本任务，要求以群众体育和全民健身为重点，加大投入，强化体育基础设施管理。

自治区体委于 1997 年召开了城市社区体育工作研讨会，随后制定下发了《全区城市体育先进社区评定办法（试行）》。其中提出，以城市先进体育社区评选为带动，协同有关部门，把发展城市社区体育活动当作创建社会主义精神文明的一个重要组成部分，把开展社区体育活动列为基层政府和办事处的重要工作内容，多形式、多层次地开展活动。自治区城市社区体育在组织建设、健身场所、活动人数和骨干队伍方面有了较大的发展：绝大多数办事处都配有专职或兼职体育干部和各类型的活动场所；到 2000 年，全区活跃在城区指导群众健身活动的社会体育指导员有 2000 多人，社区体育组织 700 多个。赤峰市红山区南新街街道办事处等 4 个办事处被评为全国城市体育先进社区，呼和浩特市新城区东风路等 20 个办事处被评为全区城市体育先进社区。

1998 年，自治区体委完成以全运会为周期的机构和干部调整。自治区体委机关内设办公室、人事处、计划财务处、竞技体育处、群众体育处、体育产业管理处、政策法规处、机关党委、科技教育处、竞赛管理办公室。直属单位有体育工作第一大队、体育工作第二大队、体育工作第三大队、体育科学研究所、体育运动学校、赛马场、体育馆、体育彩票管理中心、体育总会秘书处、机关事务服务中心、体育人才交流服务中心、成年人体质监测中心（批准成立但未挂牌工作）。原直属企业——内蒙古自治区体育发展公司完成企业改制，成为民营公司，与体委彻底脱钩。至 1998 年底，全区有自治区级行业、系统体育协会 15 个，各单项运动协会 27 个。体育法制建设取得突破性进展，《内蒙古自治区体育设施管理条例》经自治区人大常委会九届四次会议通过，于 10 月 1 日开始实施，填补了自治区地方体育立法的空白。同时，自治区人大常委会对全区贯彻执行《中华人民共和国体育法》的情况进行了首次执法检查。此外，成功地举办了全区第九届运动会和全区第四届老年人运动会，完成优秀运动队运动项目的调整和布局。自治区体委、财政厅和农业厅联合发布了《关于开展争创全区体育先进苏木、乡镇活动的通知》，命名 2 个全区体育先进县，采取多种措施加强群众体育工作。体委始终注重加强"机关良好形象工程"建设，认真转变机关工作作风，深入进行调查研究，先后就《内蒙古自治区盟市（1997～2000 年）体育工作目标化管理责任书》的落实情况，全区体育设施和体育市场建设、管理等问题，以及全区业余训练开展情况等进行了专项调研，为自治区体育工作科学决策提供了依据。

1999 年，自治区体委协同有关部门圆满完成了举办全区第四届少数民族传统体育运动会、参加全国第六届少数民族传统体育运动会和第四届全国城市运动会的任务。自治区体委对全区健身气功的开展情况进行了调查摸底，加强对健身气功的管理。受自治区政府委托，自治区体委和计委组成联合检查组，对全区落实《内蒙古自治区盟市（1997～2000 年）体育工作目标化管理责任书》的工作进行督促检查。此外，自治区体委通过召开农村牧区群众体育工作现场会、开展群众体育创先争优活动、兴建全民健身工程、进行国民体质监测、举办社会体育比赛、开展"全民健身宣传周"和"九九新春健身热"等多种活动的方式，积极引导全民健身运动深入开展，使群众体育和全民健身运动呈现良好的发展态势。以备战全国九运会为重点的训练工作稳步展开，部分传统优势项目成绩有所回升，竞技体育水平有所提高。在全区青少年比赛中，刷新或创立了一批自治区纪录。体育科技、教育积极为优秀运动队和全民健身服务，体育外事保证体育事业顺利发展。自治区体委加大对体育产业的管理力度，改善优秀运动队部分项目的训练条件。继续开展教练员岗位培训等人才培训工作，培训一批教练员和体育行政执法人员。1999 年 9 月 24 日，自治区九届人大常委会第 11 次会议审议通过了《内蒙古自治区体育市场管理条例》。该条例共 5 章 31 条，自 2000 年 1 月 1

日起开始实施。这一条例的颁布实施，为全区体育产业工作的开展提供了法律保障。自治区体育产业工作进入新的发展阶段。

2000 年，根据自治区机构改革实施方案，自治区体育运动委员会改为自治区体育局。它是自治区政府主管体育工作的直属机构，内设办公室、人事处、群众体育处、竞技体育处、体育经济处、政策法规处和机关党委，人员编制 32 名（含离退休人员工作编制 2 名、高凤莲编制单列 1 名）。经过职能分解、明确职位职责等环节和个人意向、组织考核、双向选择、优化组合、公示、组织决定、竞争上岗等程序，至 6 月，圆满完成了局机关机构改革和人员定岗、分流工作。11 月，自治区编委批准成立自治区体育局武川训练基地管理中心和自治区体育竞赛服务中心（并挂自治区社会体育服务中心牌子），批准自治区成年人体质监测中心更名为自治区国民体质监测中心。至 2000 年底，自治区体育局有直属事业单位 14 个，并代管自治区老年人体育协会文体活动中心；自治区级体育单项协会 31 个，其中法人协会 20 个。这一年，自治区召开了两次全区体育工作会议，就开展全民健身、增强人民体质和发行体育彩票、扩大体育消费等问题进行重点部署和督查。自治区 2000 年国民体质监测工作顺利进行，群众体育争先创优工作稳步开展，群众体育竞赛活动比较活跃，参加 2000 年全国体育大会、全国第五届残疾人运动会和全国第四届农民运动会均获得运动成绩和精神文明双丰收。以备战全国九运会为中心，努力提高竞技体育运动水平。体育科技、教育、外事、宣传等工作积极为全民健身和竞技体育的发展服务。

2000 年是落实《内蒙古自治区盟市（1997~2000 年）体育工作目标化管理责任书》（以下简称《责任书》）的最后一年，为圆满完成此项工作，自治区体育局加大对各盟市落实《责任书》情况的督查力度，先后在年初和年中召开的全区体育工作会议上做了重点部署和督查。在总结 1997 年以来实施盟市体育工作目标化管理责任制的经验和存在问题的基础上，经过广泛征求意见，对照《责任书》及其细则的检查条款，自治区体育局制定了《落实〈内蒙古自治区盟市（1997~2000 年）体育工作目标化管理责任书〉基础档案管理工作规定（试行）》，印发各盟市贯彻执行。同时，根据自治区政府的安排，自治区体育局会同有关厅局于 11 月下旬至 12 月下旬分三个检查组对 12 个盟市《责任书》的落实情况进行了年终检查。

1999 年底至 2000 年初，自治区体委先后制发了《内蒙古自治区体育经营管理人员和专业技术人员培训大纲与〈资格证书〉管理办法（试行）》和《关于申请办理〈体育经营许可证〉〈体育经营临时许可证〉的若干规定》，进一步完善了对体育市场经营活动的管理。经审核备案，2000 年 10 月 10 日，自治区体育局正式公布了经过资质认证的全区首批体育经营管理人员、体育专业技术人员名单，其中，体育经营管理人员中级 13 人、初级 36 人，体育专业技术人员中包括保龄球专业中级 8 人、初级 7 人，游泳专业中级 3 人、初级 32 人。上述人员中，除体育经营管理人员的初级和体育专业技术人员游泳专业的初级中各有 1 名乌海市的人员外，其余全部为包头市人员。

"九五"期间，自治区各级各类学校确立了全民健身在学校体育、素质教育中的突出地位，全面推行《国家体育锻炼标准实施办法》，施行面和达标率分别从 1996 年的 88.7% 和 84.4%，增长到了 2000 年的 95% 和 87%。同时，加强了体育传统项目学校的建设和管理，发现、培养和输送了一批体育后备人才，到 2000 年底，自治区各级各类体育传统项目学校已达 700 多所。1997 年，排球传统学校包头市一中获得了世界女子中学生排球赛的冠军。1996～2000 年，共有 51 个集体、90 名个人受到了国家的表彰；113 个集体、148 名个人受到了自治区的表彰。到 2000 年末，自治区的体育人口已从 1996 年的 33% 上升到 35%，比全国的平均水平 31.4% 高出了 3.6 个百分点。

（二）体育产业单位

20 世纪 90 年代，自治区体委先后开办了体委招待所、奥林匹克饭店、运动员服装器材供应站、李宁服装专卖店、体育广告公司、华奥体育经济发展公司（满洲里）、奥龙商贸公司，并将内蒙古自治区体育馆的临街地段进行改扩建后对外租赁。这些经济实体经营体育旅游、服装、器材、饮食、住宿等，解决了部分职工子弟的就业问题，也取得了一些经济效益。内蒙古自治区体育馆和赛马场利用场地条件，开展体育表演、文艺表演、广告、展览展销等，同时开办健身舞厅、旱冰场等经营活动，弥补了事业经费的不足。在积极兴办经济实体的同时，自治区体委于 1992～1993 年面向社会、面向市场尝试了有奖赛马以及发行了地方体育奖券，1993 年后开始进行体育竞赛招标、体育与企业联姻和企业联合办队等无形资产的开发探索。期间，自治区体委还先后与外单位试办北京成吉思汗马术公园、联营呼和浩特市新优佳畜禽公司、科奥新技术开发公司和北方体育经济发展总公司，但均因经验不足、管理不善等原因，在成立几年后夭折。1994 年，自治区体委所属各经营单位完成上缴任务 536350 元，全年为体委负担人员 195 人，节约人员工资 34 万元、公务费用 30 万元，向国家上缴税金 266255 元，偿还历年欠、贷款 35 万元。

1. 内蒙古自治区体育发展公司

为加快建立现代企业制度步伐，根据自治区党委《关于加快自治区直属企业改革的意见》等相关精神，经内蒙古自治区体育发展公司申请，自治区体改委、国资局等部门批准，1998年自治区体委决定对内蒙古自治区体育发展公司和内蒙古体委劳动服务公司体育用品商店进行整体改制。到1998年3月31日，内蒙古自治区体育发展公司（经济性质为国有）有职工43人，账面资产总额为128.38万元，负债总额为77.30万元，净资产总额为51.08万元；改制过程中，公司职工中有11人出资35.8万元，购买国有净资产51.08万元（一次性付清优惠30%）；有32名职工自愿实行身份置换，给予一次性身份置换费共计36.8万元。同期，隶属于内蒙古自治区体育发展公司的内蒙古体委劳动服务公司体育用品商店（经济性质为集体所有）有职工35人，账面资产总额为295.15万元，负债总额为235.05万元，净资产总额为66.69万元；改制过程中，将其集体资产的33.34万元安置其自谋职业的职工，剩余的33.35万元量化给在职职工。

1999年2月12日，自治区人民政府股份制企业审批文件（内政股批字〔1999〕3号）正式批复同意内蒙古自治区体育发展公司、内蒙古体委劳动服务公司体育用品商店整体改制为有限责任公司——内蒙古奥林体育发展有限责任公司。改制后该公司与内蒙古自治区体委脱离关系。

2. 北方体育经济发展总公司

1992年12月10日，华北省市区协作区体委主任会议在呼和浩特市召开，会议决定正式成立华北体育集团经济开发股份有限公司（暂定名）。公司地址在北京市，成立的相关手续由北京市体委负责办理。1993年3月31日，北京市计划委员会同意北京市木挥地体育实业公司、天津体育发展公司、河北省体育服装器材供应站、山西省体育服装器材供应站和内蒙古自治区体育发展公司共同出资，联合组建"北方体育经济发展总公司"，为独立核算、自负盈亏的全民所有制与集体所有制联营企业，注册资金500万元由联营公司各方按比例拨付。经营范围如下：主营体育旅游、文化娱乐活动及体育技术培训和人才交流，各种体育用品的生产；生产资料、机电设备；房地产开发；国内外广告代理；兼营五金交电、百货、农副土特产品、粮、油、副食品；宾馆、餐饮业；经济、技术信息咨询服务，体育彩票的销售。

1993年4月16日，华北五家体委主任在北京前门饭店会签了《联合开发协议书》。北京市体委主任马贵田任公司董事长兼总经理，内蒙古自治区体委副主任王进江等任副董事长；天津市体委主任仇涌任公司监事会监事长，内蒙古自治区体委主任贺希格图等任监事。

北方体育经济发展总公司成立后，董事会会议通过在各省市区建立分公司的决议。自治区体委抽调乌日图、李建华、邢家驹三人筹备成立北方体育经济发展总公司内蒙古分公司事宜。后因北方体育经济发展总公司应该拨付的资金一直没有到位，经自治区体委研究，决定乌日图、李建华、邢家驹三人自筹资金成立内蒙古奥龙公司，自收自支，并为北方体育经济发展总公司内蒙古分公司成立做好准备。到1995年初，北方体育经济发展总公司亏损严重，无法维持，奥龙公司也因为一年没有营业而在1995年初年检时注销执照。

（三）体育产业发展状况

随着社会主义市场经济体制的逐步建立，体育经营活动逐渐延伸到体育活动的各个领域，由体委和社会各方面开办的体育经营实体大量涌现。

1997年，内蒙古地区共销售体育彩票4072万元，销售地区涉及除呼伦贝尔盟、兴安盟以外的10个盟市24个旗县区；自治区社会办竞赛的经费达50多万元，自治区体委本级经营单位实现创收76万元，均创历史最高水平；维修改造了内蒙古自治区体育馆、内蒙古赛马场等体育场馆，海拉尔市人民代表大会做出关于兴建综合性体育馆的决议，这是自治区第一次由人民代表大会通过的有关体育场馆建设的决议；《全区第四次体育场地普查资料》重新审核并编辑出版。截至1997年，自治区共有乒乓球房11个、摔柔房12个、健身房38个、棋类房28个。

体委对全区体育市场情况进行了问卷调查，并对呼和浩特市、包头市、乌海市和赤峰市进行实地考察。至1997年底，全区从事体育经营活动的单位在600家以上，主要是体育健身、娱乐业，还有体育培训、体育活动场所开放、体育用品经营等，体育经营涉及的体育运动项目在15个左右。同年，为自治区九运会筹集资金的体育彩票销售活动在包头市属二区、三旗（县）进行，累计销售795.2万元，为包头市承办自治区九运会集资205.85万元；同时在哲里木盟、兴安盟、乌兰察布盟、伊克昭盟、巴彦淖尔盟、呼和浩特市和赤峰市7个盟市销售体育彩票1700余万元，为国家、自治区和销售地区集资510万元；除体育彩票外，还通过广告招商等方式为全区九运会筹集了部分资金，其中包头主赛区共引进资金108万元，引进实物赞助价值15万元。根据自治区党委、政府关于自治区直属企业改革的精神，完成自治区体委直属企业——内蒙古体育发展公司的转制工作，使之成为民有民营的股份制企业。

1998年7月，内蒙古自治区体委邀请中国明星足球队来呼和浩特市与当地企业家联队进行比赛，这是全区第一次大型体育表演比赛的商业性运作，取得较好的社会效益和经济效益。

1998年9～11月，对10个盟市、83个旗县体育产业经营现状调查表明：全区共有体育经营实体（包括经营性体育场馆）601个。其中，各级体委系统自办的经营实体22个，占3.6%；社会组织经办的579个，占96.4%；全民所有制70个，占11.6%；集体所有制24个，占3.9%；个体经营实体507个，占84.5%。从经营项目看，从事体育健身娱乐的488家，所占比例达81%，开展的项目包括台球、旱冰、游泳、网球、保龄球、乒乓球、射击、射箭、健身、武术散手10项，其中台球是自治区体育经营的主要项目，数量达334家，且基本为非公有经营；从事体育用品经营的75家。调查资料同时表明：①自治区体育产业结构基础差。20世纪90年代是投资少、转营快的项目——台球占了主要地位。到20世纪90年代末期，虽然投资大、质量高的保龄球、游泳馆（池）等增加较快，但尚未形成规模。②体育产业经营项目发展不平衡。体育健身娱乐性项目发展较快，而体育竞赛、表演的经营化、产业化程度低。

1998年，自治区东部地区遭受了历史罕见的洪涝灾害，呼伦贝尔盟、兴安盟、哲里木盟、赤峰市和锡林郭勒盟的体育设施受到了不同程度的损害，造成直接经济损失700多万元。国家体育总局给予大力资助，各地也多方筹资抓紧体育设施的修复、改建，工程进展顺利。

1999年，为加大对体育产业的管理力度，自治区体委先后制发《关于加快自治区体育产业发展的若干意见》《内蒙古自治区实施〈体育彩票发行与销售管理暂行办法〉细则》《内蒙古自治区体育经营管理人员和专业技术人员培训大纲与资格证书管理办法（试行）》《内蒙古自治区申请办理体育经营许可证、临时许可证若干规定》和《开办经营性保龄球游泳网球拳击健美场所基本条件（试行）》等规定。年内发行中国体育彩票2774万余元。自治区级体育协会举办的全区社会体育比赛筹集社会资金近50万元。自治区体委还购买了自治区国土资源勘查开发院所属武川基地（原内蒙古第二物化勘查院），用以建设自治区体委武川训练基地；修建了武术散手和跆拳道训练馆，改善了这两个项目的训练条件。

为培育规范的体育市场，自治区举办了体育经营管理人员和游泳、保龄球等专业技术人员培训班，使部分体育经营管理人员和专业技术人员实现了持证上岗。同时，经自治区财政厅和自治区发展计划委员会批准，体育行政部门可收取内蒙古自治区体育经营许可证工本费、体育经营管理人员资格证工本费、体育专业技术人员资格证工本费和体育专业技术人员培训费、体育经营管理人员培训费。包头市等地举办了中德足球对抗赛、美国滑稽篮球表演赛等商业性体育竞赛、表演等活动。为促进体育彩票的销售，自治区体育局制发《2000年体育彩票销售工作奖励办法》，2000年，全区共销售中国体育彩票2230万元。2000年5

月1日，由自治区发展计划委员会批准立项的内蒙古自治区体育工作第二大队运动员综合楼正式开工建设，总设计面积8500平方米。

1997～2000年，内蒙古体育场地规模有所扩大。如表3－1所示，截至2000年，全区共有各级各类体育场地20238个，其中大型、较大型体育场19个，大型、较大型体育馆6个。

表3－1　1997～2000年内蒙古自治区体育场地相关数据

	1997年	1998年	1999年	2000年
体育场地	20178	20205	20225	20238
其中：大型、较大型体育场	18	19	19	19
大型、较大型体育馆	6	6	6	6
游泳跳水馆	2	3	3	4
室内游泳池	5	5	7	6
室外游泳池	21	25	27	27
有固定看台的灯光球场	79	81	81	81
室内网球场	2	3	4	3
室外网球场	173	180	182	186
室内射击场	4	4	4	4
室外射击场	10	11	11	11
赛马场	10	13	13	13
篮球场	12145	12147	12149	12147
排球场	3102	3103	3104	3103
门球场	522	527	528	527

资料来源：内蒙古区情网，http：//www. nmqq. gov. cn。

（四）体育项目

20世纪90年代后，《全民健身计划纲要》在自治区各级党委、政府的重视和直接领导下，为自治区民族体育的迅猛发展插上了腾飞的翅膀，以那达慕为主要形式的民族传统体育活动发展蓬勃利用先进的新闻传播媒介及时地将集文化、娱乐、旅游、观光、贸易为一体的综合性活动传遍五洲四海，有力地推动了自治区对外开放和经济文化的蓬勃发展，促进了民族体育运动水平的稳步提高。自治区各少数民族健儿在参加全国传统体育竞赛中，捷报频传，勇创辉煌。

1. 民族体育

（1）那达慕大会。1991年和1997年，自治区在呼和浩特市成功举办了自治区成立以来规模最大的两次那达慕大会，在国内外产生了广泛的影响。庆祝内蒙古自治区成立50年的那达慕于1997年7月21～25日在呼和浩特市内蒙古赛马场举行。自治区12个盟市代表团的7600名各族工人、学生、农牧民、解放军、文艺工作者和体育健儿参加了具有浓郁民族特点和地区特色的开幕式及搏克、速度赛马、走马、射箭、蒙古象棋、赛骆驼、布鲁、武术8个项目的竞赛和表演。在为期5天的那达慕盛会上，2人打破1000米速度赛马、3人打破5000米走马、3人打破10000米走马的自治区纪录。锡林郭勒盟等代表团分获男女搏克团体前6名，哲里木盟等代表团分获蒙古象棋团体前3名，赤峰市等代表团分获武术团体前3名。伊克昭盟、包头市、哲里木盟、乌海市代表团获"体育道德风尚奖"，阿拉善盟等盟市获"那达慕优秀组织奖"。中央代表团团长邹家华，副团长布赫、罗干、万国权、王克，代表团全体成员，刘明祖、乌力吉、干奋勇、彭翠峰等自治区党政军主要领导，以及来自广西、新疆等自治区和美国、日本等国的宾客出席了那达慕盛会。到1997年，自治区共举办了6次全区那达慕盛会。从1997年开始，各盟市相继多次举行了规模不等的那达慕，包括冰雪那达慕，使那达慕的内容与形式有了新的拓展。

民族传统体育盛会那达慕生机勃勃。1998年5月22日至8月30日，阿拉善盟额济纳旗举办了庆祝蒙古族土尔扈特部回归祖国300周年那达慕系列活动，并于8月28日举行那达慕大会，把民族传统体育和全民健身活动结合起来，很多人参加了那达慕近20个项目的比赛。1998年8月，呼伦贝尔盟鄂温克族自治旗和莫力达瓦达斡尔族自治旗先后举办了庆祝建旗40周年的那达慕大会。

那达慕等民族传统体育活动在自治区各盟市、旗县方兴未艾。1999年8月，兴安盟举办了恢复建制后的首次全盟那达慕大会。呼伦贝尔盟先后举办了内蒙古自治区那达慕暨呼伦贝尔草原神州世纪游活动和内蒙古自治区呼伦贝尔冬季那达慕暨鄂温克·卓达国际冰雪旅游节。2000年8月，锡林郭勒盟举办了全盟"草原那达慕"，本次那达慕体育竞赛共设搏克和速度赛马两个大项，512名男运动员和128名女运动员参加了搏克比赛，西乌珠穆沁旗运动员乌云巴图和阿拉塔分获男、女冠军；设有5个小项的速度赛马共有150多名运动员参赛，冠军均被白音希勒地区的运动员驾驭各自坐骑夺得。

（2）搏克。自治区体委制定了《搏克运动员技术等级称号标准（试行）》，并在庆祝自治区成立50周年那达慕期间开始实施。1997年，搏克被列为全国中国式摔跤锦标赛的表演项目，后又作为中国式摔跤的无差别级比赛被列为中国首届中国式摔跤国际邀请赛的正式项目，国内外的32名男选手和8名女选手参赛，内蒙古队哈达获男子冠军。内蒙古自治区搏克手多次应邀参加法国"巴黎市长杯"中国式摔跤国际邀请赛。

搏克运动蓬勃发展。在全区九运会甲、乙类竞赛项目中均设搏克比赛，分别有21支代表队153名运动员（男94名，女59名）参赛。在沈阳市举行的首届亚洲体育节上，搏克被列为表演赛项目，由自治区体委承办，来自法国、意大利、波兰、西班牙、摩洛哥、阿尔及利亚、蒙古国和中国各省、自治区、直辖市的18支代表队共148名运动员参赛，中国内蒙古自治区锡林郭勒盟西乌珠穆沁旗队、法国队和蒙古国队分获团体前三名，中国内蒙古自治区乌云巴图、中国群贤俱乐部浩斯巴雅尔和中国内蒙古米苏乙拉分获个人前三名。内蒙古自治区女子搏克队为大会作表演赛。时任亚洲体育联合会秘书长安瓦尔·乔杜里先生观看比赛并为运动员颁奖。锡林郭勒盟举办了全盟首届"金元杯"搏克公开赛，尝试以产业化方式运作体育比赛的新路子。

2000年，搏克被列为第四届全国农民运动会的正式比赛项目，获得本届运动会中国式摔跤各个级别前八名的运动员参加了搏克项目的比赛，内蒙古自治区运动员乌云巴图夺得冠军。锡林郭勒盟举办了"牡丹卡杯"青少年搏克公开赛。

锡林郭勒盟摔跤教练员额尔登巴雅尔和《锡林郭勒日报》记者乌·斯日古楞共同撰写的《搏克技巧》（蒙古文）一书，由内蒙古人民出版社出版发行，该书共19万字，对搏克服饰、技巧、选拔跤手方法、竞赛规则和职业道德等多方面内容进行了论述。1999年，自治区体委组织专家修改完善《搏克竞赛规则》，并分别以蒙古文、中文和英文颁布执行。

（3）赛马和赛骆驼。1995年，呼和浩特市承办了首届全国少数民族武术比赛，为少数民族运动员相互交流、共同提高成功搭建了良好的平台。1995年8月18日，哲里木盟盟委、盟行署在珠日河赛马会的基础上成功举办了第一届"8·18哲里木赛马节"，并确立在每年8月18日举办哲里木赛马节，迄今为止已连续举办了20届，设有赛马、搏克、射箭、布鲁、蒙古象棋五大项。1999年8月18日，"扎氏三兄弟杯"赛马会和"8·18鸿雁赛马节"分别在通辽市珠日河草原旅游区和鸿雁娱乐大世界举行，300多名运动员参加了两地比赛，10万多名观众到场观看。1998年6月，哲里木盟举办"中国马王酒业杯"赛马会，这是该盟第一次由民间出资承办的赛马比赛。11月，在广州市举行的全国速度赛马公开赛上，哲里木盟队获得了国产马组1000米第二名和3000米第三名。

1999年阿拉善盟举办了蒙古象棋比赛和赛骆驼比赛。为促进赛骆驼运动发展，阿拉善盟在阿拉善左旗北部5个苏木建立了赛骆驼基地，每年由一个苏木轮流承办比赛，形成制度。同年11月，罕乌拉苏木承办了有40多峰骆驼参加的首届比赛，十分成功。

（4）其他。内蒙古自治区各盟市相继举办少数民族运动会。内蒙古自治区于1995年举办了第三届少数民族传统体育运动会。1999年6月26～29日，自治区体委、民委在通辽市科尔沁左翼后旗举办了全区第四届少数民族传统体育运动会，全区12个盟市代表团的606名运动员参加了赛马、走马、搏克、押加、射弩、射箭、武术、秋千、布鲁、蒙古象棋10个项目的比赛，呼伦贝尔盟代表团表演了鄂温克族传统体育项目——抢枢，且以金牌18枚、总分411分获得了团体比赛冠军，赤峰市、包头市代表队分获团体第二、第三名，包头市、呼伦贝尔盟、通辽市代表团荣获体育道德风尚奖。

2. 群众体育和全民健身

从1996年开始，自治区12个盟市101个旗县市区都逐步成立了各级全民健身领导机构。每年绝大多数旗县区都举办全民健身周活动，整个"九五"期间有近1000万人直接或间接地参加了全民健身活动。

1997年，包头市第二热电厂等68个集体和王浩林等45名个人被评为全国群众体育先进集体和先进个人，并在全国第八届运动会期间受到国家体委的表彰；呼和浩特市等6个盟市和呼和浩特市回民区等21个旗县区被评为自治区贯彻《全民健身计划纲要》第一期工程第一阶段（1995～1996年）工作先进单位；培训成年人体质测试人员55人，成年人体质抽样测试完成133283人；有20人被评为国家级社会体育指导员，180人被评为一级社会体育指导员。9月，在呼和浩特市举办了第八届全国运动会"奔向新世纪"火炬传递内蒙古点火仪式暨97全民健身宣传周活动，呼和浩特市等3个盟市、内蒙古人民广播电台新闻中心等3个新闻单位和伊克昭盟准格尔煤炭工业公司等10个单位分别被国家体委授予97全民健身宣传周活动优秀组织奖、优秀报道奖和先进单位荣誉称号。

第八套广播体操在全区广泛推广，学校体育稳步发展，卢占平等8人荣获1996～1997学年度全国"雏鹰起飞"小学生体育活动男子50米等项目小能手称号；呼和浩特市苏虎街实验小学等22个单位和吴连云等24名个人分别被评为自治区推行《国家体育锻炼标准施行办法》先进单位和先进工作者；呼和浩特市第一中学等20所学校和曲凡等50名个人被命名为"内蒙古自治区优秀体育传统项目学校"和"内蒙古自治区优秀体育传统项目学校先进工作者"。

农村牧区体育有新发展。锡林郭勒盟东乌珠穆沁旗和伊克昭盟达拉特旗被命名为自治区体育先进县。8 月，在满洲里召开了自治区社区体育工作现场会；启动内蒙古自治区体育彩票公益金用于实施城市社区的"全民健身工程"。

1997 年，自治区共举办信鸽、足球等社会体育比赛 19 项次，有 5600 多人次参赛。自治区 229 名青少年运动员参加田径、射箭等 11 个项目的全国青少年比赛，在 9 个项目中获得 93 枚奖牌，其中 9 个第一名、13 个第二名和 25 个第三名。同年，在全国中国式摔跤锦标赛中，内蒙古队员巴图、哈达、布和分别获 57 公斤级、82 公斤级和 100 公斤级金牌，全队获团体总分第三名。在中国首届中国式摔跤国际邀请赛中，内蒙古选手巴图和哈达分别获 90 公斤级和 100 公斤级金牌，小哈达获 82 公斤级银牌。

1998 年 3 ~ 4 月，体委会同自治区人大常委会教科文卫委员会和自治区政府法制局组成检查组，对各盟市 1997 年度贯彻落实《内蒙古自治区盟市（1997 ~ 2000 年）体育工作目标化管理责任书》情况进行了检查，并同当地领导和体育部门负责同志交换意见。12 月中下旬，在各盟市自查的基础上，自治区体委对包头市和赤峰市 1998 年贯彻落实《内蒙古自治区盟市（1997 ~ 2000 年）体育工作目标化管理责任书》情况进行了重点检查。为加强群众体育工作的政策引导和规范化建设，体委组织各盟市群体工作者到群体工作先进地区进行考察学习。对《内蒙古自治区盟市（1997 ~ 2000 年）体育工作目标化管理责任书》的检查细则做了必要修改，同时制定颁布了《全区城市体育先进社区评定办法（试行）》和《全区体育先进苏木乡镇标准及评比细则》。加强了对各单项运动协会的管理，使大部分协会都能积极开展活动。8 月 22 ~ 26 日，体委召开全区群众体育先进集体、先进个人表彰大会，表彰自治区群众体育先进单位 229 个、先进个人 132 个；命名赤峰市敖汉旗和呼伦贝尔盟鄂温克族自治旗为第六批自治区体育先进县（旗）；命名了首批 7 个全区体育先进社区，其中赤峰市红山区南新街道办事处被国家体育总局命名为第一批全国体育先进社区；哲里木盟奈曼旗被评为全国"田径之乡"；有 5 人被评为首批"全国县（市、区）体育先进个人"。在 98 全区全民健身宣传周活动中，分别有 3 个单位荣获国家体育总局颁发的"优秀组织奖"和"优秀报道奖"，有 10 个单位被国家体育总局授予"先进单位"荣誉称号。在 7 个盟市 12 个社区建立了 12 个全民健身工程，其中包括 5 条"全民健身路径"。是年，完成 8 万名成年人的体质测试任务；新增国家级社会体育指导员 19 人，总数达 39 人；新增一级社会体育指导员 61 人，总数达 239 人。至年底，全区经常参加体育活动的人数占全区总人口的 32% 以上。年内召开了全区老年人体育工作经验交流会议，举办了全区第四届老年人运动会，分别有 4 个单位和 26 名个人被评为全国老年人体育先进单位和先进工作者。全区学生达标率为 85.46%，比上年提高0.68个百分点，达标施行面达到95%以上。有2个单位和20名个人分别被评为全国体育传统项目学校先进单位和先进个人，有56个单位和52名个人分别被评为自治区推行《国家体育锻炼标准施行办法》先进单位和先进个人。全区各级职工体协1216个，经常参加体育锻炼的职工占职工总数的41%，活动项目由上年的60多项扩展到70多项。在中国沈阳市举行的1998中国沈阳—亚洲体育节上，除自治区体委承办搏克比赛外，锡林郭勒盟代表队参加了中国式摔跤比赛，获团体第二名，赤峰市代表队参加了门球比赛。在阿拉伯联合酋长国举行的第二届世界残疾人举重锦标赛上，代表中国参赛的内蒙古自治区运动员获得4枚金牌和1枚银牌。锡林郭勒盟民族体育文化代表团应邀参加了第四届法国"巴黎市长杯"中国式摔跤国际邀请赛，获1枚金牌和2枚银牌。在全国首届业余网球选手大赛的全部6个比赛项目中，内蒙古自治区选手获得4项冠军、1项亚军、4个第三名和1个第五名。包钢带钢足球队参加了全国足球乙级联赛。

1999年11月22日～12月初，为推动《内蒙古自治区盟市（1997～2000年）体育工作目标化管理责任书》的落实，受自治区政府的委托，由自治区体委、计委联合组成检查组，分东部、西部和中部三个组对12个盟市进行年度工作检查，并分别对落实情况作了客观评价。根据《社会团体登记管理条例》等有关规定，自治区体委、体育总会对自治区级体育协会进行调查摸底和清理整顿，有16个协会报送自治区民政厅申请过渡到法人协会，其他协会列为自治区体育总会下设的专业委员会，有52个协会和92名个人分别被评为全区先进体育协会和全区体育社团先进个人。6月，在兴安盟科尔沁右翼前旗召开了首次全区农村牧区体育工作现场会，观摩科右前旗第七届全旗运动会和旗运会的申办方式，参观部分学校体育工作的开展情况，交流争创体育先进县的软件管理工作等。通过大力宣传与积极引导，有11个单位申报争创全区体育先进县、4个单位申报争创全国体育先进县。本年度，在国家体育总局支持下，自治区体委投资136万元，新建了12条全民健身路径；新增国家级社会体育指导员1名，总数达40名；新增一级社会体育指导员83名，总数达322名；完成成年人体质测试5万多人，并对鄂温克族、鄂伦春族和达斡尔族"三少民族"群众进行了体质测试，建立了体质资料档案。同时，自治区进行了第一批武术专业人员中段位的培训、考评工作，有30人被授予武术六段称号，62人被授予武术五段称号，28人被授予武术四段称号。自治区体委、教委共同举办了全区第七届中学生运动会，进一步促进了学校体育工作的开展，在校学生达到《国家体育锻炼标准》的比例为87.4%。自治区老龄委、自治区老年体协等单位联合举办了内蒙古自治区首届老年人体育节。在"99全民健身宣传周"活动中，有3个单位被国家体育总局分别评为"优秀组织奖"和"优秀报道奖",有 10 个单位被国家体育总局授予"先进单位"荣誉称号。自治区体委、体育总会举办了"全民健身千队足球大赛"等 18 项次的全区性社会体育比赛,承办了全国"钓王杯"钓鱼比赛。自治区各族体育业余选手参加全国性群众体育比赛硕果累累,如在北京市举行的第二届全国业余网球选手大赛中,内蒙古自治区运动员夺得 6 个第一名、5 个第二名和 5 个第三名,又一次引起广泛赞誉。在全国"金腰带"中国式摔跤比赛中,锡林郭勒盟运动员获得全部 3 条"金腰带"中的 2 条。在第七届越南残疾人运动会上,代表中国参赛的内蒙古自治区运动员夺得 8 枚金牌、1 枚银牌和 1 枚铜牌,3 人 5 次打破世界纪录,为自治区争得荣誉。

2000 年,按照国家体育总局的统一部署,自治区对全民健身一期工程进行了总结:全区体育人口约占全区总人口的 35%,培养和培训各级社会体育指导员 4325 名。年内,在 10 个盟市兴建了 12 个全民健身工程共 20 条健身路径。积极争取国家优惠政策,在 7 个盟市创办了 12 个全国青少年体育俱乐部试点,争取到国家投资 48 万元。组织开展了自治区第六届全民健身宣传周活动,12 个盟市均从各地实际出发,组织了近万人参加的集体健身活动。全区有 4 人被评为国家级社会体育指导员,56 人被评为一级社会体育指导员。在自治区清理整顿对社会有危害气功组织领导小组的领导下,自治区体育局对全区健身气功情况进行了调查摸底和清理整顿,会同自治区民政厅审核,注销 3 个自治区级的气功组织。自治区体育总会对自治区体育单项协会的优秀秘书长进行了评选表彰,并配合民政部门做好向法人协会的过渡工作,同时密切了与社会各界尤其是企业界的联系,对热心支持体育事业的企业家进行了表彰。

2000 年 7 月,自治区体育局在兴安盟扎赉特旗举办了全区体育先进县首届篮球赛,同时召开了全区首届体育先进县经验交流会,积极调动各盟市争创体育先进旗县、先进乡镇(苏木)、先进社区的积极性。是年,全区有 5 个旗县跨入全国体育先进县的行列,有 11 个旗县被命名为全区体育先进县,有 13 个乡镇(苏木)被命名为全区体育先进乡镇(苏木),有 3 个街道办事处被命名为全国城市体育先进社区,有 13 个街道办事处被命名为全区城市体育先进社区。同时,有 5 名同志被评为第二批全国县(市、区)体育先进个人,有 10 个乡镇(苏木)被评为第五批全国"亿万农民健身活动"先进乡镇,有 4 个单位、12 名个人分别荣获全国青少年体育工作先进单位和先进工作者称号,有 27 个单位、48 名个人分别荣获全区青少年体育工作先进集体和先进工作者称号。

四、培育阶段（2001 年至今）

随着现代企业制度的确立，1998 年在上市公司中，以体育产业为主营业务的公司已达四家。通过证券市场的直接融资，实行资本运作，将极大促进我国体育产业的发展规模，形成规模效益，规范体育分产业企业的经营管理。这也说明政府对体育产业发展的有力扶持，最终将使体育产业的发展摆脱政府的干预，形成以市场调节为主的运行机制。

该阶段以 2001 年北京市赢得第 29 届奥林匹克运动会的主办权为起点标志。北京市承办 2008 年奥运会对我国体育产业的发展也带来了重大的机遇。国家体育总局充分认识到了这一点，提出要抓住历史机遇，大力发展我国体育产业，提升我国体育产业的综合竞争力。第一次经济普查资料显示：2004 年，我国体育及相关产业的总产值达到 2439.05 亿元，占全国 GDP 的 0.38%；我国体育及相关产业的就业人数为 150.89 万人，占第二、第三产业就业总数的 0.49%；体育产业作为我国国民经济新增长点已初现端倪。2005 年和 2007 年先后召开了两届全国体育产业工作会议，分别提出了"体育产业跟群众体育、竞技体育，都是我国体育事业的重要组成部分"以及"体育产业绝不仅仅是体育部门自身所办的产业，而是作为社会、经济、生活一部分的体育产业，是全社会的体育产业"等重要发展思路。

2006 年 7 月，国家体育总局颁布的《体育事业"十一五"规划》中又明确提出了"十一五"时期我国体育产业的发展目标，即要"初步建成与大众消费水平相适应，以体育服务业为重点，多业并举、门类齐全、结构合理、规范发展的体育产业体系，形成多种所有制并存、全社会共同参与、共同兴办的格局"。这标志着我国体育产业发展已进入新的战略机遇期。与此同时，国家体育总局还开展了体育服务认证、全运会市场开发、体育服务标准化工作、体育产业统计、国家体育产业基地建设等多项体育产业相关工作，旨在进一步推动我国体育产业健康、有序、全面发展。在社会各界的共同努力下，目前我国体育产业呈现出良好的发展态势，规模不断扩大、领域不断拓展、结构不断优化、效益不断提高，进一步满足了人民群众日益增长的多元化健身需求，也为当地经济、社会发展做出了应有的贡献。

（一）体育事业管理

体育工作目标管理。自治区人民政府对各盟市落实《内蒙古自治区盟市（1997～2000年）体育工作目标化管理责任书》（以下简称《责任书》）情况进行了评比表彰。自治区人民政府与各盟市签订了《内蒙古自治区（2001～2005年）盟市体育工作目标管理责任书》。自治区体育局制发了《责任书基础档案管理工作规定（暂行）》，进一步完善了《责任书》的日常监控。对12个盟市《责任书》落实情况进行了年度检查，促进体育工作目标管理的有效实施。

群众体育和竞技体育。全区各地普遍开展以支持北京申办2008年奥运会和庆祝北京申奥成功为主题的系列体育活动。自治区加大直属机关全民健身工作的力度，使之较好地发挥示范带动作用。群众体育争先创优工作稳步开展，群众体育竞赛活动比较活跃。以参加第九届全国运动会为中心，努力提高竞技体育运动水平。在第九届全国运动会上获得运动成绩和精神文明双丰收。2001年，自治区人民政府批准组建内蒙古体育职业学院，并于秋季首次招生。体育科技、教育、外事、宣传等工作积极为全民健身和竞技体育的发展服务。

体育法制建设。在坚持认真贯彻《体育法》《内蒙古自治区体育设施管理条例》和《内蒙古自治区体育市场管理条例》的同时，积极做好《内蒙古自治区实施〈中华人民共和国体育法〉办法（草案）》的立法调研、草案起草等有关工作。研制了《自治区体育局体育社会科学、软科学研究项目管理办法》，初步建立自治区体育政策研究体系。制发了《自治区体育系统法制宣传教育和依法治体工作五年规划》，努力做好体育法制的学习和宣传，不断增强全社会的体育法制意识。

近年来，内蒙古自治区体育产业的发展得益于政府认真贯彻执行国家体育总局颁布的各项体育产业管理政策以及出台的一系列体育产业地方扶持政策。内蒙古自治区2004年出台了60条优惠政策，还颁布了《中共呼和浩特市委呼和浩特市人民政府关于加快体育事业发展的实施意见》《内蒙古自治区（2004～2010年）第三产业发展规划纲要》和《内蒙古自治区加快发展第三产业若干政策的规定》《内蒙古中国电脑体育彩票票务管理规定》等政策法规。

2002年12月19～20日，自治区政府在呼和浩特市召开了全区体育工作会议，全面总结了自1995年《体育法》《全民健身计划纲要》和《奥运争光计划纲要》颁布实施以来的全区体育工作，集中研究了如何贯彻《中共中央、国务院关于进一步加强和改进新时期体育工作的意见》（中发〔2002〕8号）和全国体育工作会议精神，动员全区体育工作者高举邓小平理论伟大旗帜，落实"三个代表"重要思想和十六大精神，以西部大开发和 2008 年奥运会为契机，进一步推动全区体育事业的全面发展。

2003 年，自治区坚持群众体育抓创新、竞技体育抓实效、体育产业抓突破的指导思想，使群众体育、竞技体育和体育产业取得新成就。体育科技、教育、外事、宣传等工作积极为群众体育、竞技体育和体育产业的发展服务。体育工作受到了自治区党委和政府的高度重视。2 月，自治区党委、政府制发了《关于加快体育事业发展的决定》（内党发〔2003〕4 号），进一步明确今后一个时期全区体育工作的指导思想、目标任务和具体措施。8 月，自治区副主席连辑出席全区竞技体育工作会议，并作了重要讲话。为了更好地推动《中共中央、国务院关于进一步加强和改进新时期体育工作的意见》（中发〔2002〕8 号）和《内蒙古党委、政府关于加快体育事业发展的决定》（内党发〔2003〕4 号）文件精神的落实，经自治区人民政府同意，在总结对《内蒙古自治区（2001～2005 年）盟市体育工作目标管理责任书》落实情况检查考核的基础上，组织修订了《责任书》《责任书年度考核细则》和《责任书基础档案管理工作规定》。

2004 年，内蒙古自治区坚持群众体育抓"多"（丰富多彩、形式多样）、竞技体育抓"精"（精益求精，搞精细训练、抓精品人才、拿精品金牌）、体育产业抓"广"（广开财路、广纳财源）的指导思想，使群众体育、竞技体育和体育产业取得新进展，体育科技、教育、外事、宣传等工作取得新成就。12 月，自治区对各盟市 2004 年落实《内蒙古自治区（2001～2005 年）盟市体育工作目标管理责任书》情况进行了检查。

2004 年，自治区召开了全区体育产业发展研讨暨全区体育彩票工作会议，提高广大领导干部对体育产业及对自治区体育产业发展的认识；初步研究草拟了《内蒙古自治区 2005～2010 年体育产业发展规划》，对今后一段时期全区体育产业的发展思路、目标任务、措施办法做出有益的探讨；认真研究并向自治区政府提出了推进体育产业发展的具体政策，被列入《内蒙古自治区加快发展第三产业若干政策的规定》之中，成为自治区在推进体育产业发展中首次出台的具体优惠政策。在体育产业重点项目开发方面，自治区开始承办世界"元老杯"乒乓球赛和中国内蒙古国际汽车越野赛等项目的前期准备工作。

2005 年，自治区制发了《内蒙古自治区体育行政执法监督工作细则》，依法对乌海市、赤峰市巴林左旗、阿拉善盟额济纳旗等部分盟市、旗县体育设施被拆除、被侵占的违法行为进行了调查，并提出了改正意见。同时，为进一步贯彻落实自治区第三产业工作会议精神，充分发挥重点项目对产业发展的带动作用，加大自治区体育产业开发与推广力度，对全区各盟市、旗县（市、区）已经开发实施或计划开发实施的体育产业项目进行了立项统计汇总工作，从而建立自治区体育产业开发项目库，并在此基础上选择自治区重点扶持推介项目。在自治区文化体育重点工程领导小组的领导下，积极筹建自治区60周年重点工程——内蒙古体育馆。

2006年3月，自治区政府在呼和浩特市召开全区体育工作会议，自治区副主席乌兰作重要讲话，自治区体育局局长石梅作会议总结。会议回顾了"十五"期间的体育工作，部署了"十一五"期间的主要任务。会上，自治区政府与各盟行政公署、市人民政府签订了《内蒙古自治区盟市体育工作目标管理责任书（2006～2010年）》，讨论了《〈内蒙古自治区盟市体育工作目标管理责任书（2006～2010年）〉年度考核细则》《内蒙古自治区体育事业"十一五"发展规划》和《内蒙古自治区实施〈全民健身计划纲要〉第二期工程第二阶段计划》，并于会后正式修改印发。2006年，自治区体育局在征求各有关方面的意见后正式印发了《内蒙古自治区2006～2010年体育产业发展规划》，成为全区体育产业发展中第一份具有指导意义的规划性文件。

2007年，自治区按照经营体育、服务群众的要求，大力发展体育产业；会同自治区统计局进行全区体育产业2005～2006年度发展统计；整合、推广全区体育产业资源，搭建体育产业服务平台。

2009年，内蒙古自治区体育运动员参加了第十一届全国运动会。认真贯彻国家和自治区两个《全民健身条例》，着力加强基层基础建设，大力开展全民健身活动，群众体育工作开创了新局面。体育竞赛活动层次高、规模大，分布自治区各地，民族特色、地域特点鲜明。积极采取市场化运作模式，以"车""马"为载体的体育品牌赛事的培育日臻成熟，一些大型国际、国内赛事成功落户自治区，营造了浓厚的体育工作氛围。认真贯彻国务院颁发的《彩票管理条例》，不断完善政策，体育彩票销售再创新高。着力加强体育法制建设，基本形成以《中华人民共和国体育法》为龙头，以地方性法规为骨干，以部门规范性文件为基础的体育法制体系。

2010年是内蒙古自治区体育工作备战第十二届全国运动会周期的第一年，也是"十一五"规划的收官之年。以贯彻落实国家和自治区《全民健身条例》为核心，全民健身活动的开展广泛深入；围绕"奥运争光计划"，着力提高竞技体育水平，在第十六届广州亚运会上取得了可喜的成绩；积极创造有利环境，大力推进体育产业发展，以"车""马"为载体的体育品牌赛事日臻成熟；精心组织，认真筹办第十五届世界元老乒乓球锦标赛、第二届中蒙俄国际青少年运动会，促进了中外体育、文化的交流，传递了各国之间的友谊；体育宣传工作积极发挥体育记者协会的作用，抓住时机展开宣传，不断扩大宣传阵地，让更多的人关心体育事业、支持体育事业，体育宣传工作再上新台阶。

2011年7月29日，自治区人大公布了修订的《内蒙古自治区体育市场管理条例》，并于当年10月1日起施行。2011年8月29日，自治区政府出台了《全民健身实施计划（2011～2015年）》。2011年12月6日，自治区人民政府公布了《内蒙古自治区体育竞赛管理办法》，自2012年2月1日起施行。《内蒙古自治区体育市场管理条例》和《全民健身实施计划（2011～2015年）》两部法规和规章的施行，进一步确立了体育市场的性质和地位，将有效地保障自治区体育市场的繁荣和规范发展。同年，内蒙古自治区成立了体育行业特有工种职业技能鉴定站，标志着体育行业职业技能鉴定工作和体育行业职业资格证书制度在自治区已正式启动。根据《社会体育指导员国家职业标准》的要求，开展了健美操、体育场地工、游泳救生员、跆拳道（初级、中级）、武术（初级）等国家职业资格技能鉴定工作。

2012年，以贯彻落实国家和自治区《全民健身条例》为核心，抓基础、促发展，群众体育工作开创新局面。健身场地数量不断增加，全民健身活动深入开展，组织网络日益完善。围绕"奥运争光计划"，抓管理、求突破，竞技体育取得新进展。参加国际、国内各项比赛的成绩突出；第30届伦敦奥运会入选运动员人数和参赛项目取得突破。以开展活动为契机，抓人才、促提高，后备人才队伍建设得到进一步加强。成功举办了全国青少年"未来之星"阳光体育节，得到国家体育总局和参与单位的好评。规范市场运行环境与秩序，抓重点、求创新，体育产业有了新发展。着重加强体育产业与草原文化相结合，宣传推广自治区独特的自然和民族体育资源，取得了良好的社会效应。全面落实《彩票管理条例》，全年体育彩票销售突破16亿元。

2014年，内蒙古自治区体育局（以下简称自治区体育局）以足球改革为突破口，全面深化体育事业改革，圆满完成各项工作任务：极力推进自治区体育局行政审批制度改革，完善各项规章制度，初步建立自治区足球改革与发展工作组织机构体系、政策保障体系；以贯彻落实国家和自治区《全民健身条例》为核心，全民健身活动开展广泛深入；合理完善竞技体育项目设置，着力提高竞技体育水平，运动成绩实现新突破；积极创造有利环境，大力推进体育产业发展，以"车""马"为载体的体育文化品牌日臻成熟；精心组织，认真筹办第十三届世界大学生跆拳道锦标赛、第五届中蒙俄国际青少年运动会，促进了中外体育、文化的交流；积极推进自治区体育局行政审批制度改革，编制并向社会公示了《自治区体育局行政权力清单（征求意见稿）》，完成权力清单梳理第一阶段任务；

按照"优化流程、缩短时限、提高效率、权责一致"的原则，修订了《自治区体育局行政执法责任制及相关配套制度》。坚持统一筹划、统一部署、统一推进，启动《自治区体育事业"十三五"发展规划》《自治区体育产业"十三五"发展规划》和《自治区全民健身实施计划（2016～2020年）》的编制工作；适应体育事业发展的新形势，积极推进《内蒙古全民健身条例》的修订工作列入自治区人大常委会2015年立法计划；起草了《内蒙古体育场馆设施向社会开放实施办法》（征求意见稿），积极推动公共体育场馆设施向公众免费或低收费开放；全面启动了足球运动改革与发展工作。紧紧抓住自治区作为唯一足球改革发展试点省区的机遇，按照自治区党委、政府的总体部署、目标任务，不断推进足球管理体制和运行机制改革创新；成立了自治区推进足球运动改革与发展工作领导小组，召开了内蒙古足球协会第五次代表大会；申请自治区编委批准成立内蒙古足球运动管理中心，研究制定了《自治区推进足球改革发展三年行动计划（2015～2017）》；着手研制《自治区青少年足球训练纲要》，加强对足球改革与发展工作的宏观指导；与此同时，各盟市也积极成立相应领导组织机构、制订行动计划，自治区足球改革与发展工作组织机构体系、政策保障体系初步建立。

（二）体育产业发展现状

1. 发展概况

2003年，自治区体育局和自治区统计局联合开展了2001～2002年全区体育产业发展情况调查统计，这在自治区体育产业发展历史上是第一次。调查统计资料表明，自治区体育产业整体规模小，产业化层次低。自治区体育产业发展呈现以下现状和特点：一是总体规模虽小，但成长显著；二是体育彩票发行、体育用品销售和体育健身娱乐在体育产业中占主导地位；三是经营主体多元化，非公有经济成为体育产业发展的主力军。体育彩票电脑发行机构几乎全部是个体和私营单位，在体育产业专营单位中，也以个体私营及其他非公有经济为主。这些非公有体育产业活动单位的共同特点是活力强、机制活。通过对全区体育产业发展情况进行全面调查并公布调查报告，可以准确掌握全区体育产业发展状况，为制定决策提供依据。

2002年，全区各类体育产业活动单位约创造增加值6200万元，占全区GDP的比重约为0.03%，占第三产业增加值的比重只有0.1%左右，人均年体育消费水平偏低。同时，自治区缺乏有竞争力的体育产业化实体，2002年全区体育产业专、兼营单位中，营业收入上100万元的企业仅有21户，且2/3为体育用品销售单位。

2004年，全区财政收入达到363亿元，但是用于群众体育活动的自治区本级专项经费仅为15万元，人均不足1分钱。按照国家有关规定，各级政府应按照每年每人不低于2角钱来安排群众体育活动经费，但全区多数旗县尚达不到这一水平，与全国同类地区相比仍然存在很大的差距。体育用品销售、彩票发行和健身娱乐业成为自治区体育产业的三大支柱。2004年，2946户体育产业活动单位中，有2638户从事体育产业经营活动，共创造收入5.19亿元，创造增加值约1.67亿元，比上年增长54.6%，均高出两年来全区GDP的增长率。其中，体育产业三大支柱的单位数分别为923户、908户和644户，其创造的营业收入分别达1.48亿元、1.32亿元和0.67亿元，占各类体育产业经营总收入的96.1%。体育彩票销售额逐年增加。自2002年开始电脑发售体育彩票以来，累计销售体育彩票3.19亿元，年均递增28.5%，共形成公益金1.13亿元，提供就业岗位1681个。健身娱乐市场已有一些发展。开放场馆增加，健身娱乐项目增多。一些大专院校、宾馆饭店等经营单位中附设的体育健身场馆和设施大量向社会开放，为广大群众提供健身娱乐服务，有效促进了大众体育消费。高水平竞技运动开始引进。随着2005年鲁能杯中国乒乓球俱乐部超级联赛天津中乒在内蒙古自治区体育馆的开战，内蒙古自治区球类运动管理中心已经成功完成全年引进高水平竞技运动的任务。

2005年，为全面了解自治区体育产业发展现状，更好地为政府和有关部门制定体育产业发展政策提供依据，在2003年已进行2001~2002年全区体育产业发展统计的基础上，再次会同自治区统计局共同进行2003~2004年全区体育产业发展统计、调查工作。

如表3-2所示，2006年，体育产业活动单位中有5498户从事体育产业经营活动。从产业规模来看，2006年自治区体育及相关产业的总产值约为10.24亿元，占全区GDP的0.09%。从就业结构来看，2006年自治区体育及相关产业就业人数约为2.23万人，占第二、第三产业就业总数的0.31%。

全民健身工程在全区范围内广泛实施。到2001年底，在12个盟市建有36个全民健身工程，占地总计28万平方米，室内面积12000多平方米；共建有健身路径37条，室外活动场地143个，棋牌室40余个，综合训练房48个，排球场、门球场、羽毛球场、篮球场、网球场400余个；配备有乒乓球台180张，台球桌190个，综合健身器100余套，儿童综合器械50余套；总投入达1300万元，其中，国家体育总局投入276万元，自治区投入73万元，各地区投入546万元，各受赠单位投入30万元，社会力量投入340余万元。这36个全民健身工程的建成使用，取得了很好的社会效益。

表 3 - 2　内蒙古自治区 2001～2006 年体育产业发展相关数据

年份	体育产业企业 （户）	从业人数 （人）	经营收入 （万元）
2001	531	3803	9892.91
2002	1289	5569	19157.52
2003	—	12917	44724.9
2004	2638	14661	51916.08
2005	4144	18498	74591.8
2006	5498	22302	102384.8

2. 体育场地

2001 年底，自治区有各级各类体育场地 20244 个，其中，大型、较大型体育场（观众席位 5000 人以上）19 个，大型、较大型体育馆（观众席位 2000 人以上）6 个，游泳跳水馆 4 个，室内游泳池 8 个，室外游泳池 29 个，有固定看台的灯光球场 81 个，室内网球场 4 个，室外网球场 189 个，室内射击场 4 个，室外射击场 11 个，赛马场 13 个，篮球场 12153 个，排球场 3104 个，门球场 528 个，健身房 38 个，保龄球房 9 个。

2002 年底，自治区有各级各类体育场地 20259 个，其中，大型、较大型体育场（指观众席位 5000 人以上）21 个，大型、较大型体育馆（指观众席位 2000 人以上）6 个，赛马场 15 个。

2003 年，自治区体育局向国家体育总局积极争取资金，帮助盟市建设体育场馆，共为盟市争取第三批"雪炭工程"项目 3 个，分别安排在科尔沁区、额尔古纳市和集宁市。许多盟市也加大体育场馆的建设力度，如通辽市、阿拉善盟、乌海市、赤峰市等地，都相继投资几百万元到几千万元新建体育场馆。这一年，内蒙古自治区多方争取资金几千万元，建设了 3 万多平方米奥林匹克体育广场综合训练馆、体工一大队射击训练馆和武川基地训练馆。

根据国家体育总局、国家统计局等九部局关于开展第五次全国体育场地普查工作的有关要求，由内蒙古自治区体育局牵头，联合统计、教育、农牧业、民政、文化、工商、旅游、工会等部门，于 2004 年 6～11 月开展了第五次内蒙古自治区体育场地普查工作，有 6 个单位、16 名个人被评为"全国普查先进"。普查结果显示，截至 2003 年 12 月 31 日，内蒙古自治区除铁路、解放军、武警系统外，各系统、各种所有制形式共有符合普查要求的各类体育场地 21094 个，其中，标准体育场地 15476 个，非标准体育场地 5618 个；占地面积为 9307 万平方米，建筑面积为 82.5 万平方米，场地面积为 6162.9 万平方米；历年累计投入体育场地建设资金 173390 万元；平均每万人拥有体育场地 9 个，人均体育场地面积为 2.6 平方米，比上次场地普查增长了 50.3%，人均累计投入体育场地建设资金 74 元。

2005 年 4 月，作为自治区成立 60 周年庆典献礼工程的自治区文化体育三大重点工程（内蒙古博物院、内蒙古乌兰恰特、内蒙古体育馆）在呼和浩特市奠基。至 2005 年底，全区除铁路、解放军、武警系统外，各系统、各种所有制形式共有各类体育场地 21102 个，其中，标准体育场地 15484 个、非标准体育场地 5618 个。

2006 年，在自治区文化体育重点工程指挥部的领导下，积极筹建自治区 60 周年重点工程——内蒙古体育馆。自治区体育局参建人员加强组织管理和协调，调动各方面积极性，在确保工程质量的基础上，努力推进施工进度。通辽市科尔沁体育中心和位于呼和浩特市新城区的内蒙古太伟滑雪场建成使用。乌海市奥林匹克体育中心和呼伦贝尔市体育馆开工建设。2006 年底，全区除铁路、解放军、武警系统外，各系统、各种所有制形式共有各类体育场地 21104 个，其中，标准体育场地 15486 个、非标准体育场地 5618 个。

2007 年，自治区成立 60 周年大庆献礼工程——新建内蒙古体育馆和呼和浩特体育场落成并成功试运转，呼伦贝尔、乌兰察布、乌海等地的大型体育场馆建设开始起步。至 2007 年底，全区除铁路、解放军、武警系统外，各系统、各种所有制形式共有各类体育场地 21107 个，其中，标准体育场地 15489 个、非标准体育场地 5618 个。

2008 年，呼伦贝尔市体育馆、阿荣旗体育馆、莫力达瓦达斡尔族自治旗体育馆先后建成投入使用。至 2008 年底，自治区除铁路、解放军、武警系统外，各系统、各种所有制形式共有各类体育场地 21156 个，其中，标准体育场地 15535 个、非标准体育场地 5621 个。

2014 年，内蒙古第六次全国体育场地普查工作圆满完成。截至 2013 年 12 月 31 日，内蒙古体育场地总数达到 25367 个，体育场地面积 4160.7 万平方米，全区人均体育场地面积达到 1.66 平方米。其中，室内体育场地 5018 个，场地面积 201.3 万平方米，室外体育场地 20349 个，场地面积 3959.4 万平方米。

3. 彩票

2001 年，为促进体育彩票的销售，自治区体育局表彰了 2000 年度体育彩票销售先进盟市，制发了《内蒙古自治区即开型分散销售中国体育彩票实施方案》，召开了全区体育彩票管理站长工作会议，学习电脑体育彩票和即开型体育彩票分散销售的业务知识，征招电脑体育彩票和即开型体育彩票分散销售网点。这一年，全区即开型体育彩票销售 987.9 万元，电脑体育彩票销售系统筹建工作正式启动并积极进行。自治区体育彩票管理中心被评为"2000 年度全国体育彩票发行工作先进单位"。

2002 年，在抓好即开型体育彩票规模销售和分散销售工作的同时，狠抓了电脑体育彩票的筹建、发行工作。继全国 28 个省区之后，内蒙古自治区中国电脑体育彩票于 5 月 17 日开始销售 29 选 7 玩法，5 月 18 日开始销售世界杯足球彩票并在呼和浩特市举行首发仪式。全区 12 个盟市及二连浩特市、满洲里市先期开设电脑体育彩票销售网点 454 个，由自治区体育局统一管理进行布点销售。内蒙古自治区电脑体育彩票实行与辽宁省联网的方式运行，在中央电视台第 5 套节目开奖，开通伊始就是通常的体育彩票（29 选 7）、足球彩票和世界杯足球彩票 3 种玩法同时面市。2002 年，全区累计发行即开型体育彩票 830.29 万元，电脑体育彩票 5487.6326 万元，为自治区体育事业的发展积累了资金。自治区体育局在体育彩票公益金的分配上贯彻"大头朝下"的原则，特别是即开型彩票，除部分上缴中央外，其余全部留归盟市使用。同时，自治区体育局还对 2002 年体育彩票发行先进单位进行奖励。

2003 年，全区累计发行即开型体育彩票 1082.7 万元；电脑体育彩票销售达 11426.71 万元，其中，销售突破 2000 万元的有 3 个盟市，即赤峰市、呼伦贝尔市和包头市。

2004 年，自治区不断丰富和完善电脑体育彩票的玩法体系，由 4 种玩法增加到 9 种玩法，使得大、中、小盘玩法面面俱到，乐透、数字、竞猜品种一应俱全。这一年，全区共有体育彩票销售网点 908 个，体育彩票销量突破 1.32 亿元，形成公益金 4609.8 万元，较 2003 年增加 4.14%，是全国体彩销量实现正增长的 6 个省份之一。其中，电脑体育彩票销量达 1.2825 亿元，较 2003 年提高 12.24%。

2005 年，体育彩票全年销售 3.83 亿元，取得历年来最好的销售业绩。

2006 年，自治区努力把体育彩票管理和服务建设工作的重心放在基层市场上，加大营销宣传力度，稳步推进全热线销售系统。为提高管理工作和服务工作的规范水平，体彩中心经过认真准备已正式启动了 ISO 9001 质量管理体系认证培训工作。2006 年全年销售额达 5.45 亿元，比上年增长 42%，超额完成全年销售 4.5 亿元的期望目标，取得历史最好销售业绩。

2007 年，丰富体育彩票玩法种类，完成全区彩银联网、技术机房独立、ISO 9001 质量管理体系认证和百旗大培训等工作，拓宽销售渠道，强化服务效能。全年销售额达 7.35 亿元，比 2006 年度增加了 1.9 亿元，提高了 35%，远远高于全国 19% 的平均增幅，增幅位居全国第六。

2008 年，"顶呱刮"即开型体育彩票成功上市；进一步规范体育彩票专管员队伍；顺利完成 500 台终端机的更新和 200 台终端机的布点工作；组织销售员开展上岗培训、玩法培训和营销培训；改进宣传工作，强化技术和财务安全，加强内部管理，提高工作效率，树立体育彩票品牌形象，促进体育彩票事业的蓬勃发展。这一年，共销售体育彩票 10.38 亿元，首次突破 10 亿元大关，再创历史新高。

2009 年，认真学习贯彻国务院颁发的《彩票管理条例》，体育彩票发行进一步规范工作程序、理顺工作流程、加大宣传力度、改革营销手段、增加新的玩法，业绩显著，销售额达到 12.63 亿元，与上年同期相比增长 2.24 亿元，同比增长 21.6%，为国家和自治区创造公益金 3.6 亿元。在实施国家体育总局《体育彩票 2007～2009 年三年发展规划》的过程中，自治区体育彩票销售以年均 33% 的增长幅度位居全国第七，年销售规模增长列全国第 9 位。

2010 年，自治区以深入贯彻落实《彩票管理条例》为抓手，继续巩固体育彩票销售市场，稳步提高销量。体育彩票销售额达 11.6 亿元，其中，电脑彩票销售额为 6.9 亿元，即开型彩票销售额突破 4.7 亿元，为全区体育事业和各类社会保障工作提供了有力的经济支撑。

2011 年，自治区紧紧抓住体育彩票销售这个龙头，强化体育彩票销售对体育事业发展的生命线地位，增创销售模式、拓宽销售渠道、优化玩法结构、规范销售管理，圆满完成了年度任务，体育彩票销售实现了新的突破，迈过了 14.6 亿元大关。截至 2011 年 12 月底，上缴所得税 3148.35 万元，筹集公益金 3.98 亿元，为全区体育事业和各类社会保障工作提供了有力的经济支撑；全区有 3000 多人从事体育彩票工作。

截至 2012 年 12 月 31 日，内蒙古自治区体彩年销量完成 16 亿元目标任务，达到 16.195 亿元，其中，电脑型体育彩票销量为 8.73 亿元，即开型体育彩票销量为 7.465 亿元，为体育事业和教育、扶贫、医疗卫生在内的诸多社会公益事业做出了突出贡献。

截至 2013 年 12 月 31 日，内蒙古自治区体育彩票累计销量已经达到 21.87 亿元，筹集公益金 6.04 亿元，上缴税金 3165 万元。

2014 年，体育彩票销售实现新突破，内蒙古自治区体育彩票累计销售 29.36 亿元，较上年增加 7.49 亿元，增幅达 34%。其中，电脑型体育彩票销售 22.65 亿元，即开型体育彩票销售 6.71 亿元。共筹集公益金 8.23 亿元，返奖 17.52 亿元，上缴个人偶然所得税 2655 万元。

"十二五"期间，内蒙古自治区全区 5 年间累计销售体育彩票 120 亿元，累计筹集公益金 33.52 亿元，其中，2015 年单年销量 38.28 亿元，创下历史新高（见图 3-1），市场份额和全国排名双双前移。

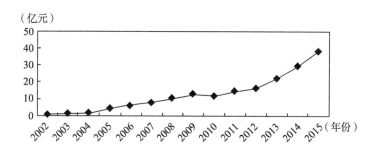

图 3-1　内蒙古自治区体育彩票销量

总而言之，内蒙古自治区体育产业发展速度虽然很快，但同全国平均水平相比较仍存在着规模小、质量不高、竞争能力弱的问题。体育产业作为第三产业中的劳动密集型行业，可以为社会提供众多的就业机会，但自治区体育产业吸纳就业能力还有待进一步提升。在当前自治区体育产业的各个门类中，体育健身娱乐业、体育竞赛表演业构成了体育产业的支柱。然而，从这两大产业目前的发展状况看，规模小、竞争力不高的问题也非常突出。

（三）体育项目

1. 民族体育

自治区少数民族体育事业在近几年有了很大的发展。以蒙古族传统体育盛会"那达慕"为龙头，赛马、搏克、射箭、赛驼、喜塔尔、布鲁等蒙古族传统项目，以及达斡尔族的曲棍球、鄂温克族的抢枢等体育运动在草原上广泛开展，比赛多、普及程度高，深受男女老幼的喜爱。

（1）搏克。2004 年 7 月，锡林郭勒盟成功举办了西乌珠穆沁旗 2048 搏克大赛，创造了在同一时间、同一地点，参赛人数最多、规模最大的搏克比赛吉尼斯世界纪录。同年，呼伦贝尔市、鄂尔多斯市均举办了首届少数民族传统体育运动会，乌兰察布市举办了首届那达慕大会，通辽市举办了"8·18"赛马节，呼和浩特市举办了搏克公开赛。2004 年 12 月，锡林郭勒盟成立了搏克协会。2005 年，成功举办了西乌珠穆沁旗 800 蒙古马"阿吉乃"大赛，创造了吉尼斯世界纪录；圆满举办了全国女子搏克邀请赛，全区首届速度赛马，走马暨蒙古马耐力赛，全区首届驼球邀请赛等民族传统体育比赛；赤峰市举办了首届少数民族传统体育运动会。

2005 年，挖掘整理、普及推广了沙力搏尔摔跤和驼球等体育健身项目，搏克项目被国家列入"非物质文化遗产"推荐名录。2006 年，西乌旗搏克手在"巴黎市长杯"中国式摔跤、手搏、搏克比赛中，共获得 9 枚金牌、2 枚银牌，并一举获得了比赛最高奖项"巴黎市长杯"。2007 年，在呼和浩特市举行了首届国际大型那达慕大会，使搏克这一民族传统体育项目被世界所关注。

修订、完善了《搏克竞赛规则》；挖掘整理、普及推广了健身安代舞、沙力搏尔摔跤和驼球等体育健身项目，搏克、曲棍球等项目被国家列入"非物质文化遗产"推荐名录；通过实地考察，并报经自治区人民政府同意，确定阿拉善左旗为 2006 年第六届全区少数民族传统体育运动会举办地。

（2）少数民族传统体育运动会（民运会）。2001 年 8 月，呼和浩特市举办了第一届少数民族传统体育运动会，799 名运动员分别参加了赛马、射箭、搏克、蒙古象棋、武术、篮球、乒乓球、拔河 8 个项目的比赛。

2002 年，兴安盟乌兰浩特举办了全区第五届少数民族传统体育运动会。

2003 年，在呼和浩特市举办了全国第七届民运会。

2004 年，呼伦贝尔市、鄂尔多斯市均举办了首届少数民族传统体育运动会。

2005 年，赤峰市举办了首届少数民族传统体育运动会。

2006 年 8 月，由自治区民委、体育局主办，阿拉善左旗人民政府承办，阿拉善盟行政公署协办的第六届全区少数民族传统体育运动会在阿拉善左旗举行。来自全区 12 个盟市的 1143 名运动员、教练员参赛，设搏克、赛马等 13 个比赛项目和马术等 5 个表演项目，规模是全区历届最大的；有巴彦浩特体育场和赛马场两个赛场，场馆条件是历届最好的。

2006 年 9 月 9～13 日，第十一届全区运动会在通辽市隆重举行。2006 年 9 月 9 日晚上举行的开幕式由全民健身展示、入场式和大型文体表演《辉煌的科尔沁》三部分组成。自治区党委副书记、自治区主席杨晶宣布运动会开幕，自治区副主席乌兰代表大会组委会向通辽市赠送"中华宝鼎"，自治区体育局局长石梅致开幕词，通辽市市长那顺孟和致欢迎词，自治区人大副主任陈瑞清出席开幕式。在9月13日晚举行的闭幕式上，自治区副主席乌兰把自治区运动会会旗交给2010年全区运动会承办城市乌海市的市长白向群。在本届运动会上，呼和浩特市、包头市和赤峰市代表团分获金牌总数前三名，包头市、呼和浩特市和通辽市代表团分获团体总分前三名。

2010年8月11日，首届鄂尔多斯国际那达慕大会暨内蒙古自治区第七届少数民族传统体育运动会在鄂尔多斯举办，有来自俄罗斯、蒙古、日本、韩国、埃及、越南、印度等国家以及中国台北等地区和部分少数民族地区共20多个代表团参加。体育比赛项目包括赛马、搏克、蒙古象棋、射箭、国际式摔跤、毽球、曲棍球7项，同时举办了汽车、摩托车系列比赛以及网球、篮球比赛等项目。

内蒙古自治区第八届少数民族传统体育运动会于2013年8月8日在锡林浩特市举行，12个盟市的1328名运动员参加了13个竞赛项目和8个表演项目，本届运动会与往届的不同之处在于竞赛项目增加了"男儿三艺"，即赛马、射箭和摔跤比赛。

2015年8月9日，由国家民委、国家体育总局主办，内蒙古自治区人民政府承办的第十届全国少数民族传统体育运动会在鄂尔多斯市隆重举行。本届运动会共设竞赛项目17项和表演项目178项。全国各省、自治区、直辖市、新疆生产建设兵团、中国人民解放军和台湾地区的34个代表团共6240名运动员参加了本届民族运动会，是历届全国少数民族运动会规模最大的一届。

（3）全民健身大会。2009年7月，内蒙古自治区体育局几经调研、酝酿，创建了以"欢乐草原"为主题的内蒙古自治区全民健身大会。通辽市举行的由4800名各族群众参加的健身安代舞大型活动，锡林郭勒盟西乌珠穆沁旗先后举办的规模盛大、气势恢宏的挑战吉尼斯世界纪录2048搏克大赛、800蒙古马"阿吉乃"大赛、1024名选手参加的射箭大赛等大型赛事活动，把这些具有悠久历史的民族体育项目推向了世界，并掀起了民族体育健身热潮。

2016年7月29～31日，"欢乐草原"内蒙古自治区第八届全民健身大会在呼和浩特市隆重开幕，来自全区各盟、市、旗的14个代表团、三百多名选手参加了健身大会的各类独具民族特色的健身展示活动，充分展示了蒙古民族体育健身项目的特色。"欢乐草原"内蒙古自治区全民健身大会这一具有地方和民族特色的全民健身品牌活动，开展8年来，充分展现了内蒙古自治区广大人民群众健康向上的精神风貌。

2. 群众体育和全民健身

2001 年 3 月，自治区全民健身领导委员会、中共自治区直属机关工作委员会和自治区体育局联合制定了《自治区直属机关全民健身工作检查指标》，决定用 3~4 年的时间对自治区直属机关全民健身工作进行检查。自治区体育局、自治区体育总会和中共自治区直属机关工会工作委员会联合举办了自治区直属机关首届职工运动会。自治区第四批全民健身工程共配建全民健身路径 20 条、室内大型健身器械 12 套。培训并审批 101 名一级社会体育指导员。同年，自治区民政厅制发了《内蒙古自治区实施〈健身气功管理办法〉细则（暂行）》。自治区体育局举办了全区全民健身周、第九届全运会火炬传递和第 21 届世界大学生运动会火炬传递等影响较大的全民健身活动。

2003 年，自治区组织举办了各种大型活动和比赛，如全区全民健身周活动和局系统第一届职工网球比赛等；新建了全民健身路径 26 条；审批了健身气功习练站点 11 个；出台了《内蒙古自治区全民健身工程管理办法（暂行）》，保障群众健身的合法权益。

2004 年，自治区体育局先后在武川县农村举办了全区"体育三下乡"启动仪式，在克什克腾旗牧区举办了"离离草原马背行"活动；组织举办了第五届全区农牧民运动会、第二届全区残疾人运动会暨第一届特殊奥林匹克运动会、以"二十万人健步行，百万人大行动"为主题口号的全民健身周系列活动及 26 项次全区性群众体育单项竞赛等多种大型活动和比赛。全年共培训、审批一级社会体育指导员 131 名，建设全民健身路径 40 条，新增"雪炭工程"项目 2 个，新创青少年体育俱乐部 6 个，对自治区直属机关 10 个厅局的全民健身工作进行了检查，举办了首届健身气功辅导员培训班，依法审批健身气功习练站点 17 处。

2005 年，以纪念《全民健身计划纲要》颁布十周年为主线，制发了《自治区全民健身领导委员会工作规则》和《自治区全民健身领导委员会成员单位职责分工》等文件，进一步规范全民健身工作的开展；培训一级社会体育指导员 87 名，认定一级健美操指导员 84 名；建设全民健身路径 43 条。

2006 年，自治区实施了以"草原万里健身工程"为重点的"农牧民体育健身工程"，新建了 130 个健身工程；修订了《全区城市体育先进社区评选办法》；组织开展了以"全民健身与奥运同行"为主题的全区全民健身月、中国网通奥运健身社区行、体育进社区等活动；全民健身多项全国性展演荣获优秀奖；新增一级社会体育指导员 93 名、一级健美操指导员 56 名；成功举办了全国四种健身气功展示内蒙古大会，全区 12 个盟市全部建立健身气功活动站点，站点总数发展到 316 个；新创全国城市体育先进社区 3 个、全国体育先进苏木乡镇 9 个、全国"亿万农民健身活动"先进乡镇 9 个，有 179 个单位和 158 名个人分别被评为全区群众体育先进集体和先进个人。

2007 年，我区先后举办了全区全民健身月、首届全区社区运动会、自治区党政办公新区机关干部职工健身运动会、迎奥运职工万人健步走、"亿万学生阳光体育运动"和奥运会倒计时一周年纪念活动等多项大型活动；9 月下旬，在通辽市召开了全区农牧民体育健身工程现场会，积极推进以"草原万里健身工程"为代表的农牧民体育健身工程建设；在乡镇苏木共建农牧民体育健身工程 148 个；举办了"千万手牵手·奥运心连心"——迎奥运万人健身长跑大型公益活动；还组织了北京奥运会开幕倒计时 100 天万人长跑暨全民健身活动展示大会、自治区直属机关第三届职工运动会、第十一届全区中学生运动会和第二届全区"阳光体育运动"体育传统校夏令营、"体育进社区"趣味运动会等活动。

2008 年，建设农牧民体育健身工程 452 个；举办了第一期自治区级体育传统项目学校教师培训班，并对第二批自治区级体育传统项目学校进行了检查验收；制作了"安代健身操"教学光碟，作为群众体育的重点项目加以推广；社会体育指导员新增国家级 6 人、一级 138 人。有 9 个部门和 20 个单位分别荣获 2008 年全国全民健身活动优秀组织奖和先进单位称号；3 个社区被命名为国家级社区体育健身俱乐部；3 个社区荣膺全国城市体育先进社区；16 名个人荣获全国群众最喜爱的社会体育指导员称号；创建、命名了 25 个社区和 15 个乡镇苏木为"全区城市体育先进社区"和"全区体育先进乡镇苏木"；表彰奖励了 139 名个人为全区优秀社会体育指导员。

2009 年，以庆祝中华人民共和国成立 60 周年和启动国家首个全民健身日为契机，大规模开展以公园体育、广场体育、社区体育和家庭体育为主要载体的全民健身活动。以"沸腾草原、欢乐草原、冰雪草原"为主题，举办了首届自治区健身大会、全区农牧民篮球赛、全区健身秧歌大赛、中俄体育夏令营和呼伦贝尔冰雪那达慕等具有民族特色和地域特点的活动。在各中小学校广泛开展"阳光体育活动"。群众体育基础设施建设任务圆满完成，投入 150 万元建设了 3 个国家级社区体育俱乐部，筹措资金建设安装全民健身高档路径景观工程 14 处。年内，累计投入资金 2000 余万元，建设完成近千个农牧民健身工程，实现人均体育用地 0.3 平方米。此外，还在旗县建设老年门球场 6 个，乡镇建设农牧民体育健身中心 36 个。全民健身网络体系不断完善。

2010 年 6 月上旬，以"欢乐草原、快乐生活"为主题的第二届全区健身大会在呼伦贝尔市举行，来自 12 个盟市的 400 多名运动员齐聚鄂温克草原，进行了搏克、摔跤、射箭、喜塔尔、蒙古族传统射箭、赛马、颠马、米日干车（马车赛）等民族传统体育项目及羽毛球项目的比赛，进一步打造了具有民族特色和地域特点的全民健身活动品牌。10月，召开了《全民健身条例》座谈会，认真研究制订了《内蒙古自治区全民健身计划》。

2011年，以"欢乐草原、快乐生活"为主题的全区健身大会形成品牌。全区首届"男儿三艺"大赛在锡林浩特市举行，大赛创造性地将搏克、蒙古族传统射箭和3600米赛马列入三项全能进行比赛，被誉为蒙古民族的"铁人三项赛"，为传承和弘扬蒙古族传统体育进行了有益探索。各地各级还围绕庆祝8月8日全民健身日广泛开展了体育进社区、全民健身游园会、草原户外休闲体育大会等一系列颇具影响力的全民健身活动，极大地满足了群众的健身需求，促进了自治区全民健身活动的深入开展。这一年，全区开展各种全民健身大型活动达3400多项次，直接参与人数达400余万人，在全区范围掀起了一次又一次全民健身新高潮；共建设完成4个全民健身活动馆、2个全民健身中心、73个乡镇健身中心，新增健身路径180条。

2012年，建设150个乡镇（苏木）小型体育健身中心、6个"雪炭工程"、1个县级全民健身活动中心，新增全民健身路径150条；资助草原全民健身示范基地建设工程单位5个；内蒙古首个国家登山健身步道落成并举办大型登山健步活动；与自治区民委共同建设了7个少数民族传统体育示范基地等；各地各级围绕庆祝8月8日全民健身日广泛开展体育进社区、全民健身游园会、草原户外休闲体育大会等一系列颇具影响力的全民健身活动；全区开展全民健身大、中型活动达3000余项次，直接参与人数达600余万人次，全区范围掀起了一次又一次全民健身新高潮；制定了《内蒙古自治区社会体育指导员"十二五"发展规划》。2012年底，已完成建设小型体育活动中心307个，占全区乡镇中心总数的48%；自治区全民健身活动站点已达到5400个，做到了每一个基层站点，至少一支健身队伍，配备2名社会体育指导员，每年至少开展三次志愿服务活动；全区共有社会体育指导员21647名，年内有90人被国家体育总局授予"国家级社会体育指导员"称号。

2013年，自治区体育局完成了"农牧民体育健身工程"场地设施建设的预期任务，为全区农村牧区普及农牧民体育健身奠定了一定的基础。同年，全区县级体育健身场馆"雪炭工程"覆盖率为70%；乡镇苏木小型体育健身活动中心的覆盖率已达71%；嘎查村健身点的覆盖率为35%。经过申报和积极争取，2013年国家体育总局审批了自治区9个"雪炭工程"项目，补充了部分旗县无健身馆的空白，解决了广大群众冬季健身的问题。2013年上半年，给各盟市下发了《关于做好 2013 年在乡镇苏木建设小型体育健身中心的通知》，合理地分配了 146 个小型体育健身中心的建设数量，将建设项目落实到具备实施条件的乡镇苏木，并确认项目建设地点，抓紧施工建设，要求按期保质保量完成建设任务。这一年，对建成后的小型体育健身中心进行检查验收，同时建立建设项目档案。乡镇苏木小型体育健身中心为农牧民提供了体育健身场所，深受欢迎。此外，为全区 12 个盟市及二连浩特市赠送了 110 套全民健身路径，要求各盟市严格按照"新国标"进行安装使用，做好后期维护管理工作，并与各盟市签订了"全民健身路径建设地点备案表"和"全民健身路径维护管理承诺书"，本着"谁受赠、谁管理、谁负责"的原则，加强对全民健身路径的维护管理，充分保障广大群众的健身权益。全民健身公共服务体系不断健全，三级社会体育指导员人数为17546 人，达到了每个行政村至少有 1 名社会体育指导员的要求。全区社会体育指导员在册人数已达到了 2.8 万人，占总人口的万分之十以上。与自治区民委共同举办了"第八届全区少数民族传统体育运动会"，圆满完成这届民族运动会的竞赛表演工作。举办了"欢乐草原"全区全民健身大会，全区 12 个盟市的 400多名健身爱好者参加了全民健身大会。2013 年 7 月 9～10 日，"欢乐草原"内蒙古自治区全民健身大会在包头市举行，自 2009 年以来已连续举办了四届。

2014 年，投资近 7200 万元用于"农牧民体育健身工程""雪炭工程""全民健身路径工程"和社区多功能运动场建设。为全区 250 个全民健身活动站点配发了健身器材，新增全民健身路径 126 套，完成在乡镇苏木建设 100 个小型体育健身中心的目标任务，资助 5 个草原全民健身示范基地建设工程单位；继续开展"一地一品牌、一地一特色"全民健身特色品牌创建活动。通过完善筛选标准、创新资助办法、鼓励社团参与，共筛选全民健身特色品牌项目 230 项，资助资金500 万元。组织开展首届内蒙古马术节、首届大乐透杯羽毛球邀请赛、第六届欢乐草原全民健身大会、第六届内蒙古羽毛球公开赛、第八届环多伦湖公路自行车赛、全民健身游园会、第二届村道自行车赛、百县万人业余乒乓球联赛、"谁是球王"中国足球民间争霸赛内蒙古总决赛等活动，举办了校园、职工、社区和直属机关职工足球联赛，动员社会力量广泛参与体育，让全民健身活动走到群众身边、融入群众生活。在体育社团组织建设上，修订完成了《全区性单项体育协会管理办法》；自治区级体育社团达到 35 个、俱乐部 12 个；培训社会体育指导员4769 人，新增国家级社会体育指导员 107 名。

"十二五"期间，全民健身组织网络体系更加完善，全区所有盟市和73.39% 的旗县（市、区）建立了体育总会，体育类社团组织进一步壮大，达到每万人 0.62 个，社会体育指导员达到 3.9 万余人。全民健身设施更加完善，

82.35%的旗县（市、区）建有全民健身活动中心，81.35%的苏木乡镇建有全民健身活动站，61.43%的嘎查村建有全民健身活动点，一大批广场工程、户外营地、健身步道等设施投入使用，人均体育场地面积超过1.66平方米。群众体育活动丰富多彩，人民群众的健身意识进一步增强，经常参加体育锻炼的人数比例达40.3%。

第 四 章

内蒙古自治区特色体育产业案例分析

内蒙古自治区地域辽阔，地区之间跨度较大，东西部地区气候环境差异显著。内蒙古自治区少数民族分布广泛，是少数民族聚居地之一，由众多少数民族构成，其中主要以蒙古族为主。他们共同为内蒙古自治区体育活动的发展而努力，这些少数民族体育项目带有鲜明的民族烙印，是各民族优秀传统文化宝库中的重要组成部分，特别是其中带有民族特色及特点的传统体育活动形式，长期以来在增强民族体质、改善民族素质等方面都产生了深远的影响。

一、那达慕

（一）那达慕的起源

草原民族的节日"那达慕"，是源远流长、历久弥新的草原文化的重要组成部分。以骑马、摔跤、射箭为核心内容的"男儿三艺"是蒙古族民族节日的象征符号。蒙古族的"那达慕"文化早已为世人所瞩目，它不仅是国内外蒙古学学者争相研究的重大课题之一，同时还与如今蒙古族节日文化的重构息息相关。草原民族的那达慕从远古走来，至今还有活形态的存在，当我们今天去考察的时候，已经发生了巨大的变迁。

那达慕（nagadum），蒙古族牧民习惯称之为"那雅尔"（nair），蒙语为"游戏、娱乐、游艺"，也作"戏弄、玩笑"解，它是基于传统游牧文化和原始信仰体系，以搏克、赛马、射箭传统"三项竞技"为核心内容，融传统体育、宗教、服饰、建筑、饮食、歌舞、诗词、经济等文化为一体，通过竞技、仪式、展示、表演、交流等符号活动模式达到一种综合效应的民俗喜庆集会。通过诸多学者的研究，现就那达慕的概念较为统一，主要都是源于信仰和宗教并结合体育娱乐活动组成的蒙古族综合体育盛会。

较早研究那达慕历史的主要著作有《蒙古秘史》《黑鞑事略》和《北虏风俗》等。这些史书中只是对那达慕内容做了简单的描述，真正研究那达慕历史的是后来蒙古国的马穆纳道尔和垂吉勒，他们的著作是《蒙古快马》和《蒙古博克比赛》。早在公元 13 世纪初，那达慕就在位于内蒙古自治区包头市北的白云鄂博附近起源，其前身是蒙古族的"祭敖包"盛会，而这也是蒙古族人在长期的游牧生活中所创造和流传下来的，是具有蒙古族人独特民族色彩的节日庆典活动。最早对那达慕有文字记载的是畏兀儿蒙文。1225 年铭刻在石崖上的《成吉思汗石文》称：成吉思汗征服了花剌子模，为庆祝胜利，在布哈苏齐海举行了一次盛大的那达慕大会。在这次射箭比赛中，成吉思汗的侄子叶松吉在三百三十五庹（庹为两臂伸展之间的距离，约五尺）远的距离射中了目标。公元 1240 年成书的《蒙古秘史》中也有几处较详尽地记述了蒙古族进行射箭比赛的生动场面。

那达慕作为蒙古族的传统性节日，在蒙古族风俗习惯中颇具代表性。作为一种风俗，那达慕形成和延续的原因主要有以下三个方面：

1. 那达慕的形成与蒙古族居住地的环境和条件有关

13 世纪，成吉思汗统一草原各部，建立了疆域横跨欧亚的蒙古帝国，用国家的形式重新整合各种社会力量，即把大小、强弱、语言、宗教信仰、文化程度等各不相同的草原部落融合为一个民族共同体——蒙古族。从此，蒙古族成为草原的主体民族，也成为草原文化的承载者。

蒙古族人民世代居住、繁衍生息的家园是中国北方草原，这里是亚洲草原的主体部分，属于内陆高原的自然环境，这里为游牧业的发展提供了适宜的地理条件。13 世纪的蒙古人承袭了这里先民们"逐水草而游牧"的生产方式。这是一种以人、畜、环境三个要素构成的生产方式。在这种生产方式中，畜既是生产资料也是生活资料，人对畜的驾驭、控制能力就成为人获取生活资料和生产资料的关键。因此，为了生存，蒙古人不得不强健体魄、习马练箭。同时，获得畜的丰富程度还取决于环境——草原上水草的生长状况，但如何保证草原植被长势茂盛，蒙古族的先民们把这一难题交给了神灵。所以，在草原上，自然是人敬奉的对象，人以一种敬畏和崇尚的心态对待自然，这也是蒙古族人民信仰萨满教的主旨。所以，早期的那达慕是在祭敖包之后，欢庆在神灵保佑下的一年的丰收。

2. 那达慕的形成与蒙古族的信仰有关

早期的那达慕是在祭敖包之后，大家尽情地"那达慕"（玩），这说明在起源的意义上，那达慕只是祭敖包的一个组成部分。可见，今天的那达慕是从祭敖包分离、独立出来的一个节日。祭敖包是草原上很隆重的节日。"敖包"蒙古语语意为"堆"，是用石块、土块等堆积而成的，认为是多种神灵聚居的地方。一般一年祭祀一次，具体时间各地不一：有的在六月初，有的在夏秋选日举行。人们带着肉、奶、酒等各种祭品，聚集到敖包处，举行隆重的祭祀仪式。"蒙古族的敖包所祭的神，就是天神、土地神、雨神、风神、羊神、牛神、马神等"，由萨满祈祷、诵经，大家跪拜祝福，然后往敖包上添加石块，进行修补，并在敖包顶上悬挂新的五色绸布条和幡等，以祈求吉祥、人畜兴旺。随着社会的发展、文明的推进、牧民思想观念的更新，现在的那达慕大会已没有了往日的宗教意义和宗教色彩，但从起源的角度讲，那达慕作为一种风俗，应该遗留有一定的宗教心理痕迹。

3. 那达慕的形成与蒙古民族的军事征伐有关

就风俗的形成而言，20世纪初章太炎就曾分析过，他说：因政教而风俗，因风俗而心理。在成吉思汗统一蒙古诸部之前，由于游牧业的生产特点，各部落驻地分散，政治上不统一，彼此之间联系薄弱、互不隶属，各部在较小的范围内形成汗。部落内游牧贵族为了争夺汗，各部落间也为了争夺有限的牧场、人口和牲畜，形成了无休止的攻杀和战争。在成吉思汗通过战争统一蒙古各部、建立蒙古汗国之后，又不断对外进行军事行动。他曾数次出兵西夏，多次南下进攻金朝，并大举进行西征，通过征战的方式建立了统一的元帝国。伴随着蒙古族人民若干年来的争斗现实和征战生涯，戎马和利箭作为他们长久的生活实践，理所当然地成为了他们思想意识中重要的组成部分，日久积淀、传承为风俗。

从上述分析可知，那达慕成为一种风俗习惯应该是上述三种原因互动的结果，在不同的历史时期，各因素所起的作用大小不同。总的说来，蒙古族早期生产力低下，他们只能自发地适应自然环境，从而产生了相应的生产方式和生计文化，在此情形下，就形成了与宗教崇拜有关的祭敖包之后的"那达慕"。随着生产力的发展、人类改造自然能力的增强、生产关系的发展，就形成了与政治和社会生活相关的那达慕。正如孙中山先生所言，"今日进化之人，文明程度愈高，则去自然愈远"。

（二）那达慕的历史发展

那达慕从12世纪至21世纪初，经历了12世纪至蒙元时期的酝酿形成期、蒙元的形成期、明及清初的成熟期、清中到民国的转型期、新中国成立到20世纪80年代初的新模式化发展期、20世纪80年代的多元发展期、20世纪90年代的多元与国际化雏形期和21世纪初期以来的国际化发展期八个发展阶段。主要以"男儿三艺"为核心的那达慕活动，在其传承发展和国际化过程中，不断地丰富和完善。

1. 明清至民国时期的那达慕

明代蒙古族又退回到了蒙古草原，过着骑马、放牧兼狩猎的游牧生活，其传统的"逐水草而居"的生存方式为那达慕的传承和延续提供了文化生态基础。但这时却发生了很大的变迁：一是制度文化的变迁，二是意识形态上的变迁。

就制度来说蒙古草原发生了很大的变化。传统的草原游牧生活按照一定的规律游牧，显然没有固定的地域界线，清代草原游牧区进入了国家行政体制中，清政府对蒙古族实行了盟旗制度。旗是国家行政体制中蒙古地区的基本军事、行政单位，同时也是皇帝赐给旗内各级蒙古封建领主的世袭领地，经过编组佐领、安置属民、分给牧地划定旗界。这样做的原因有两方面：一方面，清政府便于统治蒙古草原；另一方面，由于内地人口的增加、灾害及清政府的政策，漠南蒙古地区已经成为农业区或者半农半牧区。蒙古地区民俗文化发生了根本的变迁，传统的草原游牧民族的习俗也开始消失。

在宗教信仰上由信仰原始的萨满教转变为信仰喇嘛教。据魏源《圣武记》卷12记载："蒙古敬信黄教，实始于俺答。"他效法忽必烈实行政教两种制度平行的政策，颁布了推行黄教的法律《十善福经法》，这就奠定了黄教的崇高地位。喇嘛教是适应封建领主经济发展而产生的宗教，它比萨满教更适于维持封建经济的基础，使古老静谧的草原发生了深刻的变化。蒙古族的节日渗入了藏传佛教的文化因子。

清代出现了"那达慕"这个词语。喀尔喀地区出现了每年一度的"七旗那达慕""十札萨克那达慕"。相邻旗县定期聚会，互通有无，通报一年情况的同时进行"男儿三艺"那达慕比赛，决出快马、神箭手、大力士。蒙古国从1921年起在每年的7月11~13日结合国庆节举行"Ulsyn Naadam"，即"国家那达慕"。"Ulsyn Naadam"是举国上下最为盛大的节日之一，人们从四面八方聚集到乌兰巴托市观看誉为"Eriyn Gurvan Naadam"（男儿三艺）的摔跤、赛马、射箭。

　　笔者认为这一历史时期的那达慕沿袭了元代那达慕的历史传统，存在着两种文化形态：一种是民间的那达慕，由牧人组织，在敖包祭祀后有三项比赛，举行"男儿三艺"时，可能有一项、两项或者三项。另一种是由各级行政单位盟、旗甚至若干佐（苏木）政府举办的那达慕，这时的那达慕有国家官员和当地官员的参与。近代方志《呼伦贝尔志略》载："亦为例祭之重典……岁于五月或七月，由各旗致祀，合祀鄂博，在海拉尔河北山上，每三年举行大祭（即为挑缺年期）一次，以五月为祭期。旗大小官员咸集，延喇嘛诵经，以昭郑重……祀事告终后，一般人民赴场竞技，作驰马、角力种种比赛。"近代方志《蒙古风俗鉴》也有相似的记载。这时的那达慕有两种形式：有的有敖包祭祀，有的无敖包祭祀。无论是在平时的婚嫁喜庆，还是祭祀敖包时的"男儿三艺"，都有比赛的性质。

　　这时的那达慕进行了重构：其一，在祭祀敖包的时候要请喇嘛念经，敖包祭祀的主持人萨满或者是氏族男性的主持人由喇嘛代替，但仍旧是敬天崇地、尊重自然。祭祀敖包是萨满教崇拜、信仰自然的表征。敖包不仅是牧人的祭坛，而且是地界路途的标识。其二，"男儿三艺"的文化传统继续传承。"那达慕"的名称代替了"耐亦日"，说明其"游戏""娱乐"的文化指向进一步加强，但"耐亦日"这一民间普遍使用的词汇仍旧沿袭使用。其三，这时的游牧区域较起古代具有相对固定的趋势，盟、旗、苏木等大小不同的区域建立了盟敖包、旗敖包等，成为那达慕举行的文化空间，并以自然地域为单位，出现了程度不同的地区特点。其四，设立专门管理三项竞技的机关，并且对著名选手赐以光荣称号，三项竞技项目逐渐规则化，部分项目的运动员开始职业化（如摔跤手）。其五，那达慕虽然在不断地被"复制"，但是与"原生态"的那达慕有很大的差别，有台上和台下之分，位尊与位卑之分，有的已经完全脱离或者淡化了敖包的祭祀仪式。"男儿三艺"的文化因子具有很大程度的展示和表演因素。其六，这一时期的那达慕增加了商贸交易的特征，这样的聚会成为南北交流、城乡交流的盛会。

　　2. 中华人民共和国成立以后的那达慕

　　中华人民共和国成立后，历史发生了剧变。民族国家不仅是"想象"的，而且是行动的、实践的和控制的。正因为如此，在理解一种宗教现象或者文化现象的时候，就需要考虑政治、经济和社会形势，也就是说，要结合具体的政治、经济和社会背景，来理解宗教和文化。从清中期到清末，蒙古草原的游牧区域有一部分成为了农业区或者半农半牧区。而中华人民共和国成立后，国家的体制发生了根本的变化，所有的牧人都具有了国家公民的资格。"民族国家建构的过程就是蒙古族由自然族群变成'国有民族'的过程，就是获得在现代国家中政治合法化的过程。"在这个过程中，要利用节日民俗的共时性、公共性，把一个族群民间节日的仪式变成政治集会和各种宣传活动的场所。我们在实地考察中看到了那达慕的变迁。

2006年7月，我们考察了锡林郭勒盟东乌珠穆沁旗建旗五周年举办的那达慕。那达慕的仪式由两大部分组成。第一部分是准备部分。东乌旗旗敖包没有祭祀，但敖包山下的场地就是举行那达慕的场地。准备部分包括：①搭建蒙古包。为了举办建旗的庆典，在政府的组织下牧民从各个苏木到达指定的会场，按照指定地点搭盖蒙古包500余个，在这里渡过阈限期。牧民虽然有定居居住点，但方便简约的蒙古包成为节日聚会期间的居住场所和文化空间。②在旗的庆典上有马队仪仗队的表演，由牧民骑马组成的仪仗队在排练。③由政府主导举办的劳动模范表彰大会，旗领导人宣布劳动模范的名单，给劳动模范佩戴红色绶带，并宣布他们是那达慕的重要嘉宾。④搏克（摔跤）训练。在会场附近的草原上摔跤手正在进行训练。⑤那达慕有歌舞的内容，蒙古族的长调是草原文化的重要组成部分，在草原上歌手正在进行长调训练，蒙古族的长调将成为那达慕的重要内容在旗政府举办的盛会上表演。第二部分是那达慕仪式的展演。人类学家和民俗学家都把仪式作为研究社会变迁的视角。在研究的过程中突破了结构功能主义的立场和神秘古旧遗留物的情结，这"并非由于仪式与象征是人类学研究的偏好，而是由于它作为一个社会或族群生存状态与生存逻辑的凝聚点而存在，它本身处于变化之中，也是表演和参与社会文化变迁的重要变量"。下面是为建旗50周年而举行的那达慕的开幕式仪式过程：①入场式，仪仗队和竞赛选手入场；②宣布开幕；③奏国歌，升国旗；④达尔汗搏克退役仪式；⑤"男儿三艺"的比赛同时展开；⑥除了"男儿三艺"，其他的比赛项目如象棋、嘎拉哈也在那达慕上出现，并出现了现代游艺的多项内容，如江南女子驯动物的表演、宣传辨认假币等。

在研究本土文化的小传统变迁时，我们必须探讨其在大传统的影响下的重新建构。在草原牧区，民间形形色色的"耐亦日"依然存在，但已经不是主流，而由各级政府盟、旗、苏木举办的那达慕成为主流，各级政府部门成为那达慕的组织者、规范者和主导者。那达慕成为了政府政策宣传、推进工作，传达信息及与民众沟通的聚会形式。这一时期的那达慕呈现出：其一，盟旗制度建立300年后，内蒙古自治区东部及西部的土默特地区由游牧区转变为巩固的农区，特别是在城镇及其周边地区，那达慕已经不复存在，因为那达慕的文化空间不复存在（其以另外一种形式出现另当别论）；其二，在草原区域那达慕祭祀敖包的意识淡化（2006 年东乌珠穆沁旗旗庆没有敖包祭祀），有的虽有祭祀，但信仰观念淡化，依赖的是民俗传统的惯性力量；其三，国家权利对仪式的控制和摄入，这里出现了现代国家仪式如奏国歌、升国旗、仪仗队的入场、表彰劳模等嵌入到传统的那达慕中；其四，传统那达慕的比赛方式、比赛规则等也在变迁，如草原五畜中马的消失给赛马带来困难，赛马跑的距离在现代草原的环境中也不断进行调整；其五，经过历年的变迁，内蒙古自治区居住着多民族，其中汉族占有相当大的比例，当地汉族经营的现代游戏进入了那达慕，虽然只被部分幼儿所接受；其六，由于现代交通方便、商品经济发达，清代盛行的那达慕的商品交易在削弱。

　　现代的那达慕具有了新的象征意义，我们看不到结构主义所说的二元对立。那达慕仪式的角色和意义发生了改变，"想象的共同体"民族国家在操作本土文化传统，把本土文化传统纳入到民族国家的体系之中。而蒙古族人们对传统节日的认同、一种强大的惯性主要受到民俗规范力量的冲击。传统的规范力量对于社会较多的人来说，更多的是一种集体无意识的力量。"由此一点我们看到，国家与社会的划分界线发生了某种程度的模糊，统治意识形态与地方性知识的边界也不再清晰。"通过那达慕的变迁，我们可以看到社会与文化格局的变迁。

3. 现代旅游中建构的那达慕

　　在草原牧区，民间那达慕的形式依然存在，无论在内蒙古自治区的城市还是草原，各地旅游中都出现了各种各样的"那达慕节"，表现如下：祭祀仪式完全消失、"男儿三技"比赛已经淡化、主持者为旅游部门或者文化部门、牧人的参与完全是展示和表演。在资本逻辑的强烈推动下，市场经济的发展引起了民族历史文化资源的重构，民族的传统文化和艺术遗产正成为一种人文资源，被用来建构和产生在全球一体化语境中的民族政治和民族文化的主体意识，不仅重新模塑了当地的文化，也成为当地经济新的增长点，同时也被活用于当地的文化和经济的建构方式。

（三）那达慕的功能及特点

1. 那达慕的功能

　　在古代，蒙古族传统体育在祭祀、娱神、军事训练、检阅兵力等方面的功能较为突出、明显，而基本没有经贸洽谈、发展旅游的功能。近代以来，特别是在现代社会中，其祭祀、娱神、军事训练、检阅兵力等功能日益削弱，直至彻底消失，聚会交流、娱乐大众、强身健体以及节庆、纪念、教育等功能却不断加强，还拓展了经贸洽谈、发展旅游等功能。随着时代的更替，那达慕的价值及其功能也在不断地改变。在民族文化日新月异的发展中，那达慕促进区域社会进步与发展的社会功能显著提高，包括提高地区的政治文明、提高地区的声望和知名度、增强社会向心力和凝聚力、促进区域经济发展等功能。如今，那达慕的功能朝着稳定少数民族地区政治和谐、边疆稳固、促进外交、拉动经济发展等趋势发展。2007年内蒙古自治区的第十八届旅游那达慕大会暨乌兰察布市第三届那达慕大会，适逢自治区成立60周年大庆，直接参与人数11.6万人次，比去年多出近2万人，其中来自美国、英国、日本、澳大利亚、韩国、新加坡等30多个国家和我国港、澳、台地区的游客参与了该次大会，其直接旅游收入达80多万元，带动了餐饮、住宿、交通等相关产业收入近300万元，取得了良好的社会效益和经济效益。通辽市2010年第十四届赛马节期间，经贸洽谈共签订27个项目，合同金额达231亿元。2012年，受第二届鄂尔多斯国际那达慕大会拉动，伊金霍洛旗各旅游景区8月接待游客突破34.3万人次，实现旅游收入19400万元。其中，海外游客增多是最大的亮点，伊金霍洛旗共接待海外游客0.4452万人次，比去年同期增长160%；团队游也有一定量的增加。

为了蒙古族少数民族地区发展，应提高经济水平，带动区域发展，拉动旅游以及第三产业的发展，打造民族自有品牌。基于此，那达慕文化的传承显得尤为重要。据《蒙古风俗鉴》记载，"祭敖包是蒙古人古时信天，而向山川祈祷一切平安的"。白红梅、额尔敦巴根的《蒙古族那达慕文化溯源》中谈到，那达慕活动不仅发源于祭神山和祭敖包的风俗，而且祭敖包又成为现代那达慕大会的一项不可缺少的内容。那达慕与祭敖包之间这种不可分割的关系，使我们对那达慕的研究不能不追究其根本的精神支柱，即萨满教直观哲学思想根基。因为民族风俗习惯的产生不仅受物质条件的制约，同时也受精神条件的制约，尤其受宗教信仰的影响至深。祭敖包有很多种说法，有学者指出祭敖包是祭祀祖先、祭祀勇士、祭祀长生天等，后来衍化出敖包相会和那达慕等社会功能。

2. 蒙古族那达慕的特点

（1）那达慕的民族性。蒙古族那达慕源远流长、历史悠久、引人入胜，具有十分鲜明的民族性特点，已经成为蒙古族人传统节日中的重要内容，被视为蒙古族幸运、吉祥、兴旺的象征，给蒙古人的节日带来欢快气氛。那达慕作为蒙古族人的传统运动项目，具有蒙古族人的特点，这往往很容易被人感受到。在那达慕上举行的一些运动项目如赛马、射箭、摔跤等，其民族性也是其他民族很少具有的，犹如达斡尔族人的曲棍球、满族的冰戏、傣族的孔雀舞、朝鲜族的顶水罐、藏族的赛牦牛等都具有很高的民族区别度。即使是同样的运动项目，但在不同的少数民族中，也具有不同的民族特性。例如，维吾尔族的摔跤项目"且里西"、蒙古族的摔跤"博克"、藏族的摔跤"北嘎"，这些体育运动项目都具有很鲜明的民族性，体现了本民族的特点。

（2）那达慕的地域性。任何一个民族都有自己独特的成长、发展、繁衍的空间。蒙古族人由于其生活地域的影响，形成了本民族极具草原特色的传统体育运动项目——那达慕。那达慕的地域性在形成过程中，受到民族生产方式、文化心理、自然环境等因素的影响。北方草原的自然环境为蒙古族人的那达慕起源提供了广阔的空间和坚实的物质基础，特别是草原盛产的马匹，为那达慕赛马、射箭等运动项目提供了条件。蒙古族人首先从自己的生存和生活环境中寻找到适合本民族、本地区的运动器材和场地，从而逐渐形成了极具地域特色的体育运动项目。

（3）那达慕的传统性。蒙古族人在长期的生产和生活中逐渐形成了世代相传的体育活动和体育项目，并历经漫长的岁月将其传承下来，那达慕就是其中的典型。那达慕之所以能够被长期传承，主要有以下几个方面的原因：第一，那达慕具有广泛的群众基础。那达慕虽然历经多次重大冲击，受到战争、经济、整治等方面因素的影响，但是都经受住了社会和历史的考验，仍然被人民、社会和历史所承认，就是因为那达慕具有广泛的群众基础。第二，那达慕的民族性。那达慕所具有的浓郁的草原文化特色，使每个蒙古族人在运动中都有十分强烈的民族归属感。第三，那达慕的情感性。那达慕是蒙古族人的标志，具有十分强烈的民族凝聚力，许多蒙古族人一旦提到那达慕都会十分动情，可以说那达慕已经成为凝聚蒙古族人情感的一种象征。第四，那达慕的传承性。那达慕在蒙古族人中世代相传，虽然经历了很长的历史发展时期，但是它仍然是蒙古族人的一种意志象征，许多人仍然认为传承和发展那达慕是每个蒙古族人的神圣使命。

（四）那达慕竞赛项目及组织形式

1. 摔跤

蒙古族摔跤，既不同于中国式摔跤，又不同于日本的相扑，它在规则、方法、服装、场地等方面都有自己的特点。蒙古族摔跤是站着摔，一般是那达慕大会上的第一项比赛（也是祭敖包时举行的正式比赛）。参赛人数不限，但必须是偶数。比赛实行单败淘汰制，即每轮淘汰半数，一跤定胜负。

摔跤手比赛时的服装比较讲究：上身穿牛皮或帆布制成的紧身坎肩，上面钉满银钉或铜钉，后背中间有圆形银镜和"吉祥"之类的字样，下身穿肥大的白裤子，外面再套一条绣有各种动物或花卉图案的套裤，腰间系有用红、蓝、黄三色绸子做的围裙，脚蹬蒙古靴或马靴，袒胸露臂。优胜者脖颈上常套着五颜六色的布条项圈，看上去煞是威风，有点像古代骑士。这样穿戴进入场地方能成为正式摔跤手。

比赛场地简单，只要有一片草坪或松软空地，观众席地围坐，摔跤手就可以在中间比赛了。比赛前，双方运动员随着领唱人的歌声高唱挑战歌，以助声势。三唱之后，双方摔跤手跳狮步舞和鹰舞，仿古代传统骑士跨着大步绕场一周，并向观众致意。比赛开始后双方致敬，呈雀跃之势，顷刻间争斗相扑，盘旋相持，施展推、拉、拧、压、踢、背、披、勾、绊、闪、抱等技巧制胜。只要一方膝盖以上任何部位着地都为失败，负者不可再上场。每轮淘汰半数，确定名次主要以冠亚军为准。冠亚军产生后，确定第三名以后的名次，败给冠军者为第三名，败给亚军者为第四名，依次类推排列名次。

蒙古族称摔跤为搏克。依托浓郁的民族风情和深厚的民族传统体育的根基，蒙古族聚居区把民族体育比赛作为一个地区的品牌，如2005年在锡林郭勒盟东乌珠穆沁旗举办的首届妇女那达慕向人们展现了蒙古族传统体育的精髓，同时也反映了蒙古族祖辈游牧生活的真实情景。

2. 赛马

爱马和善骑是蒙古族的传统，蒙古民族素有"马上民族"的美称。蒙古马曾列为世界两大名马之一。赛马是蒙古族在游牧生活中形成的传统体育项目，代代流传、至今不衰。在丰美的草原上，每逢喜庆节日，蒙古族牧民便举行赛马比赛，因此，赛马运动在牧区具有雄厚的群众基础。每年七八月间举行那达慕大会时，周围几百里以外的牧民，都驱车乘马赶来聚会，参加赛马活动。赛马比赛有固定的场地和路线，所有参赛选手必须从规定的起跑点就位，接到裁判员的指令后才能开跑，且比赛规定不得中途参赛，违者马匹没收或处罚。赛前准备时，骑手们一字排开，个个扎着彩色腰带或穿华丽的彩衣。他们骑着啸啸骏马，并辔而立，朝气蓬勃，英姿飒爽。当听到裁判员的指令，骑手们便纷纷跃马竞驰，争先恐后，扬鞭飞奔。一时红巾飞舞，如箭矢齐发，观众欢呼，声震四野。当骏马疾驰的时候，赛马人骑在马上如腾空一般，表现出娴熟的骑术。

蒙古族赛马一般分为赛走马和赛奔马两种。赛走马是指让马跑对侧步（即前后蹄一顺交错前进），比马的速度、耐力、稳健和美观。参赛的马多用5岁以上的成年马，骑手也以成年人为主。赛走马要求骑手有高超的骑术，能够驾驭好马，使其既走得快、稳、美，又不能跑起来。赛奔马是比马的速度和耐力，以先到达终点者为胜。奔马的步伐与走马不同，是四蹄分前后成双交错奔跑。参赛的选手大多为男子，以十二三岁的小男孩居多，因为他们体形轻便敏捷。为了减轻马的负荷和照顾骑手的安全，奔马都不备鞍具或配备轻巧的鞍具。骑手们只穿华丽的彩衣，头束红绿飘带，显得既轻便又英武、神气。赛程一般长 25～35 千米。奔马赛比走马赛普遍，参赛的人数也多，少则几十人，多则上百人。比赛开始，选手们迅速跃马、扬鞭飞奔，观众则雀跃欢呼、呐喊助威。

按蒙古族的习俗，赛马结束后还要赞马。取得名次的马匹依次排列在主席台前，由德高望重的老年人专门朗诵赞马诗，然后还要朝获得第一名的骏马身上撒奶酒或鲜牛奶，以示祝福。除这种传统的赛马方式外，近些年还出现了障碍赛、花样赛等新的赛马形式，使这一马上运动项目更加丰富多彩。

3. 射箭

蒙古族射箭分静射和骑射两种。弓箭的式样、重量、长度、拉力都不限，各取其便。一般规定每人射 9 箭，分三轮射击，以中靶的箭数多少评定名次。

静射即指站立不动拉弓而射。人和靶位之间的距离可依具体情况而定，但同一次比赛射程是固定不变的。骑射是指选手在特制的跑道上边骑马奔驰边拉弓而射。跑道通常为一条 4 米宽、85 米长、半米多深的沟。跑道左侧立有两个靶位，右侧立有一个靶位。比赛时，射手跃马进入跑道，在奔驰的马背上拉弓瞄准射箭。

那达慕突出了体育竞技的特点，因此又被称作草原游牧民族的奥林匹克。经过上千年深厚的文化积淀，那达慕已成为蒙古族文化不可缺少的组成部分。摔跤、布鲁、希特尔等项目已在蒙古族牧区中小学基本普及，特别是搏克项目，已由课间、课外活动形式走入体育课堂。通过学习，学生在走向社会的同时将民族传统体育带入社会，使少数民族传统体育项目真正在社会中广泛推广、传播。

（五）那达慕体现的草原文化内涵

以那达慕作为一个管窥点透视草原文化的精神内涵，主要包括以下四个方面：

1. 从那达慕的主要活动内容看，草原文化蕴含着浓厚的尚"勇"、尚"力"的英雄精神

那达慕的传统项目主要是赛马、射箭、摔跤。如前所述的传统蒙古式赛奔马

不备马鞍、不穿靴子，能够考验一个骑士的真本领。除赛马之外，有的还进行套马、跳马等。传统的蒙古式射箭强调准确有力，做到箭不虚发，并能远距离射击；男女老幼不分级别，自由参加。真正的蒙古式摔跤，以比力为主要内容，两雄相争，以倒地为负。这些都可以折射出蒙古族人民尚"勇"、尚"力"的英雄精神。下面以赛马为例加以说明：

蒙古族被誉为"马背上的民族"，马与蒙古族人民的生活息息相关。马是蒙古族人民游牧生活中不可缺少的伙伴，也是蒙古族人民最重要的交通工具，更是军事战争中不可缺少的成员。骑马则是蒙古族男子的三项竞技之一，从五六岁的孩子，到年过花甲的老人，无人不会骑马。骑马必先驯马，驯马从套马开始。据《蒙古风俗鉴》记载：驯马先需套马，把马套住后，再抓住马套上笼头，将绳子把马的上唇绑起来，然后给马鞴上鞍，骑上马背，马跑即拉绳子，马怕痛使马感到不听话不行，这样反复进行，马才能逐渐被驯服。套马、驯马、不配鞍辔地骑马，无不体现男子的勇敢和力量。可见，崇尚"勇"和"力"，与蒙古族特有的自然环境和社会经济、政治生活密切相关。蒙古人民热爱象征"勇"和"力"的马，热爱充满豪气的赛马、摔跤等运动，在这种积久成习的生活习俗的延续中，形成了草原人民热爱、崇尚集勇气和力量于一身的草原骑士——英雄的传统。

2. 从那达慕主要活动的参加者看，草原文化蕴含着不分等级尊卑、自强坚毅的自由精神、平等精神

在那达慕的主要活动中，射箭可以不分男女老幼自由参加，赛马、摔跤也可以不分贵贱、尊卑自由参加，这反映出一种与古代统治地位的等级观念不同的自由、平等精神。

和其他民族一样，古代蒙古社会等级森严。汗和那颜（游牧贵族）是蒙古上层的统治者，拥有牧场、牲畜，有权向牧民征收税物，驱使牧民和奴隶为其服役。广大的牧民是社会的下层，处于无权和被统治、被剥削的地位。他们拥有牲畜、帐幕、工具等少量的私有财产，受那颜统治，为游牧贵族服务，有一定的人身自由，平时缴纳税物，战时自备武器、马匹服军役。在蒙古社会中，处于社会最底层的是奴隶，主要是家奴、奴婢，他们世世代代为主人服役。此外，在家庭中男女的地位是不平等的，据《史集》记载："既然男人强有力，又是主君，妻子不过是他的附庸，她就应当千方百计地使丈夫满意，作到不使丈夫不满，顺从丈夫的心愿。"与这种经济、政治上的等级制度相一致的应该是高低贵贱、夫妇有别、尊卑有序的等级观念。

当然，自由、平等的草原精神并不单纯、孤立地存在于那达慕活动中，而是游牧民族生存方式的精神积淀。元帝国建立后，在草原地区流行的游牧方式是"阿寅勒"。阿寅勒是以家庭为单位，经营小规模的游牧畜牧业经济。在这种经济模式下，牧民的游牧活动以一家一户或小规模群体为单位进行，日常的社会生活也以这样的方式进行，人们的生活相对自由，再加之游牧范围和空间的广阔，所有这些，为人们活动的自由提供了客观的制度保障和物质基础。而在游牧的牧民家庭中，妻子不仅要养育子女，还要从事繁重的体力劳动，这种生活现实，保障了作为草原文化的创造者和承载者——普通人民群众具有了男女相对平等的思想观念。所以，蒙古族人民日常的自由、平等的艰苦生活反映的自强坚毅的自由、平等精神也应是草原文化的内涵之一。

3. 从那达慕的起源意义看，草原文化蕴含着人对自然原始崇拜的宗教精神

在起源的意义上，那达慕在祭敖包之后，是祭敖包的一部分。活动由萨满司祭（主持），所祭的神，就是天神、土地神、雨神、风神、火神、羊神、牛神、马神等。据《蒙古风俗鉴》记载，"祭敖包是蒙古人古时信天，而向山川祈祷一切平安的"。那时众人聚会选一座山，或大河，或一个大湖泊进行隆重祭祀。"如果祭祀了湖泊，人民就无论如何也不许吃这个湖泊的鱼，祭了山就不准动用这个山上的树、草、土。"另外，"祭完敖包有行动规章：如果谁在敖包附近损坏什么东西，村中管事的人们就会开会，给他定损坏敖包罪，判罚他祭祀敖包"。

祭敖包，是蒙古族自古就有的习俗，这种习俗体现的是蒙古族人民早期的宗教信仰。今天，这种信仰仍以禁忌的形式存在于蒙古族的生活中。蒙古民族自古尊重天、地、山、水，尤其尊重火。他们认为江河、湖泊和雨水是由神灵掌管的，如果神灵不满就会发怒，带来灾难。为了使神灵满意，规定了许多禁忌，如不准将脏东西抛入河内、不准在河水中大小便、禁止人从井水口迈过、不准把脏水倒入井中等。他们认为火是神圣的，不准向火中投臭物、在火上乱越、在火上烤脚，也不准把奶倒入火中等。正如《蒙古风俗鉴》中所说，"不要玷污了水火，污了就要有灾祸"。此外，还禁止用锐利物品挖地，特别是河边湿地绝不许动。所有这些是为了对天神的崇拜，如果违背了天意，天就要发怒，给人带来灾难，如旱灾、水灾、风暴等。这种祭祀活动和这些禁忌习俗反映的是"万物有灵"的原始宗教崇拜，这一切说明蒙古民族的精神意识中包含着人对自然崇拜的宗教精神。

4. 从那达慕的现实意义看，草原文化蕴含着人与自然天人合一的和谐精神

按照冯友兰先生的抽象继承法，如果剔除了蒙古民族对自然"万物有灵"

的原始崇拜中的神秘性和宗教色彩，可以看出，上述的宗教信仰和禁忌习俗中包含着蒙古族人民对自然的尊重、爱护，体现了蒙古族人民对自然生态的保护，揭示出草原文化中人与自然天人合一的和谐精神。

草原环境孕育了草原民族，也孕育了包括那达慕在内的草原民族的精神世界。人、畜、草原三位一体的生存方式，使草原民族很自然地产生了人与自然和谐为一的整体观念。而这种整体观念所体现的正是包括草原文化在内的东方文化特质——人与自然的和谐统一。

二、赛马

（一）赛马的起源

1. 中国赛马发展

中国开展较为普遍的平地赛马项目曾列入第一届全国运动会，但由于经费短缺等原因中断了近十年，后逐渐恢复。随着休闲体育的多元化发展，有着"贵族运动"之称的赛马运动被越来越多的中国人所接受和喜爱。北京市举办 2008 年奥运会无疑为国内赛马运动的开展起到了推波助澜的作用。最高规模的赛马比赛在武汉市东方马城。

中国的现代赛马活动始于 19 世纪 60 年代，到了 20 世纪 30 年代，全国的赛马场逐步发展到 20 多个，除了香港地区的赛马业迅速发展外，上海市和天津市也分别有 2 个和 3 个赛马场，上海赛马场曾一度成为亚洲最大的赛马场。

1952 年 8 月，"八一"建军节 25 周年的运动大会上进行了赛马比赛。1959 年举行的第一届全国运动会，来自 13 个省份的 226 名选手参加赛马比赛的角逐。1960 年，举行了全国马术锦标赛，由于历史的原因，自此之后至 1982 年之前，中国再也没有举行过赛马比赛。1982 年，中国申请加入了国际马联，从当年起每年举行一次全国马术锦标赛，赛马被列入全国锦标赛正式比赛项目。20 世纪 90 年代，古城西安率先打响了现代赛马的第一枪。

1991 年 4 月，新中国第一个赛马俱乐部在深圳诞生，第二年该俱乐部就举行了"猜头马"平地赛。1992 年 4 月 26 日，"金马杯中国马王广东邀请赛"在广州市郊黄村开锣。继广州马王赛之后，全国各地的赛马活动此起彼伏，中国赛马运动开始升温。随着赛马运动在中国的不断发展，对参赛马匹的质量也有了更高的要求。纯血马作为当今世界上跑得最快的马，已经越来越受到中国人的关注。从 1992 年起，广州赛马场就陆续由香港、澳门地区引进退役赛马，但是引进的纯血马皆为骟马，不能繁殖，长期引进成本较高。本国繁殖纯血马的话题立即被国人提出来。1995 年是中国引进纯血马进行自行繁殖最活跃的一年，深圳市从新西兰、内蒙古自治区从爱尔兰相继进口了纯血马。

1995 年，作为国内组织马术比赛的最高管理机构，中国马术协会已经恢复了每年举行速度赛马活动，为各地区的好手和好马提供了大显身手的机会。中国速度赛马的水平与国外相比存在着较大差距，主要表现在成绩方面，如 1000 米中国最好成绩是 1 分 6 秒，而世界纪录为 57 秒；其次是马种，中国的马多用于使役，很少用于体育运动，使马种严重退化，影响了运动成绩的提高；此外，在饲养管理、训练水平方面差距也不小。

2. 内蒙古自治区赛马发展

蒙古民族素有"马背民族"的美称，以能骑善射著称于世，马在蒙古族的经济史、军事史上建立过卓越的功勋，马术运动是内蒙古自治区民族传统体育项目之一。自古以来，北方游牧民族在长期的生产和生活中与马结下了不解之缘，马伴随着它的主人世世代代生活在辽阔的草原上。除了生产、生活以外，主人还要驾驭马从事文体娱乐活动，久而久之，马术运动就在草原上风行起来。

马术运动项目繁多、技艺惊险、紧张激烈。速度赛马、走马、马上技巧、马上斩劈、乘马射箭、乘马超越障碍、马球、训马等项目，统称为马术运动。马术运动的起源大约可以追溯到 3000 年以前，据《史记》《匈奴传》记载，早在公元前 3 世纪末到 2 世纪初，蒙古高原的北方游牧民族中就有了马术运动。汉代、唐代时马术运动就非常活跃。唐代时从民间到宫廷都喜爱打马球，唐玄宗李隆基就经常在宫院里同臣子一起打马球。关于马术运动，在《元史》《金史》以及后汉曹植所作的《名都篇》《白马篇》都有记载和描述，由此可见，马术运动在我国北方游牧民族中源远流长、历史悠久。

自 800 年前蒙古民族在漠北高原崛起后，这个民族更是以能骑善射著称。据史载，蒙古族能"不鞍而骑，大弓长箭尤善射"。《元史》中也说"元起朔方，俗善骑射"。这说明生活在大漠南北的蒙古民族，自古以来在辽阔的草原上游牧，大漠的风霜雪雨造就了他们英勇骠悍的性格和善于骑射的传统。

马术运动中的赛马被列为蒙古族男子三项竞技中的一项，深受草原人民的喜爱。每逢喜庆节日，或水草丰美的季节，草原上大大小小的赛马活动此起彼伏，牧民们生动而形象地说：凡是有牧草和蒙古包的地方就有赛马。赛前骑手们摩拳擦掌，将自己的马打扮得分外漂亮，裁判员号令一发，骑手们蜂拥而出，一个个跃马扬鞭、奋勇争先。在那达慕大会上经常出现百余名小骑手策马扬鞭，奔驰在草原上的壮观场面。马术运动不仅有益于增强牧民的体质，而且对于培养人们机智、勇敢、灵活、耐劳等优秀品质有着极为重要的作用。因此，赛马运动在草原上有着广泛而雄厚的群众基础。

内蒙古自治区是世界公认的现代马品种的发源地，它是中国乃至世界马品种资源最丰富的地区之一。近几年，随着内蒙古自治区经济和社会的持续发展，马产业建设、马业科学研究以及马文化的传播，都呈现出良好的发展势头。锡林郭勒盟被中国马协誉为"中国马都"以后，当地运动马产业发展快速。全盟有大中型赛马场 12 个，修建了全国首家蒙古马文化博物馆，另有正镶白旗千马部落、东乌旗乃林高勒牧马部落、太仆寺旗御马苑等马文化传承基地。全盟马匹数量以每年 20% 的速度持续增长，马匹总数已达到 10 万匹。据不完全统计，当地与旅游相关的马业从业人数近万人，带动相关就业近 5 万人，人均增收 5000 余元。

（二）赛马项目

赛马能培养骑手机智、勇敢、灵活、耐劳等优秀品质，要求骑手有娴熟的马上功夫、健壮的体格和驾驭能力。蒙古族赛马有速度赛马、走马、马上技巧、马上斩劈、乘马射箭、乘马超越障碍、马球、训马等项目。

1. 速度赛马

速度赛马的比赛场地是椭圆形马场，赛道 1 周为 1200 米，以顺时针跑动。该项目分为 90 米、2000 米、3200 米以及 5000 米的距离赛事，并分为个人与团体赛。团体赛是以团体各成员名次的总和计算，简而言之，速度赛马的个人与团体赛没有大分别。马种没有特别的规定，但必须要身体健康以及须年满 4 岁，并且曾接受过训练。在马匹身上一定要配上鞍具，包括鞍屉、镫、肚带，还要佩上小勒或是大勒，马鞭的长度要在 50 厘米以下，也不可用利器等伤害马匹或向马匹提供违禁物以提升马匹速度。若马匹有任何疾病或不当（如号码错误等），则会被取消资格。

另外，速度赛马有些规则类似田径，如在三次召集后运动员与马匹仍未出场则取消参赛资格；马匹首次偷步会被警告，第二次偷步便会被取消资格；起跑最初 100 米内必须沿着自己的跑道前进，不得进入其他跑道内超越前面的运动员，否则以犯规论。

在赛事途中，运动员不可阻止其他马匹前进，不得骚扰其他马匹，不得与其他人对话，以及在最后 200 米的距离中，领先的运动员不得向跑道外圈骑乘，以免妨碍其他运动员的冲刺。当马匹的头部任何一个部位到达终点，即算完成赛事。若两匹马同时到达终点，则可根据终点照相作出定论。

（1）速度赛马规则。在周长为 1200 米的椭圆形赛道上顺时针跑过，距离为 90 米、2000 米、3200 米、5000 米。参加比赛的马匹：马种不限；必须经过调教，必须保证不干扰比赛场地的正常秩序，否则取消该马匹的比赛资格；必须年满 4 岁，方可参加比赛；身体健康，无疾病、疫症，并确保能担负起竞赛运动量。参加比赛的马匹一律配鞍具，并配带小勒或大勒。马鞭长度不得超过 50 厘米，不得有锐刃，严禁佩带有伤害马匹的任何装备，在比赛前不得给马注射与服用任何刺激性药品。参加比赛的运动员必须是一人一马，每队可视情况带 1~2 匹备用马。比赛前检录：运动员听到检录员点名，应立即出场应点，三次点名不到者，该场以弃权论。赛马运动是人马结合体育运动，因此在检录入场时不仅检查运动员的号码服装，还要检查马匹的号码、装具和接受兽医的检查，发现号码不符、装具不当或马匹有疾病等情况，都不准参加比赛。点名后必须听从检录员的指挥，运动员本人及全套鞍具均须经过测量，方可入场比赛。起跑：起跑前，运动员必须抽签确定起跑位置（跑道顺序）。发令前，参加比赛的运动员按抽签位置乘马站于起跑线后 20 米处，等发令员喊"预备"口令后，骑手慢步进入起跑栏网（架），待运动员马匹基本稳定后，发令员发出起跑信号，计时员看到第一匹马的头部通过起点线时，即可起动秒表。起跑时运动员第一次犯规（抢跑），发令员给予警告，第二次犯规即取消其比赛资格。在起跑最初 100 米内，必须沿着自己的跑道前进，不得进入其他跑道内超越前面的运动员，否则以犯规论。途中：运动员在比赛途中如违反下列规定中任何一项，均为犯规，并取消其该场比赛资格。①运动员想超越前面运动员和马匹时，必须在其右侧（外圈），而后方的运动员乘机在其左侧（内圈）超越。②既不妨碍前方的运动员，又未超出跑道以外，不为犯规；但如果对前方运动员有所阻碍时，仍属犯规。③比赛途中运动员落马或马匹跑道进入场内，仍可由原发生事故的地方上马或进入跑道继续比赛，但在进入跑道时不得妨碍其他运动员和马匹的进程。④如从左侧（内圈）跑出跑道，必须由原先出跑道的位置进入跑道；如从右侧（外圈）跑出跑道时，进入跑道的位置不加限制。⑤比赛进行中不得推人、拉人、撞人或阻挡别人骑程。运动员扬鞭打马时，必须是前后扬鞭，不得妨碍或影响其他运动员与马匹。⑥在场内进行比赛的过程中，运动员不得和场外人谈话。⑦比赛进行中马不得骤停，不得进行曲折骑乘或蛇形骑乘。⑧在比赛全程的最后200米距离内，领先的运动员不得向跑道右侧（外圈）骑乘，以免妨碍其他运动员的冲刺。⑨在途中，如鞍具脱落，必须在出事地点重新准备好方可继续参加比赛，但不能影响其他骑手前进，否则按犯规论处。终点：马匹的头部任何部分到达终点时，就算跑完全程。若到达终点时运动员落马或马匹跌倒，必须人和马全部越过终点线才算跑完全程，运动员落马后如牵马通过终点线，不算跑完全程。运动员通过终点线后，仍应沿跑道向前疾行100米，才准离开跑道或减低速度。每匹马最少要用三个以上跑表测量成绩。如果两个以上的马匹同时到达终点，凭目力与跑表不能判定名次时，可根据终点照相或录像判定。

（2）比赛时按下列办法评定成绩。个人：根据赛马距离所跑时间的多少确定名次，以全程所用时间最少者为第一名，次少者为第二名，依次类推。每个项目根据竞赛规则判定录取名次。团体：以各单位运动员在各个单项中所得个人"名次分"的总和来计算团体成绩，以总分最多的单位为团体第一名，次多者为第二名，其余依次类推。团体录取名次，根据赛会的范围、目的而定。

2. 马上技巧

马上技巧也称"轻乘"，是马术运动比赛及表演项目之一。马上技巧可分为单项和多项两种，其中包括单人单马、单人双马、双人单马、双人双马（或三人双马）、多人多马、马上器械操、马上射击、马上投掷等多种项目，有规定动作和自选动作。单人单马在100米操作区内进行比赛，规定男子以8.5秒、女子以9秒的速度奔驰，并在马上做各种技巧动作。根据全程时速和动作技巧评分（最高为10分）以决定比赛名次。单人单马动作有跃马、斜横站、单腿挂环、侧方隐蔽、镫里藏身、单腿直立、前顺撑、后顺撑、横乘和马上倒立等。

3. 马球

马球（英文Polo，或源于藏语Pulu的音译，意即"球"）是骑在马上，用马球杆击球入门的一种体育活动。马球在中国古代叫"击鞠"，始于汉代，在东汉后期，曹植《名都篇》中就有"连骑击鞠壤，巧捷惟万端"的诗句来描写当时人打马球的情形，并风行于唐代。但对于马球的起源，目前尚没有确切的说法。

马球之前又称"马毬"，是骑在马上用球杖击毬的运动，所以又称"打毬""击毬""击鞠"等。骑马击鞠的运动是唐代时从西藏传入的。由于古代体育分类并不细密，而且前述《文献通考》《古今图书集成》等将马毬归入"蹴鞠"部，也就使两者的区分更加复杂。马毬所用的球状小如拳，用质轻而又坚韧的木材制成，中间镂空，外面涂上各种颜色，有的还加上雕饰，被称为"彩毯""七宝毯"等。蹴鞠使用的球"以皮为之，中实以毛"，以步行足踢，且与马毯起源地点不同。更大的不同是，马毯用毯杖击打，足毯用脚踢。马毯的毯杖长数尺，端如偃月，形状有点像今天的冰球杆，杖身往往雕上精美纹彩，被称为"画杖""月杖"等。

　　球状小如拳，以草原、旷野为场地。游戏者乘马分两队，手持球杖，共击一球，以打入对方球门为胜。有人认为中国古代的击鞠、打鞠或击鞠就属于马球运动。也有人认为，马球最早源于公元前525年的波斯（今伊朗），后传入中国。

　　马球盛行于唐、宋、元三代，至清代始湮没，主要流行于军队和宫廷贵族中。西乾县唐章怀太子李贤墓中发现的打马球壁画，充分表现了唐代马球运动的场景。壁画全图高130～240厘米，宽600厘米；画面人物众多、背景宽阔，生动形象；参与击球者二十余人，皆着各色窄袖袍，足登黑靴，头戴幞头，手执偃月形球杖，身骑奔马，做出竞争击球的不同姿态，画面构图疏密有致，静中有动，有强烈的节奏感、运动感。考古出土的这一时期的马球俑、描绘马球活动的铜镜，特别是在长安城唐大明宫含光殿发现记载修建马球场的刻石，证实了当时开展马球运动的盛况。马球运动有益于参与者的身心、骑术和技艺的锻炼。据文献记载，唐代的历朝皇帝如中宗、玄宗、穆宗、敬宗、宣宗、僖宗、昭宗，都是马球运动的提倡者和参与者，天宝六年（747年），唐玄宗专门颁诏，令将马球作为军队训练的课目之一。

　　唐代打马球风行一时，不仅成为帝王和贵族阶层健身强体的体育运动，而且在对外文化交流中也发挥了重要作用。据文献记载，当时相邻的渤海、高丽、日本等国都有与唐王朝进行马球竞技的描述。现藏故宫博物院的《便桥会盟图》（辽陈及之绘制），有一专门描绘唐、突厥两国进行马球比赛的场面。画面以唐太宗李世民与突厥可汗颉利在武德九年（公元626年）于长安城西渭水便桥会盟之事实为背景，画中，数名骑士策马持杖争击一球，场面颇为热烈、壮观。直至宋、辽、金时期，朝廷还将马球运动作为隆重的"军礼"之一，甚至为此制定了详细的仪式与规则。

　　（1）基本规则。由于马球比赛激烈程度与危险性相对较大，因此其规则大多出于保护运动员和骑乘马匹的安全考虑。这里我们仅仅对比赛中比较重要的几个规则作简单介绍：①球线。比赛中，裁判主要依靠运球路线和球员进攻权来进行处罚。运球路线是指球被击后的运行轨迹。进攻权是指击球后的球员有策马接着在运球路线上追逐再次击球的权利。谁最后击球，谁就拥有进攻权。②比赛规定对方球员不可在进攻球员前横穿运球路线以干预进攻或者将他撞离运球路线。

但是，在进攻球员没有被阻挡的前提下，并排侧面阻挡或使用球杆干扰是允许的；角度小于45度的冲撞也并不算犯规。冲撞接触点仅仅限于马的臀部和肩部，球员间的故意碰撞则视为违例。③球员不可用球杆有意触击另一球员以及他的坐骑。比赛中规定右手持球杆。④每匹马球马最多可在一场比赛中参加两小节。

（2）暂停规则。以下情况中，比赛铃声会示意暂停：①犯规。②人、马摔倒或者受伤。③马具设备断开，球员头盔撞落，以及球滚出边界。但是，球员在比赛中换马以及球杆折断更换时，比赛继续进行。

（3）参赛球员。马球比赛两队对抗，每队4人，1号、2号为前锋，3号、4号为后卫。一般来说，1号球员是主要的射门手；2号球员要求击球准确，主要负责组织进攻，传球给1号得分，也可以自己射门得分；3号球员一般比较强壮，在阻碍对方传球的同时还要回球给队友，所以必须攻防兼备；4号球员是场上的组织后卫，主要通过球杆干扰对方球员射门得分。对于经验丰富的球员来说，这些只是一些基本的战术与策略。当然，在具体比赛中，每个队员的角色必要时要进行替换，以保证准确把握战机，射门得分！

运动员头戴马球帽，腿着皮制护膝，脚蹬棕色皮靴，身穿白色马裤和本队颜色的上衣。比赛以中线争球开始，运动员用球槌击球，每个人在场上不受位置限制。在争球过程中，对方队员必须与领先抢球队员的跑动方向保持一致。如形成角度或迎面而来则判犯规。由于马球运动对抗性强，故规则细而严格。裁判员可根据情况判罚点球。比赛过半或每攻进一球（点球除外）双方交换场地。球进入两球门柱之间即得1分。

一场比赛为8小节，每节7分钟。节间休息3分钟，半场间休息5分钟。马球场地长275米，宽183米。两端线有白线和旗子做标志，各设一球门。门柱高3米，用布包裹，以确保安全。两柱间距为7.3米。球槌为木制，柄长1.2～1.4米，厚1.9厘米。槌头成雪茄状，长22.8厘米，直径5.1厘米。球为柳木制成，最大直径8.3厘米，重120～135克。马的身材和年龄不限，但需具备良好的速度、耐力和灵活性，特别是脾气温顺，否则易在激烈对抗中受惊、失控而引发事故。比赛设2名裁判员，1名仲裁，1名记录员。重大比赛在两个球门旁增设2名裁判员。

4. 训马

驯马是蒙古族一个传统的马术项目，和"男儿三技"一样是体现蒙古族勇敢和胆量的一种活动。精骑射、驯烈马是一个优秀男子的标志。据《蒙鞑备录·马政》载："其马初生一二年，即于草地苦骑而教之，却养三年而后再乘骑。"

驯马，在清朝时称为"诈马"，是一门绝技，只有剽悍机敏的骑手才能胜任。因为所驯之马多为生马，一般人是很难制服的。

马驹断奶后，在草地放牧，两年后开始调教。从未被骑过的生马，性格暴烈，见人连踢带咬，无法靠近。驯马，只有勇敢的骑手才能胜任，所以历代人民都把驯马作为衡量优秀骑手的尺度，后来作为传统的表演项目。

（1）驯野马评分标准（按100分计算）。①按马龄进行计算：5岁以下含5岁马加50分，5岁以上马加60分；②按马的腾跃程度：每腾跃一次加2分，最多加10分；③扭跳程度：每单跳一次加2分，最多加10分；④踢弹程度：每踢弹一次加2分，最多加10分；⑤强烈奔跑程度三级：优加10分、良加5分、一般加2分。

（2）骑手评分标准（按100分计算）。①按在马上停留时间：每超过1秒增加10分，最高分为7秒70分；②第一次出场的马：骑手加5分，第二次及以上骑手加3分；③上马的表演程度：优5分、良3分、一般1分；④骑手在马上表演的优美程度：优5分、良3分、一般1分；⑤下马的表演程度：优5分、良3分、一般1分。

（3）由裁判将马匹和马匹编号照片进行比对后进行运动员抽号。

（4）马背上停留时间满分为7秒，当到达时间时，铃声提醒运动员迅速跳下马匹。

（5）裁判员综合以上标准给出成绩，得分最高者获胜。

5. 其他赛马比赛

除上述比赛外，还有走马等比赛项目。走马，主要比赛马走得快、稳、美。还有一些专门与赛马相关的职业，如骑师、练马师。骑师是比赛策骑马匹的人，指示马匹应该如何走位，从而达到有利位置取得最佳名次。

（三）赛马场地

内蒙古赛马场是1959年为庆祝中华人民共和国成立10周年与迎接内蒙古自治区第一届运动会而建的，于1987年建成，坐落在呼和浩特市北郊，是目前亚洲规模最大的赛马场，周长2500米，里圈2000米，占地面积为32万平方米，建筑面积8329平方米。内蒙古赛马场整体建筑具有独特的民族风格。建筑中部前倾，两翼后斜，呈雄鹰展翅状。比赛场地内，分别设有障碍马术场、技巧表演场、标准环形速度赛马跑道等，可同时进行多种比赛活动。场地东侧是由主席台、观众台组成的建筑体，长达275米，最高处达36米，在宽阔的大屋顶上，有四座蒙古包式建筑，一大三小。蒙古包的穹庐顶上用蓝白色勾勒出白云纹图案，表现出鲜明的民族特点和地方特色。观礼台可容贵宾700余人。赛马场东西长750米，南北长405米；跑道呈椭圆形，宽18米，周长2000米。整个赛马场外可供10万人观看比赛，另附设12个贵宾休息室、2个健身房、45间运动员宿舍、会议室、游艺厅、展览厅等。该场现已成为世界著名的主要赛场之一。

1959年，这里举办了第一届全国运动会的赛马、马球等项目；1982年，全国少数民族运动会的赛马、赛驼等项目均在这里举行。不少国内外旅游团队来到呼和浩特市，在当地旅行社的组织下，光临内蒙古赛马场观赏内蒙古马术队表演的精彩节目：马上体操、乘马斩劈、马上射击、射箭、轻骑赛马、马上技巧等蒙古民族的传统体育节目。自治区的马术队经常在这里训练和表演，表演项目有乘马斩劈、马上技巧、乘马混合障碍、马球比赛等。这里还经常举行大型马术比赛和群众集会。

（四）哲里木赛马节

通辽，原名哲里木盟，因而其赛马节冠名为哲里木赛马节。它位于中国内蒙古自治区东部，清初为蒙古地区六盟之一。哲里木系蒙古语，意为马鞍吊带，因清代内札萨克十旗会盟于哲里木山而得名。这里土地肥沃，是内蒙古自治区重要的产粮区，被誉为内蒙古自治区粮仓，因盛产玉米、骏马、牛，被称作中国马王之乡、中国玉米之乡等。现在这个马背上的民族早已远离了"逐水草而居"的游牧生活，甚至都不大饲养马匹，改为从事大面积种植玉米、小麦的农耕生活，但"马王之乡"的人们心里都有一个"马王"梦。一代天骄成吉思汗和他的勇士们在马背上横跨欧亚大陆，以骁勇善战著称于世，今天，科尔沁草原上的骑士们再展雄风。通辽市有几十万匹骠勇矫健、能征善跑的科尔沁蒙古马。赛马早已成为科尔沁草原蒙古族人民传统的体育竞技项目。

哲里木赛马节是蒙古族传统节日。每年的8月18日，蒙古族聚集在内蒙古自治区通辽市举行赛马节。1985年8月20～23日，举办了首届那达慕大会。1995年8月18日，哲里木盟（现在的通辽市）盟委、盟行署在珠日河赛马会的基础上成功举办了第一届"8·18哲里木赛马节"，并决定在每年8月18日举办哲里木赛马节。迄今连续举办了20届。

赛马节共设有赛马、搏克、射箭、布鲁、蒙古象棋等比赛。赛马包括速度赛马和走马：速度赛马包括1000米、2000米、3000米、5000米、16000米；走马包括1000米、2000米、3000米、10000米。为凸显科尔沁蒙古马长途奔跑、耐力强的特性，将速度赛马原有的 10000 米增至 16000 米，将走马项目 8000 米增至 10000 米。马术绕桶是个人赛。博克分为男子团体、个人项目及女子团体、个人项目。射箭包括男子项目 30 米、40 米单项全能，女子项目 20 米、30 米单项全能。布鲁分为 15 米、20 米、30 米投准及投远。蒙古象棋是个人赛。

赛马节开始前，草原上的各族人民从几十里、几百里外驾车、骑马赶到这里，架起蒙古包，搭好帐篷，以迎接这一美好节日。每年的 8 月 18 日，这里阳光明媚、碧天莹洁、乳香沁人、牧歌嘹亮，每个人的脸上都溢满了幸福的笑容。

开幕式上，和平鸽把节日喜讯传送到四面八方，美丽的科尔沁姑娘手捧圣洁的哈达献给主席台上的中外嘉宾，并请尊贵的客人品尝醇香的美酒，随后献上优美的舞蹈。精彩的马上竞技扣人心弦，激烈的套马表演更别具一格。牧马人手握套马杆飞身入马群，马群沸腾，烈马狂奔，牧马人身形矫健、紧追不舍，那场景让人热血沸腾。

赛马一开始，来自各地的骑手穿上漂亮的民族服装，头扎彩带或戴上民族帽子，跨上骏马，如箭出弦，狂奔而去。那磅礴的气势和飒爽的英姿，令在场的观众赞不绝口。尤其是八九岁小骑手的比赛更是激动人心。通辽市著名骑士扎那、那达木德、文龙、小海龙、乌力吉木仁、额都和希格都是从这里走向全区、走向全国的。赛马节期间，别具特色的蒙古族歌舞表演是必不可少的，届时文艺搭台、经贸唱戏。通辽市将与来自美国、日本、法国、加拿大、韩国、蒙古国等国家的客商们以及中国香港等国内客商建立起多边贸易合作，共同架起友谊、合作、发展的金桥。赛马节闭幕后，热情的通辽人与客人依依惜别，还对他们频频招手，示意他们来年的"哲里木赛马节"再来科尔沁草原作客。

（五）赛马比赛

蒙古族马术健儿从 1953 年开始，并于 1956 年、1979 年、1981 年、1982 年先后作为中国马术代表队成员参加了在波兰华沙、南斯拉夫、美国和瑞士等地举行的比赛。1983 年，在日本大坂举行的第一届亚洲国际马术障碍赛中，中国蒙古族运动员苏达毕力格获得第 7 名，是全队的最好成绩。1985 年，在山东省烟台市养马岛，中国首次举行了国际马术联合会障碍通讯赛，朝鲁、额尔登木图、孟克分别获得第 1 名、第 2 名和第 3 名。1985 年，在日本大坂举行的第三届亚洲马术锦标赛中，哈达铁获得了个人第 2 名的成绩。1990 年，在印度新德里举行的亚洲地区马术场地赛上，由蒙古族运动员组成的中国内蒙古马术队获团体第 3 名，这是中国首次派队参加亚洲马术团体赛。1995 年，在呼和浩特市举行了第四届国际马术邀请赛，来自中国、日本、韩国、菲律宾、巴基斯坦、新西兰等的近

40 名马术健儿参加了比赛。

1. 国际马术耐力赛

2009 年 8 月，在锡林郭勒大草原，我国首次按照国际马术耐力赛国际马联新规则举办了一星级赛事，即首届中国·锡林郭勒盟国际马术耐力赛，参赛的 40 匹马是由锡林郭勒盟选送的当地纯血蒙古马及改良选育的蒙古马。

2010 年 7 月 30～31 日，由中国马术协会、自治区旅游局、盟行署主办，盟旅游局、锡市政府、内蒙古元和集团承办的第四届"骑着马儿过草原"旅游主题活动暨 2010 第二届中国·锡林郭勒国际马术耐力赛，经过两天激烈的角逐，比赛圆满落幕。

2012 年 8 月 6 日，第三届中国·锡林郭勒马术耐力赛在内蒙古自治区锡林郭勒盟开赛。本届耐力赛由国际马联派出技术官员和裁判员指导执裁，按照国际马术联合会确定的 FEI 国际马术耐力赛一星级比赛规则承办，成绩记入 2012 中国马术大会 FEI 星级马术耐力赛积分系统。比赛线路为 100 千米，全部竞赛分为 5 个往返赛道进行。本届耐力赛吸引了俄罗斯、英国、阿根廷、智利、马来西亚、奥地利、匈牙利、新加坡等 17 个国家（地区）及国内各大马术俱乐部共 80 名优秀骑手参加角逐，比赛奖项取个人前十名和团体前三名颁发奖金、奖杯。按照规则要求完成全部比赛的骑手和马匹，均可获得 FEI 一星级耐力赛骑手的认证证书和入门奖金。

2013 年 8 月 31 日，第四届中国·锡林郭勒—多伦淖尔国际马术耐力赛在内蒙古自治区锡林郭勒盟多伦县举行，来自法国、匈牙利、摩洛哥等国家和地区及国内 17 个省市区的 120 余名骑手参赛，其中年龄最大的 75 岁，年龄最小的 10 岁。最终，来自北京的选手程文增以 5 小时 55 分 05 秒获得个人第一名，而来自锡林浩特的奔驰牛仔牧场队以 18 小时 44 分 08 秒获得团体第一名。

2. 国际马文化节

2011 年 8 月，邦成牧场联手鄂尔多斯市人民政府、《马术》杂志共同举办了首届鄂尔多斯国际马文化节，活动以"传承马背文化，体验绿色休闲"为主题开展各项马术赛事，包括英式障碍、美式绕桶、阿根廷马球、葡萄牙古典马术以及盛装舞步、工作骑乘、速度赛马等，表演异彩纷呈，这也是国内迄今规模最大的国际马术盛宴。

2012 年 8 月 25 日晚八点，鄂尔多斯市达拉特旗市政广场中心人潮涌动，热闹非凡，万众瞩目的鄂尔多斯达拉特第二届国际马文化节开幕式终于在全城人们的翘首以盼下盛大启动，揭开了中国马文化史上又一新篇章。继 2011 年首届鄂尔多斯国际马文化节的辉煌战绩后，2012 年的第二届国际马文化节将重新打破其在去年创造的中国马术史上的多个第一，经过为期近一年的筹备，投入大量资金物力，融合国际各方专业实力团队，这场开幕式以其前所未有的震撼，给全达拉特旗人们和所有马术爱好者带来了一场空前的马术视觉盛宴。

3. 全国中国马速度大赛

2009 年 8 月 9 日，第二届全国中国马速度大赛在内蒙古自治区科右中旗赛马场结束。来自北京市、内蒙古自治区、吉林省、湖北省、黑龙江省、西藏自治区、大连市、河北省等地的 15 支代表队的 97 匹马、83 名骑手参加了比赛。

2010 年 7 月 18 日，第三届中国马速度大赛在科尔沁右翼中旗图什业图赛马场举行。地处科尔沁草原的科尔沁右翼中旗的蒙古族人口比例高达 85%，蒙古族原始风情保留完整，是内蒙古自治区的"赛马之乡"，特别注重马文化的传承和发扬。

2011 年 7 月，第四届全国中国马速度大赛在科右中旗图什业图赛马场隆重举行。通过"国际那达慕大会""国际马文化节""中国马速度大赛""骑着马儿过草原""御马文化节""草原大赛马""赛马节"等节庆品牌进行宣传和造势，为传承和弘扬马文化、提高自治区马业知名度和影响力做一些基础性工作，带动自治区运动马产业的发展。

2012 年 8 月，第五届全国中国马速度大赛于内蒙古自治区科尔沁右翼中旗举行。

三、赛车

（一）赛车起源

赛车运动是汽车在封闭场地内、道路上或野外，比赛速度、驾驶技术和车辆性能的一种运动。汽车运动是集人、车为一体的综合较量，不仅是车手个人技艺、意志和胆量的竞争，同时也是汽车设计、产品质量的角逐，体现人与科技最完美的结合，以及人类对自然的征服能力。

赛车运动是速度与技术的比赛，回顾汽车发展的历史，汽车速度记录的每一次改写，都成了汽车技术发展的里程碑。世界最早的车赛是在 1887 年 4 月 20 日由法国《汽车》杂志社举办的，只有乔乐基·布顿一人参赛，他驾驶四人座的蒸汽机汽车从巴黎沿纳塞河畔跑到了努伊伊。1888 年，法国《汽车》杂志社再次举办了车赛，路程为努伊伊到贝尔塞，全长 20 千米，驾驶迪温牌三轮汽车的布顿获得冠军，第二名也是最后一名为驾驶塞尔波罗蒸汽汽车的车手。世界上最早使用汽油汽车进行的长距离汽车公路车赛，是在 1895 年 6 月 11 日由法国汽车俱乐部和《普·鲁奇·杰鲁瓦尔》报社联合举办的，路程为从巴黎到波尔多的往返，全程达 1178 千米（约 732 英里）。获得此次比赛第一名的艾末尔·鲁瓦索尔，共用时 48 小时 45 分，平均车速为 24.55 千米/时。由于比赛规定车上只许乘坐一人，但他的车却乘坐了两人而被取消了获奖资格，结果落后很远的凯弗林获得了冠军。此次参加比赛的总共有 23 辆车，跑完全程的有 8 辆汽油车和 1 辆蒸汽机车。

在以后的车赛中，为避免汽车在野外比赛时扬起漫天尘土而影响后面车手的视线，造成伤亡事件，车赛逐渐改为在封闭的道路赛场和跑道上进行，这就是汽车场地赛的雏形。最早的汽车跑道赛于 1896 年在美国的普罗维登斯举行。为了吸引更多的人参加汽车比赛，使比赛更富有刺激性和挑战性，法国的勒芒市在 1905 年举行了第一次真正意义上的场地汽车大奖赛。从此，汽车大奖赛成为世界体育舞台上一项非常重要的赛事，小城市勒芒也因此闻名于世。

（二）赛车发展

每一次车赛都是速度的追求，都是高科技在汽车上的体现，都是人类对自身的挑战和超越。从下面所列举的历史上汽车比赛的速度记录，我们可以清楚地明白这一点。

1894 年 7 月，在法国巴黎的鲁昂举行的车赛，狄安伯爵驾驶蒸汽汽车获得第一名，参赛的汽油机汽车均名落孙山，榜上无名。

1895 年 6 月，在法国巴黎的波尔多举行的车赛，全程长 1178 千米，这是一次真正意义上的汽车比赛。第一名至第七名全被汽油汽车垄断，鲁瓦索尔创下平均速度 24.55 千米/时的纪录。

1903 年，美国的福特汽车公司创造了一辆装有 4 缸 60 千瓦汽油机的"999"号赛车，在汽车比赛中一举夺魁，创下了 146.9 千米/时的时速。

1909 年，德国的奔驰车创下 202.7 千米/时的纪录，汽车速度突破 200 千米/时大关。20 世纪 30 年代，汽车的最高速度达到 500 千米/时。

1964 年，美国人创造性地将一台喷气发动机装在一辆后轮驱动的"蓝鸟二号"赛车上，车速达到令人难以置信的"危险速度"——648.6千米/时。次年的11月13日，在美国犹他州，这一纪录被改写成658.53千米/时。直到现在也没有人用汽油发动机或车轮驱动的汽车将此纪录改写。

1970年10月23日，一辆用喷气发动机推进的"蓝焰"号特别车在美国犹他州的盐湖跑道上创下了历史性的1001.63千米/时速度纪录，首次突破1000千米/时大关。

1983年，还是在犹他州的盐湖跑道上，用喷气发动机推动的英国"推力2号"特别车车速达到1018.5千米/时，这是迄今为止世界上得到正式认可的最高车速纪录。

1904年6月10日，在赛车运动兴盛的法国成立了国际汽车联合会（法文缩写为FIA，当时不是用此名，1946年改为现称），由它负责管理全世界汽车俱乐部和各种汽车协会活动。国际汽车联合会有一个下层机构叫国际汽车运动联合会（FISA），成立于1922年，其主要任务是制定有关参赛的车辆、车手、路线和比赛方法等的规则，对比赛记录进行认证，并在各地举行汽车赛时做必要的调整或协调。中国汽车运动联合会（FASC）于1975年在北京成立，1983年加入国际汽车联合会。

（三）内蒙古赛车场地

鄂尔多斯国际赛车场占地面积106公顷，赛道全长3.751千米，路面宽度12~15米，最大落差32米，被称为中国第一条国际山地赛道。赛道共18个弯，设计最高时速达296千米/时。2010年9月，这里被国际汽联认证为国际二级赛道，这是第一条由中国人独立设计、施工并可升级为F1赛道的国际二级赛道；这还是世界上第一条以动物形态构筑整体线形的赛道，赛道形如驰骋的骏马，主看台形如展翅飞翔的雄鹰。雄鹰翱翔、骏马奔驰，显示了鄂尔多斯浓郁的地域文化，也标志着成吉思汗后人由马背时代向赛车时代的历史跨越。

赛事辅助设施包括维修区、装备区、汽车称重区和车检区、指挥中心、计时中心、新闻中心、闭路电视系统、转播系统、监控系统、主看台、副看台、草地看台、贵宾包厢、多功能厅、颁奖台、医疗救援中心、直升飞机停机坪等。商业配套服务设施包括商务会所、汽车电影院、酒店、主题餐厅、咖啡厅、甜品店、酒吧、便利店、SPA会所、概念书吧、精品店、赛车装备租售店等。

鄂尔多斯国际赛车场除了承办各种专业赛事外，也是汽车新技术研发和测试的理想场地，是汽车厂家和经销商试车、日常练车以及产品测试、新品发布的新平台，是驻场车队训练、赛手培训、试乘试驾、影视拍摄、汽车特技表演的基地和汽车文化传播的摇篮，同时也举办各种联欢、聚会和演出活动。

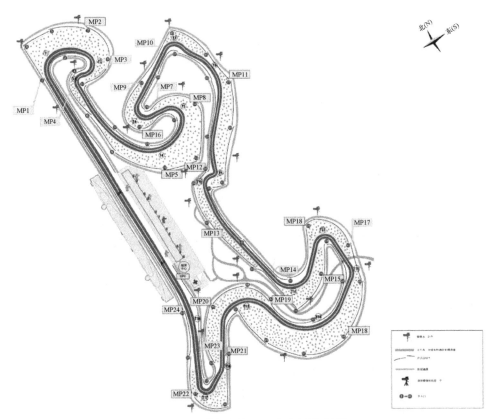

图4-1　鄂尔多斯国际赛车场示意图

鄂尔多斯国际赛车场为迅速发展的中国汽车、摩托车运动提供了一个专业的场地，它能够承担多种车型的国际和国内赛车比赛，包括 CHAMPCAR 美国冠军系列赛、GP2 国际汽车大奖赛、DTM 德国房车大师赛、V8 国际超级房车赛、世界房车锦标赛、超级联盟杯、FR 雷诺方程式锦标赛、世界飘移系列赛、亚洲赛车节、亚洲方程式国际公开赛、中国房车锦标赛、中国方程式公开赛、全国摩托车锦标赛、超级短道拉力赛、直线竞速赛等。

（四）内蒙古自治区举办过的赛车比赛

1. 成吉思汗大赛车

2012 年 7 月 1 日，2012 成吉思汗大赛车首站比赛在内蒙古自治区鄂尔多斯国际赛车场圆满收官。2014 年 4 月 27 日，2014 成吉思汗大赛车第一站在鄂尔多斯国际赛车场顺利收官。成吉思汗大赛车包含内蒙古超级摩托车锦标赛、鄂尔多斯房车挑战赛、鄂尔多斯公路摩托车锦标赛 250 组以及速度与激情房车争先赛四个类别的比赛。此项赛事是由鄂尔多斯赛车场总经理周才鸿先生发起，鄂尔多斯市人民政府主办，在鄂尔多斯康巴什新区管委会、鄂尔多斯市体育局、鄂尔多斯文化局、鄂尔多斯旅游局等各政府部门的支持下组建的一项汽车摩托车民间赛事，主要立志于普及汽车摩托车运动，从民间挖掘具有赛车运动的"根苗"，定向培养其发展，为赛车事业做出贡献，同时拉动内蒙古自治区赛车运动的发展。成吉思汗大赛车虽然是民间赛事，参加比赛的车手很多都是新手，但是在赛制方面，组委会丝毫没有放宽，采用的是国际汽车联合会标准国际房车锦标赛的比赛规则，可见其对比赛的重视程度。

2. 首届中俄蒙国际汽车文化节

2013 年 8 月 20 日，"中国·满洲里首届中俄蒙国际汽车文化节"开幕式在内蒙古自治区满洲里市旺泉广场召开。首届中俄蒙国际汽车文化节持续 8 天，举办了丰富多彩的汽车主题活动。8 月 18 日和 19 日，为激发当地群众和游客的参与热情，活动组委会安排了精彩的赛车巡游，装扮一新的赛车成为满洲里一抹靓丽的风景。8 月 20 日，即汽车文化节开幕式当天举办了规模空前的发车仪式，近 200 辆三国赛车及车手以及来宾车辆从发车台依次驶出，并在城区主要街道进行了全程 6.1 千米的巡游。8 月 21 ～24 日，越野场地障碍赛、场地拉力赛、草原旗门赛、草原山地穿越赛和顶级超跑加速赛激情呈现，5 项精彩赛事联袂出击，精彩不断。比赛选手及车队由三国专业车手及社会车手组成，吸引了近万名观众到场观摩，通过电视和网络转播，吸引了百万观众观战。赛事颁奖盛典于 8 月 25 日文化节闭幕式精彩呈现。

此次汽车文化节系列精彩体育赛事吸引了众多专业赛车手和爱好极限驾驶的汽车发烧友们来到满洲里，这里丰富的草原、山地等越野场地资源和迤逦的风景必将吸引更多中外游客前来体验，从而促进地方旅游业和其他产业的发展。

3. 腾格里沙漠挑战赛

阿拉善英雄会是世界上规模最大的汽车越野盛会，包括腾格里沙漠挑战赛在内的 2014 阿拉善英雄会于 2014 年 10 月 7 日在内蒙古自治区阿拉善左旗境内的腾格里沙漠落下帷幕，本届英雄会共吸引了来自全国各地 1100 余辆赛车参加角逐。

腾格里沙漠挑战赛是 2014 阿拉善英雄会其中的一项全新赛事，共设有 ATV、UTV 参加的 TA 组和汽车改装组 2 个组别，赛程按照预赛和决赛 2 个阶段进行，赛道为全程 80 千米的纯沙漠赛道。本次腾格里沙漠挑战赛的 2 个组别均属于无限制级，参赛选手可以充分发挥创意对赛车进行改装，这使得参赛队免除了繁杂的规则束缚。此外，赛事组委会特意挑选了腾格里沙漠深处最为陡峭的沙梁、最难穿越的刀锋背沙丘作为比赛赛道，向赛手们发出全新的挑战。首届腾格里沙漠挑战赛于 10 月 5 日在地处内蒙古自治区阿拉善左旗境内的腾格里沙漠腹地进行了决赛阶段的比赛，111 辆参赛赛车全部成功完成比赛。10 月 6 日，本次英雄会的重头戏——T3 三人团队挑战赛进行了决赛的角逐。

此次活动，是一次国内最大规模越野赛车爱好者的交流活动，是集赛车运动、沙漠穿越、极限越野、超级改装、越野车展、车友互动、文化传播于一体的综合性越野爱好者交流活动。

4. 丝绸之路国际汽车拉力赛

2016 年 7 月 21 日，2016 丝绸之路国际汽车拉力赛车队从阿拉善盟阿拉善右旗进入内蒙古自治区。

2016 年丝绸之路国际汽车拉力赛是为落实"一带一路"倡议规划，推动中俄体育合作与人文交流，拉动丝绸之路沿线国家的政治、文化、体育、旅游交流与合作的一项经国际汽车联合会注册的国际体育赛事。本次赛事共计 41 个国家级赛手、121 辆汽车及卡车参赛，中国共有 23 辆赛车参赛。这是中国车手在国际赛车赛事上的一次集体展示，参赛车手之多和参赛水准之高都前所未有。据了解，本次 2016 丝绸之路国际汽车拉力赛自 7 月 8 日从俄罗斯莫斯科红场发车以来，穿越了俄罗斯、哈萨克斯坦，于 7 月 16 日进入我国新疆维吾尔自治区霍尔果斯口岸，在新疆准噶尔盆地、吐鲁番盆地、南湖戈壁，甘肃合黎山区，以及内蒙古巴丹吉林沙漠、库布齐沙漠进行了 7 个赛段的比赛，并在设立的博乐、乌鲁木齐、哈密、敦煌、嘉峪关、阿拉善右旗、乌海、呼和浩特 8 个汽车大本营中进行了修整，最终于 23 日在呼和浩特市完赛，前后总行程一万多公里，跨越欧亚大陆。

四、冰雪项目

内蒙古自治区冰雪项目起步较晚，近几年有了较快的发展。内蒙古自治区冬季冰雪那达慕、满洲里国际冰雪节、内蒙古自治区开雪节等冰雪节庆活动的开展，以及海拉尔、牙克石、扎兰屯、满洲里等地滑雪场的兴建，开拓了内蒙古自治区冰雪旅游的新局面。

呼伦贝尔市属于大陆性季风气候，冬季漫长寒冷，降雪量大，大雪遍地，这为进行雪上运动提供了得天独厚的条件，非常适合开展冰雪体育旅游。最为典型的是牙克石市，它位于大兴安岭中段西坡，境内多中小型山地，森林覆盖率达到73%，年平均降雪量超过150毫米，已建成和投入使用的滑雪场有一个，即凤凰山滑雪场。

呼伦贝尔市水资源非常丰富，境内有3000多条河流分布在大兴安岭山脉的东西两侧，还有大小湖泊500多个，最有名的是中国北方最大的淡水湖——呼伦湖。因为呼伦贝尔境内多山和多水系，所以许多河流落差适中，十分适合开展漂流运动，在一些静水水域很适合开展如钓鱼这样的体育活动。

（一）滑雪场

凤凰山滑雪场位于牙克石市东南郊，距市区16千米，为国家AA级旅游景区。凤凰山滑雪场规模大、雪期长、雪道种类齐全、雪上项目丰富。凤凰山滑雪场已被列为国家八一滑雪队后备人才基地和国家残奥队越野滑雪训练基地。2005～2006年全国青少年越野滑雪锦标赛在此举行，同时凤凰山滑雪场还连续承办了三届呼伦贝尔中国开雪节和2006年银色呼伦贝尔牙克石凤凰山滑雪节暨"新大洲"杯中俄蒙三国滑雪邀请赛。滑雪场拥有1条长800米、运载能力500人/时的单循环式双人吊椅缆车索道，是目前国内最先进的索道；总长5453米的6条滑雪雪道分为初级、中级和高级三个级别，可满足不同层次滑雪爱好者的需要；娱雪区内有两条分别长285米的伸缩拉杆式索道和长150米的移动式索道，可供初学者和滑雪圈爱好者娱乐。

（二）举办的活动

1. 根河冷极节

2013年12月25日，首届"中国冷极节"在内蒙古自治区呼伦贝尔根河市举行，约有500名嘉宾和游客参加。本届"中国冷极节"的主题为"中国冷极·根河——越冷越热情"，让游客在丰富的冰雪旅游项目中体验当地的民俗文化。

2014年12月24日，第二届"中国冷极节"在内蒙古自治区根河市开幕，持续了20天。本届冷极节设置了多项冰雪旅游活动，其中在根河源国家湿地公园内喂食驯鹿，坐驯鹿雪橇，体验雪地摩托车、雪地足球、雪地高尔夫等活动让前来参加活动的游人流连忘返，仅12月25日一天就有300余名游人进入公园体验冷极特色风情。

"2015中国冰雪那达慕暨第三届根河冷极节"于2015年12月22～23日在呼伦贝尔市陈巴尔虎旗呼和诺尔草原国家公园举行，主要内容有摔跤表演、套马驯马、射箭、雪地拉爬犁等极具北疆民族特色的竞技活动，来往游客可近距离体验滑雪、骑马、骑骆驼、雪地摩托、雪地拔河等活动项目。

2. 第十二届呼伦贝尔冰雪旅游节暨牙克凤凰山开雪节

2015年12月2日，第12届牙克石凤凰山开雪节在牙克石市开幕，以突出"绿色草原、兴安林海、蒙元文化"三大特色的12项节庆系列活动相继开启。开幕式上，举办了雪地摩托、高山滑雪、马术表演等项目。

主要内容：凤凰山开雪节开幕式、冬季旅游推介会、中国量产车系性能大赛、汽车冰面试乘试驾、雪地摩托越野穿越山林雪原活动、马术表演及骑乘体验活动、"魅力牙克石"雪地摄影大赛、雪地足球赛、森林小火车穿越兴安林海活动等。

3. 呼伦贝尔骆驼文化节

2015呼伦贝尔冬季骆驼文化节暨鄂温克冬季牧户游启动仪式于2015年12月21日在鄂温克旗锡尼河西苏木巴彦呼硕嘎查举行。

主要内容：骆驼文化节开幕式、骆驼选美、俊驼比赛、驯骆驼比赛、纺驼线比赛等。

4. 达斡尔族冰钓节

2015中国达斡尔冰钓节于2015年12月28日在内蒙古自治区呼伦贝尔市的莫力达瓦达斡尔族自治旗（以下称莫旗）盛装启幕。

时间：2015年12月下旬

地点：莫旗

主要内容：冬季冰钓、捕鱼、拉网及冰上娱乐项目。

5. 2015中国冰雪那达慕暨呼伦贝尔第七届金龙山滑雪节·全国U形场地滑雪锦标赛

主题活动日：2015年12月14～15日

系列活动日：2015 年 11 月 15 日 ~ 2016 年 3 月 15 日

地点：扎兰屯市

主要内容：

12 月 14 日

16：30 ~ 17：30　第七届金龙山滑雪节雪友座谈会（金龙山温泉酒店）；

19：00 ~ 21：00　特色晚餐、雪场夜滑体验（乐中天五星码头、金龙山滑雪场）；

23：00 ~ 07：00　俱乐部百人雪地露营挑战。

12 月 15 日

09：00 2015 中国冰雪那达慕暨呼伦贝尔第七届金龙山滑雪节·全国 U 形场地滑雪锦标赛开幕式（金龙山滑雪场）；

09：30 ~ 10：00　①滑雪表演；②雪地摩托表演；③全国 U 形场地滑雪锦标赛；④雪地足球赛；⑤三少民族服饰展和民族雪地趣味赛；⑥亲子雪雕赛；⑦雪地徒步定向穿越登山体验（金龙山滑雪场）。

10：30 ~ 12：00　①大众滑冰比赛（河西大桥西）；②全国冬泳邀请赛（雅鲁河冬泳基地）；③电子商务年货节（发达广场）。

五、阿拉善英雄会

英雄会是由越野 e 族于 2006 年发起的，至今已经成功举办了 11 届。十余年的时间，英雄会的参与人数从千余人增长到了近 100 万人，早已成为全球最大的汽车越野主题嘉年华的文化盛会。

（一）发展史

如今我们所说的"阿拉善英雄会"，全称为"越野 e 族阿拉善英雄会"，名称起源于 2011 年，那一年英雄会举办地迁至阿拉善，正式命名是在 2013 年，那一年内蒙古自治区阿拉善左旗确定成为"越野 e 族英雄会"永久举办地，自此扎根腾格里。在此之前，第一届英雄会在翁牛特旗乌丹镇举办，全称为"2006 越野 e 族翁牛特英雄会"；第二届在库不其沙漠夜鸣沙景区举办，全称为"2007 越野 e 族库布其英雄会"；第三、四届均在库不其沙漠七星湖景区举办，全称分别为"2008 越野 e 族七星湖英雄会""2009 越野 e 族亿利资源·七星湖英雄会"；

第五届在河北省崇礼县河谷举办（这是唯一在河谷而非沙漠举办的一届英雄会），全称为"2010 越野 e 族崇礼英雄会"。

1. 2006 越野 e 族翁牛特英雄会

2006 年 7 月 1 日，翁牛特英雄会在地貌资源最丰富的科尔沁沙地东缘隆重开幕。2006 翁牛特英雄会有来自全国各地的 16 支省级代表队、近 300 辆越野车、1000 余人参加了盛会。首届 T3 挑战赛有 15 支队参赛，5 支完赛。

本次大会与翁牛特旗"旅游文化节"同步进行，在对当地自然景观、人文风情进行深入了解的同时，越野 e 族 T3 友谊挑战赛的首届赛事也在中国沙漠汽车探险胜地——翁牛特沙地开赛。T3 友谊赛和其他各类赛事相比，具有越野 e 族独有的特点：它本着团结、团队、团圆的精神畅游沙海，以四轮之驱，扬五洲风云，在领略沙漠独有的风情之余增强国人的凝聚力。本次大会有来自越野 e 族各地大队以及全国各地汽车俱乐部经选拔胜出的逾百辆战车及数百名会员，在内蒙古自治区最美的季节齐聚翁牛特，激情相聚的同时也提出了"尊重自然"的科学环保理念，呼吁全国人民和相关部门关注翁牛特旗松树山由原来的青葱郁郁变成如今荒漠沙化的残酷现实，响应国家创建"生态安全与环境友好型社会"的号召，真正促进人与自然的和谐发展。

本次大会不但得到了当地相关部门的大力支持，同时也吸引了国内外各大著名媒体的广泛关注。2006 越野 e 族翁牛特英雄会的成功举办，标志着中国越野事业即将迈向一个更高的台阶。

2. 2007 越野 e 族库布其英雄会

2007 越野 e 族库布其英雄会于 2007 年 10 月 2 ~ 5 日在内蒙古自治区杭锦旗库布其沙漠举办。参加此次英雄会的有来自全国各地的 54 个车队、500 辆车、1000 余人。

本次 2007 库布其英雄会和去年的 2006 翁牛特英雄会有很大的不同，除了与会车辆和人数比上届成倍增加，更主要的区别是营地安排和赛道规划。考虑到上届英雄会采取的宾馆住宿方式给集结带来的不便，今年的大本营建在离主会场与赛道不远的沙漠区域，采取了全露营的方式。组委会在露营区域提供水电和安全等保障，让全国各地来的族人在广阔的沙漠腹地大碗喝酒、大块吃肉、大声交流，迅速地增加感情。本次 T3 挑战赛的赛道和去年的赛道有很大区别，虽然都是环形的 45 公里赛道，但是难度比去年提高了近三倍，且几乎全是没有既定道路的纯沙漠。不仅沙丘的高度高（部分沙丘高度过百米，有的高度甚至近 200

米)、坡度陡、长度长,而且各种大小鸡窝坑星罗棋布。此外,要完成比赛,还要翻过4个巨型沙梁。考虑到全国各地的族人到英雄会现场的路程和时间以及参赛车辆的安全,同时也综合考虑到观光车辆能够参与其中,比赛场地最终确定在库布其沙漠腹地的夜鸣沙景区附近。本次挑战赛的赛道无论从地形地貌的综合性、趣味性还是难度而言,都荣居目前国内比赛的领先地位。

荒凉的戈壁、浩瀚的沙漠、复杂的地形、艰险的环境、恶劣的气候,处处考验着赛手的意志、技术、胆量以及参赛车辆的各项性能。赛车在库布其沙漠中飞驰,尤其是飞转的车轮在急速转弯时飞溅的沙尘、汽车发动机的轰鸣,让人感受到了汽车的刚毅、强劲和库布其沙漠的神奇、神秘气息,别有一番味道。

3. 2008越野e族七星湖英雄会

2008越野e族七星湖英雄会于2008年9月30日~10月4日在内蒙古自治区杭锦旗库布其沙漠腹地七星湖景区举办。参与本次英雄会的族人来自全国22个省份,连同观光车辆共计500多部越野车相会在七星湖。本届T3挑战赛决赛赛道为全长约80公里的沙漠路段,参赛车队共计67支,26支车队在规定时间内完赛,完赛率仅有40%。与上届英雄会相比,本次英雄会在各方面都有了很大的提高和发展。

2008年"5·12汶川大地震"之后,越野e族会员积极响应网站号召,筹集善款用于四川灾后重建项目。七星湖英雄会期间,网站正式启动四川地震灾区"越野e族希望小学"援建项目,并转交善款至越野e族四川大队相关项目负责人。2007越野e族库布其英雄会期间,越野e族与中国红十字基金会合作,依托越野e族广大会员的捐款,在杭锦旗胜利镇筹建了一所"越野e族博爱卫生院"。2008越野e族七星湖英雄会期间,"越野e族胜利镇博爱卫生院"将正式挂牌投入使用。在本届英雄会上,越野e族会员再次对该卫生院捐款,款项将用于卫生院后续建设。

4. 2009越野e族亿利资源·七星湖英雄会

2009七星湖英雄会于2009年10月1日在内蒙古自治区库布其沙漠腹地七星湖畔拉开帷幕!来自全国23个省市、63个车组、189辆参赛车辆、400名车手、2000多名观光车友和国内各主流媒体记者参加了本次盛会。4天的活动中,英雄会进行了1.5千米赛程的排位预赛,90千米赛程的T3沙漠决赛。同时,赛事人员及车友在赛事大本营进行"百路驰轮胎中秋晚会"和旅游观光活动。

第四届英雄会不仅秉承英雄会传统,打造了全体族人和所有越野爱好者的越野嘉年华，更通过全新设计的标志、真正的一站式大本营制、更富趣味性和挑战性的 T3 赛道设计、丰富多彩的交流活动以及大型互动晚会为与会者带来了更畅快的交流体验。

5. 2010 越野 e 族崇礼英雄会

2010 崇礼英雄会暨首届 T3 河谷挑战赛于 2010 年 10 月 1 日在河北省张家口市崇礼拉开帷幕！参与本届英雄会的人员约 3000 人，参赛车辆 270 辆，参与车辆 1500 辆。2010 崇礼英雄会不仅传承历届英雄会的宗旨，为越野爱好者们打造了一个亲密交流和友谊竞赛的平台，还有首届 T3 河谷挑战赛、首届 TA（TOP - ATV）河谷挑战赛、FB - Station 房车及露营大会、FBmax 音乐会、FB - Show 改装及户外用品展等全新活动与大家见面。连续四届的 T3 沙漠挑战赛之后，本届英雄会举行了以河道、山谷、沼泽地形为主的首届 T3 河谷挑战赛。TA 超级挑战赛（TOP - ATV）为越野 e 族又一独创的比赛形式。TA 超级挑战赛以单车竞技为主、竞速为辅，同时不限制 ATV 排量、转向形式和驱动形式。

"FB - Forest" 公益活动环境保护是越野 e 族历来的活动主题，除了以上丰富多彩的活动之外，公益项目——"植造 FB - Forest 低碳林"也将成为 2010 崇礼英雄会的重要内容。树苗和森林需要我们的关怀，如同幼苗一般的孩子更需要我们的帮助。因此 FB - Forest 项目还有另外一层含义——助力家境贫寒的孩童成长为未来的参天大树！英雄会期间，越野 e 族—华育助学基金派专项小组进行实地探访，选择符合条件的品学兼优生进行重点帮扶。

6. 2011 阿拉善英雄会

在体验了崇礼的秀美风光之后，2011 年的英雄会再次回归沙漠！金秋十月，内蒙古自治区阿拉善左旗东南的腾格里沙漠迎来了越野 e 族第六届英雄会——2011 阿拉善英雄会！本届英雄会吸引了来自全国 31 个省、市、自治区的万余人参与，其中越野 e 族会员 5000 余人，除参赛车队 180 支、赛车 540 辆外，还有 3000 余台观光车辆和百余辆 ATV 与会。

越野 e 族 2011 阿拉善英雄会的人数和车辆数均再创新高，"中国规模最大的汽车嘉年华"这一称号当之无愧。本届英雄会中，热心公益事业的会员们向华育—越野 e 族公益基金踊跃捐款，善款总额高达 273600 元，该款项全部用于在沙漠中植种低碳林的公益项目。本届英雄会完成了大本营封闭、路面硬化、动力电源及水源接入等基础设施的建设，在一定程度上提高了安全性和便利性。

在 2011 阿拉善英雄会期间，除了传统的 T3 沙漠挑战赛和第二届 TOP - ATV

沙漠挑战赛之外，首届 Super - 100 单车超级赛将给族人们带来更高级别的挑战！与此同时，FB - Max 系列晚会、FB - Station 房车及露营大会、四国军棋大赛、FB - Show 改装及户外用品展等丰富多彩的交流、娱乐活动，也让所有参与活动的族人共同度过了一段难忘的欢乐时光。

7. 2012 阿拉善英雄会

2012 年 10 月，阿拉善左旗的腾格里沙漠迎来了越野 e 族第七届英雄会，一年一度的盛大聚会重新在大漠中拉开帷幕。来自北京、辽宁、新疆等省（市）、自治区及港澳台的 181 支车队的 1086 名参赛选手和 7300 多辆越野车相聚阿拉善，尽情领略大漠的神奇雄浑、浩瀚壮阔和阿拉善多姿多彩的民族风情。

作为英雄会传统项目的 T3 沙漠挑战赛再度提高等级，沙漠路段赛道全长约 130 公里，是历届英雄会中最长路段。第三届 TOP - ATV 沙漠挑战赛也扩大了赛事规模。与此同时，FB - Auto 沙漠车展、FB - Max 会员晚会、FB - Station 房车及露营大会、FB - Show 改装及户外用品展等丰富多彩的交流、娱乐活动，也让所有参与活动的族人共同度过了这段难忘的欢乐时光。

8. 2013 阿拉善英雄会

2013 年 10 月，阿拉善左旗的腾格里沙漠迎来了越野 e 族第八届英雄会，一年一度的盛大聚会在大漠中再次拉开帷幕。本届 T3 挑战赛采取预决赛制，决赛发车顺序由预赛成绩排序而定，来自全国各地的 270 余支赛队进行了激烈角逐。本次比赛赛道总长 150 千米，设置 4 个 PC 点，最大给时 6 小时。TA 沙漠挑战赛分为 ATV 和 UTV 两个组别的单车赛，在 10 ~ 30 千米的沙漠赛道中竞技。中国牧马人大会模拟典型的攀岩地形，为牧马人车主量身定做了大型体验场地。沙漠车展带来了以 SUV、超级皮卡、高端跑车等多种车型为代表的现场展示，同时提供现场咨询、车型定制等特色服务。在会员主题交流日，首届越野 e 族沙漠婚礼作为重头戏盛装呈现，同时举办了沙漠足球赛、众人拖车、有奖竞答等游戏互动环节。

9. 2014 阿拉善英雄会

2014 年 10 月 1 ~ 6 日，越野 e 族第九届英雄会在阿拉善左旗的腾格里沙漠中拉开帷幕。本届英雄会不仅在传统的重点赛事上求变出新，还推出了多个具有主题特色的人文活动。在为期 6 天的盛会里，包括重点赛事、主题活动在内的项目多达十几项，其中有第九届 T3 挑战赛、首届腾格里沙漠挑战赛、岩石挑战赛、e

族武林大会、帕杰罗英雄大会、FB – Station 房车露营大会、2014 阿拉善梦想车展 FB – SHOW、系列公益活动、FB – GAME 沙漠运动会、沙漠集体婚礼、FB – MAX 沙漠音乐节、首届阿拉善沙漠发展高峰论坛等项目，内容完整涵盖了汽车赛事、越野文化及生活方式等各方面。

在越野 e 族的策划和组织、广大族友的积极参与以及各界的大力支持下，本届英雄会无论是主题还是内容都变得更加包容、更加丰富多彩。据统计，参与本届英雄会的社会各界人士多达 10 万人，参与车辆达 3 万多辆，其中参加英雄会赛事的车辆超过 1200 辆，为历届英雄会之最。本届英雄会在环境建设和硬件设施上有了大幅度的提升。活动所在地阿拉善沙漠主题公园的建设初具规模，园区面积达 50 万平方米，主要道路和进出公路全部硬化到位，基础配套设施如电力、灯光、上下水等基本完善，环境建设和硬件设施较往届有了质的飞跃。

作为全球最大的越野嘉年华活动，T3 挑战赛已成为英雄会的核心赛事，本届英雄会具有了超出以往的不同变化，更多种类丰富的主题赛事与活动使本届盛会的规模和内容有了质的提高，多元化的赛事和精彩纷呈的主题活动使参与者更多地感受到英雄会发展的多样性和极具内涵的越野文化。

10. 2015 阿拉善英雄会

2015 年 10 月 3 日，举世瞩目的 2015 阿拉善英雄会在内蒙古自治区腾格里沙漠中开幕，本届英雄会是越野 e 族举办的第十届英雄会。越野 e 族成立 15 年来，从单纯的互联网俱乐部进化成为一个以文化、媒体、活动为主要特征的生态产业平台，对中国的汽车、旅行、赛事、改装、房车、公益等多个领域起到了重大的推动作用。英雄会作为越野 e 族生态体系的集大成者，已经从单纯的车友聚会、竞技，演变成为一个具有世界影响力的超级嘉年华。每年的英雄会，既是汽车、赛事、旅游、文化、公益等各个领域的超级峰会，也是深度关联地方民生、全面推进产业发展的超级平台。

2015 阿拉善英雄会无论是在赛事组织、赛事规模，还是在参赛人数及赛事服务上都达到了一个新的高度。阿拉善英雄会是集越野嘉年华、T3 挑战赛、腾格里沙漠挑战赛、特色旅行以及环保、公益项目等活动为一体的全国性大型越野年度盛会。据统计，本次英雄会开幕当天到场人员近 13 万人次，总车辆数超过 16000 辆，赛手近 2000 人，赛车 1300 辆。T3 沙漠挑战赛报名 272 组、腾格里沙漠挑战赛报名 141 组、牧马人大会报名 95 组、UTV 报名 188 组，报名人数和参赛车辆均超过往年。本届英雄会赛事、活动和服务全面升级。中国 34 个省、市、自治区（含港澳台）全部派队参加，以美国为代表的国家也带来了本国最高水平的车队。本届英雄会吸引了国内外绝大多数主流汽车厂商和服务机构的全面参与，深度报道和现场直播的一线媒体超过百家。

11. 2016 阿拉善英雄会

2016 年第十一届阿拉善英雄会，累计入园车辆30.8 万台次、人数93.36 万人次，同比增长分别为197%、153%，全国 60 多家媒体对英雄会进行了全方位报道。活动包含 T3 挑战赛（Team 3 Challenge），雷神之锤挑战赛（King of the Hammers），腾格里沙漠挑战赛（Tengger Challenge），岩石挑战赛（Rock Challenge），全地形车大奖赛（ATGP），中国越野拉力赛（CGR），"赛车星球"腾格里国际音乐节，梦想国际航空大会，英雄传说亚洲巅峰总决赛，梦想车展暨英雄会国际汽车、改装、休闲展，房车露营示范中心。

2016 年第十一届阿拉善英雄会规划了 6 大赛事，构建起了更加完整的英雄会赛事体系。修建了拥有 5000 个座位的中心赛场，沙地赛道圈长约 2 千米，平均宽度 23 米，以硬化沙坡和内倾弯道为主的高速沙地赛道。中心赛场除了运营场地型多车竞赛，还是 T3 等长距离比赛的出发赛道，与数以万计的观众亲密互动，不仅是越野比赛的未来，也是对赛车事业最大的尊重。中心赛场内落成了全新的更具挑战性和参与度的岩石赛道，还提供了完善的直播平台，央视等媒体全面加入本届英雄会的赛事直播工作。基础设施方面，梦想公园一期工程为大会提供了比去年多 60% 的营地面积，除了新建 6 栋超大型带淋浴功能的卫生间，还配套了27 个移动卫生间和近千个水电桩。英雄会营地服务组将根据基础设施分布，提前划出各省级大队的专属营地。在大队营地之外，英雄会也为各类俱乐部提供了标准化的单元以供组合。大会为参会房车准备了约 900 米长的专属硬化营地。英雄会有穿沙公路直通主会场，公路两旁设有 50 米单向通行沙漠体验路段，以缓解交通压力。

（二）报名、时间、住宿问题

为了便于营地的整体规划，在 2014 年之前的八届英雄会，无论是纯粹来玩的观光团还是来参加比赛的赛队，组委会原则上都只接受越野 e 族大队、俱乐部团体的统一报名。但从 2014 年第九届英雄会开始，我们首次启用了在线报名功能，也开启了个人报名通道。也是从 2014 年开始，网络报名成功后系统会生成二维码，现场仅需扫描二维码即可快速完成报到。2016 年，除线上报名外，我们也正式开启了线下报名，在英雄会镇上及大本营均可进行现场报名。但是请注意，由于参与人数过多现场会比较拥挤，为了自身安全及活动的顺利进行，强烈建议使用网络报名，找到大队组织跟着队友一起进场。

第一届英雄会的举办时间是 2006 年 6 月底 7 月初，第二届是 2007 年 10 月 2～6 日，第三届是 2008 年 9 月 29 日～10 月 4 日，从 2009 年第四届英雄会开始，举办时间定为十一黄金周期间，之后此时间延续使用至今。

从 2007 年第二届英雄会开始，组委会设置有大型露天营地，鼓励参与者露营；采取封闭大本营的方式，参与者需凭胸卡、车辆需凭全套车贴才能进入营地。当然，如果不想在大漠露营，可选择距离大本营最近的巴彦浩特镇住宿，但其接待能力有限，入住酒店需要提前抢订。

（三）活动安排

自发起时，英雄会的定位就是集越野嘉年华、T3 沙漠挑战赛、环保公益以及爱心助学等活动为一体的活动。其中的 T3 挑战赛，从一开始就是纯粹的非商业比赛，为的是"无兄弟不越野"的团队精神，也是竞技与挑战的越野运动精神。

2010 年在崇礼，英雄会开始了全面升级的趋势：除了传统的 T3 挑战赛、公益环保活动之外，首届 TA 超级挑战赛、首次 FB－Station 房车及露营大会、FB－Show 改装及户外用品展、FB－Max 音乐会统统上线。

2011 年在阿拉善，英雄会新增了首届 Super－100 单车超级赛、四国军棋大赛、FB－Forest 公益林、FB－Max 系列晚会等丰富多彩的交流、娱乐活动。

2012 年，英雄会新增了 FB－Auto 沙漠车展（后来我们把梦想车展搬进了沙漠）、牧马人大会（后来升级为牧马人攀岩赛）等活动。

2013 年，英雄会新增了属于越野人的婚礼——"英雄会沙漠婚礼"，同时沙漠足球赛、沙漠排球赛、众人拖车等娱乐活动也有所增加，营地餐饮也进一步升级。

2014 年，越野 e 族公益基金会正式成立，英雄会活动再次大升级。首届腾格里沙漠挑战赛拉开帷幕，FB－Auto 沙漠车展正式升级为 FB－Show 沙漠梦想车展，且新增了 2014 武林大会，首届帕杰罗英雄大会也正式亮相。

2015 年，阿拉善英雄会在场地建设、活动安排、服务配套等方面都进行了大幅优化。历经十年，多项著名赛事和精彩主题活动让英雄会不仅成为广大越野、户外爱好者的年度盛会，更成为中国越野圈的标志性庆典。

2016 年，是英雄会新十年征程的启航。这一年，英雄会规划了 6 大赛事：T3 挑战赛（英雄会传统赛事）、雷神之锤挑战赛（美国最热赛事入驻中国阿拉善）、腾格里沙漠挑战赛（第三届）、岩石挑战赛（第四届中国牧马人大会攀岩赛)、全地形车大奖赛(脱胎于英雄会 TA 沙漠挑战赛)、中国越野拉力赛收官之战。这一年,FB - Max 系列晚会升级为腾格里国际音乐节,梦想国际航空大会、英雄传说亚洲总决赛落地腾格里,而梦想车展也再次升级。

六、足球

(一)足球在世界的影响程度

足球的历史源远流长,它曾经是一项古老的体育活动,最初源于中国古代,是一种球类运动,被称为"蹴鞠",因其具有极强的观赏性深受群众喜爱,在我国曾一度受到国人的热捧,中国古典名著《三国策》和《史记》均对"蹴鞠"这一最早的足球活动有详细记载。阿拉伯人把我国的"蹴鞠"带到欧洲,逐步演变成了现代足球。直到历史的车轮驶入 2004 年,国际足联才正式承认古代足球起源于古代中国的事实,而备受欢迎的现代足球的发源地则毫无疑义地被公认为当年号称"日不落帝国"的英国。时至今日,现代足球的发展经历了 200 余年的历史。无论是在国泰民安的和平年代还是在兵荒马乱的战争年代,足球运动都以其无与伦比的顽强生命力在不断地成长进步、蓬勃发展。足球运动趣味性强,可参与性广泛,方式灵活多样。现在,足球无疑是世界上最受观众欢迎、影响最大、产值最高、专业程度最好的运动,且被誉为世界第一运动。它以力量、速度、技巧和团队精神完美结合的一种姿态存在,影响了亿万人的心,引起了全人类的注意,其深刻的内涵远远超出体育范畴。足球运动在我国开展得较为广泛,每年的足球全国联赛在国内都具有较大的影响。足球运动是我国最早进行市场化运作的体育项目,现阶段足球运动的发展已经上升为国家发展战略,从小抓起的校园足球运动正在蓬勃发展。我国以足球运动的发展为突破口,可以有效地带动全民体育的快速、健康发展,最终达到体育大国向体育强国迈进的宏伟目标,实现中华民族的伟大复兴。当下,振兴中国足球已成为中国梦的重要组成部分。

(二)足球相关政策

1.《中国足球改革发展总体方案》

党的十八大以来,以习近平同志为总书记的党中央把振兴足球作为发展体育运动、建设体育强国的重要任务摆上日程。习近平总书记多次指示要下决心把我国足球事业搞上去，李克强总理高度重视足球等体育事业和体育产业工作，国务院多次专题研究部署，制定了《中国足球改革发展总体方案》。方案把发展足球运动纳入经济、社会发展规划，实行"三步走"战略：

（1）近期目标。改善足球发展的环境和氛围，理顺足球管理体制，制定足球中长期发展规划，创新中国特色足球管理模式，形成足球事业与足球产业协调发展的格局。

（2）中期目标。青少年足球人口大幅增加，职业联赛组织和竞赛水平达到亚洲一流，国家男足跻身亚洲前列，女足重返世界一流强队行列。

（3）远期目标。中国足球实现全面发展，足球成为群众普遍参与的体育运动，全社会形成健康的足球文化；职业联赛组织和竞赛水平进入世界先进行列；积极申办国际足联男足世界杯；国家男足国际竞争力显著提升，进入世界强队行列。

深入学习研究《中国足球改革发展总体方案》中的国家战略思想，不仅是洞察领悟国家意志、改革方向、政策导向的必要环节，从而做到"知其然知其所以然"，深化全民行动共识，更是社会各行各业响应国家号召并全面深化足球改革发展的行动指南。

2. 内蒙古自治区足球中长期发展规划（2016～2050年）

为抓住我区作为全国首个足球改革发展试点省区的机遇，促进内蒙古自治区足球持续健康发展，政府按照《中国足球改革发展总体方案》和《中国足球中长期发展规划（2016～2050年）》的精神和要求，制定了本规划。规划近期至2020年，中期至2030年，远期至2050年。

（1）近期目标（2016～2020年）。以保基本、强基层、打基础为发展目标，搞好顶层设计，理顺管理体制，加强足球基础设施建设，营造有利于足球发展的外部环境，使人民群众对足球运动的需求得到基本满足，开展足球活动的场地、时间、经费得到基本保障，全社会关心和支持足球发展的良好氛围基本形成。青少年足球人口明显增加，建成国家和自治区、盟市、旗县四级校园足球特色学校2400所，中小学生经常参加足球运动人数超过200万人。社会足球发展基础不断夯实，基层足球组织蓬勃发展，基层足球活动广泛开展，足球竞技水平显著提高，全区经常参加足球运动人数超过300万人，注册等级教练员与合格足球教师达到10000人，注册等级裁判员达到1000人，注册球员达到30万人。全区建有2600块以上足球场地，使每万人拥有1块以上足球场地。符合足球运动发展规律的管理体制机制初步建立，政策法规初具框架，行业标准和规范趋于完善，竞赛和培训体系科学合理，足球事业和产业协调发展的格局基本确立，足球大区的雏形基本形成。

（2）中期目标（2021～2030年）。青训体系构建完成，足球氛围更加浓厚，管理体制科学顺畅，法律法规完善健全，多元投入持续稳定，基础设施完备，群众普遍参与，足球人口大幅增加，改革试点经验得到推广。基础设施条件完善，每万人拥有2块足球场地。校园足球、社会足球、职业足球体系有效运行，优秀足球人才显现，各类市场主体踊跃参与，足球产业规模有较大提高，成为体育产业的重要引擎。足球竞技水平跻身全国前列，职业足球队影响力更大，拥有知名品牌赛事，蒙超、蒙甲等准职业联赛得到广泛关注。草原足球文化初步形成，基本建成足球大区。

（3）远期目标（2031～2050年）。足球事业和足球产业全面发展，足球竞技水平与世界接轨，为国家培养、输送一批优秀运动人才，形成具有内蒙古自治区特色的草原足球文化，建成足球大区，并向足球强区迈进。

3.《自治区社区足球发展指导意见的通知（2015～2017年）》

为贯彻落实中央和自治区关于发展社区足球的有关精神，结合我区社区建设实际和社区足球发展现状，制定了《自治区社区足球发展指导意见的通知（2015～2017年）》。其总体要求是增强社区居民体制，丰富居民业余文体生活，弘扬健康足球、娱乐健身的全民健身精神，以激发基层社会生机与活力为宗旨，通过发展社区足球，在社区居民中普及足球知识和技能，建立街道、旗县（市、区）、盟市、自治区四级社区足球联赛制度，以形成具有内蒙古自治区特色的社区足球文化。主要任务如下：建立一个社区足球组织领导机构；建立一支社区业余足球队伍；落实一块社区足球活动场地；安排一项社区足球事业发展经费；组织开展一次社区足球联赛；建立一套社区足球工作机制。

4.《内蒙古自治区推进足球改革发展三年行动计划（2015～2017年）》

为全面推进内蒙古自治区足球改革发展试点工作，按照《中国足球改革发展总体方案》要求，结合自治区实际，制定《内蒙古自治区推进足球改革发展三年行动计划（2015～2017年）》。其总体目标是通过三年时间，搞好顶层设计、构建发展基础、营造发展环境、培育足球文化、激活足球市场。争取到2017年底，实现管理体制基本顺畅、足球人口明显增加、基础设施基本完备、优秀人才初步显现的目标，联赛组织和竞赛水平显著提高，足球事业与足球产业相互促进，基本形成足球大区的雏形。主要任务如下：加强专业足球队伍建设；普及发展校园足球；广泛开展社会足球；完善人才开发体系；强化基础设施建设；完善联赛竞赛体系；促进足球产业健康发展；健全足球改革发展管理体制与工作机制；建立足球改革发展保障机制；建立足球场地对外开放机制；建立足球改革发展协调机制；建立足球改革发展信息沟通机制；建立足球改革发展宣传机制；加强组织领导；建立评价机制；建立通报制度；加强监督管理。

（三）内蒙古自治区成为全国足球改革与发展工作唯一试点省份

内蒙古自治区是我国成立最早的少数民族自治区，国土面积达 118.3 万平方公里，约占全国总面积 1/8 的第三大省区，有着广阔的拓展空间和巨大的发展潜力。尽管目前内蒙古自治区足球运动在很多方面还存在着不足和缺陷，如重视程度和支持力度不够、职业足球水平的滞后、后备人才培养体系以及竞赛体系的不完善等，但是随着内蒙古自治区经济和体育事业的不断发展，这些问题也逐步受到体育管理部门和广大足球工作者的重视。2014 年 9 月，国务院第七次足球工作座谈会确定内蒙古自治区为全国足球改革与发展工作唯一试点省区，这为内蒙古自治区足球项目带来了前所未有的发展机遇。与此同时，足球改革也为深化内蒙古自治区体育事业改革与发展提供了有利契机。如何正确地分析和解决内蒙古自治区足球运动在发展过程中所遇到的困难和问题，以及如何制定出一套行之有效、适合内蒙古自治区实际情况的发展对策和实施办法，是摆在我区体育职能部门和众多足球工作者面前的一道难题。

内蒙古自治区作为全国唯一一个足球改革与发展工作试点省区，必须依据试点需求，落实和推进足球试点改革与发展工作，拓展足球开展工作的领域，率先走出一条地方足协改革的新路，探索形成足协生存、发展、提高的新模式具体需要做到以下几点：一是要按照《中国足球改革发展总体方案》和《内蒙古自治区推进足球改革发展三年行动计划（2015～2017 年）》指出的方向，坚定不移地推进体制机制改革。二是要把改革当作推动足球运动发展和水平提高的重要手段，进一步研究怎么改、何时改，努力实现预期目标。三是要整合资源、形成合力，为改革后的地方足协发展奠定基础、营造环境。四是要抓好五项重点工作：在扩大足球人口上下功夫；在构建竞赛体系上下功夫；在凝聚培养人才力量上下功夫；在场地建设上下功夫；在营造有利于孩子成长的环境上下功夫，保护好孩子对足球的热爱和天性，使足球真正成为人们的生活方式、生活习惯。两年来，我区的足球改革与发展试点工作总体上实现了"六纳入"，即纳入各级党委、政府重要议事日程，纳入自治区人大常委会立法保障，纳入全面深化改革总体部署，纳入经济社会发展规划，纳入各级财政预算，纳入"三位一体"年度考核内容。

内蒙古自治区作为全国第一个足球改革与发展试点省区，当前要做好九个方面的重点工作：一是树立大足球观，深入推进足球改革发展；二是健全组织体系，加强对足球改革发展工作的领导；三是加强政策研究，科学指导足球改革发展工作；四是培养足球专业人才，为足球改革发展提供智力支持；五是加大资金投入，为足球改革发展提供物质保障；六是强化基础设施建设，满足多元化足球发展需求；七是大力发展校园足球，努力为国家培养足球后备人才；八是建立联赛竞赛机制，切实加强足球普及和推广；九是加大宣传力度，为足球改革发展营造良好氛围。按照这九个方面的工作要求，我区要重点组建、发展内蒙古女子足球队，强化青少年足球训练体系建设，拓展足球运动员成长渠道和空间，引导足球俱乐部健康、稳定地发展。鼓励各盟市引进职业足球俱乐部。每个盟市至少组建男、女各一支代表本地区足球最高水平的职业或准职业足球队伍。积极引进国内外高水平足球教练员和培训讲师队伍，对全区教练员、裁判员、教师实施规模化培训。加强裁判员、科研医务人员、俱乐部经营管理人员、赛事运营管理人员等人才队伍建设，切实保障足球从业人员的各项待遇。到2020年实现校园足球、职业足球、社区足球和职工足球专、兼职教练员、裁判员、新闻管理人员、足球教练员讲师以及社会足球指导员全覆盖。

（四）基础设施建设

自内蒙古自治区被列为全国第一个足球运动改革与发展试点省份以来，按照自治区党委、政府的部署和要求，自治区财政厅积极努力多方筹措，截至2015年已累计下达足球改革发展专项资金7.3亿元，为该区足球改革事业提供了资金保障。内蒙古自治区已争取中央财政足球专项资金共计1.4亿元，其中，用于笼式足球、足球训练基地建设、教练员培训等1亿元，用于校园足球发展4000万元。自治区本级财政也积极调整支出结构，安排足球专项资金5.9亿元。其中，下达"600所国家级校园足球特色学校"足球购置及聘请教练员经费2400万元，校园足球四级联赛专项经费2000万元，社区、企业、业余足球联赛补助经费400万元；下达足球场馆建设资金2.05亿元，支持引导19个边境旗、3个少数民族自治旗及其他8个旗县共30个旗县进行校园公共足球场馆建设，推动建立具有内蒙古自治区特色的足球发展新模式；下达足球训练基地建设资金9000万元，支持包头市建设国家北方青少年足球训练营活动基地、呼伦贝尔市和锡林郭勒盟足球训练基地及足球场馆建设，为东、中、西部青少年足球训练提供场所；下达呼和浩特市国家（北方）足球训练基地暨国家（北方）青少年足球夏令营活动基地建设资金 2.5 亿元，有力推进该区标准足球训练基地建设。各盟市开始新建、改建或维修扩大公共足球场地，新增 5 人制足球场 209 块、7 人制足球场 74 块、标准足球场 57 块。边境地区、"三少"民族地区等 30 个旗县（市、区）的公共足球场馆和青少年校园足球特色学校足球场馆建设工程稳步推进。

"十三五"期间，内蒙古自治区将大力发展足球事业，除了强化基础设施建设和青少年足球训练体系，还要积极申办国际、国内高水平足球赛事，积极创办有内蒙古自治区特色的国际、国内知名足球赛事，打造赛事品牌，培育足球市场。内蒙古自治区将公共足球场地等基础设施建设纳入本地区国民经济和社会发展规划，把兴建足球场纳入城镇化和新农村、新牧区建设总体规划。在呼和浩特市和包头市分别建成国家（北方）足球训练基地和国家（北方）青少年足球夏令营活动基地，总投资近 20 亿元人民币。这两处基地建成后，将吸引全中国和全世界的青少年足球队来此进行比赛，对于带动内蒙古自治区足球事业的发展有很大帮助。

内蒙古自治区属高原地区，多民族聚居，许多人从小吃牛羊肉长大，体格壮、耐力好，身体素质优越。同时，内蒙古自治区地广人稀，很多地方适合建足球场。所以，内蒙古地区具备中国足球发展的潜质条件。内蒙古自治区已决定把校园足球场地建设纳入义务教育均衡发展和标准化项目，实现每所学校都有 1 个足球场。在教育部帮助内蒙古自治区建设 600 所足球特色学校的基础上，争取通过 3 年的努力，实现全自治区校园足球特色学校全覆盖。通过新建或改造，实现每个盟市拥有 1 个自治区级足球训练基地和 1 个自治区级青少年足球夏令营活动基地，每个旗县（市、区）拥有 1 个盟市级足球活动场地。此外，还要重点发展内蒙古女子足球队，完善幼儿园、中小学足球教学大纲，合理布局青少年校园足球特色学校。构建稳定的校园足球联赛体系，广泛开展青少年校园足球竞赛和活动，加强校园足球师资队伍建设，提高校园足球活动水平。扶持有条件的高校创办大学、附属中学、附属小学、附属幼儿园"阶梯式""一体化"足球学院。重点支持内蒙古师范大学、内蒙古科技大学、赤峰学院、呼伦贝尔学院等开展试点工作。以校园足球联赛为重点，大力开展社会足球、准职业足球等系列联赛，逐步形成赛制稳定、等级分明、衔接有序、遍及城乡的竞赛格局。通过联赛竞赛杠杆，带动并促进足球产业发展。

（五）校园足球

足球后备人才是足球运动持续发展的前提，重视足球后备人才的培养工作、抓好足球后备人才的培养，是我国足球运动朝着健康有序的方向发展、拉近与其他足球发达国家距离的关键，也是振兴我国足球的必由之路。没有充足的优秀的后备人才，足球运动的发展就成为了"无源之水，无本之木"。重视足球后备人才的培养工作，提高后备人才培养的效率，有利于扩大我国的足球人口，提高我国足球的整体水平，为我国足球运动的持续发展创造根本条件。近 2400 万人口的内蒙古自治区，是西部大开发的一个重要省份，在这里，足球运动的发展尽管有着广泛的群众基础，有便于足球运动开展的广阔空间，但是与毗邻的东北和陕西等省份相比，内蒙古自治区足球的整体水平较低，甚至曾一度被外界称为"足球荒漠"。

足球后备人才的培养，是促进足球运动发展、提高一个国家足球竞技水平的重要环节。世界各国根据本国的实际情况，采取了不同的培养体制和方式。我国多年来采取的足球学校、体校、业余体校、体育传统学校以及足球俱乐部等多元化培养模式，一度为中国输送了大量的体育人才。因此，在足球改革过程中应着重强调校园足球的建设，培养具有良好素质的青少年足球人才。

1. 校园足球提出的社会背景

随着社会的发展，我国体育事业蒸蒸日上，唯独足球的现状不甚理想，我国足球已经成为体育界一个亟待解决的问题。当下我国青少年足球人员极少、足球后备人才匮乏，要想提高足球运动水平，青少年这支年轻而富有朝气的队伍无疑是最关键的力量，我们必须从中培养优秀的足球后备人才，以此来提高整个国家的足球运动水平。以增强学生体质，培养青少年顽强拼搏、团结协作的体育精神为宗旨，通过广泛、大力开展校园足球活动，建立和完善小学、初中、高中和大学四级足球联赛体系，在青少年学生中普及足球知识和运动技能，营造良好的校园足球氛围，形成校园足球文化，进而培养全面发展、特长突出的青少年足球后备人才。

2. 校园足球的内涵

《全国青少年校园足球活动的实施方案》所定义的校园足球的指导思想是"增强体质、增进健康，培养团结协作、拼搏进取的体育精神，建立、完善四级足球联赛机制，普及足球知识和技能，培养全面发展、特长突出的足球后备人才"。校园足球以小学为起跑线，将足球（包括足球文化、足球技能、足球训练等）引入教学，以培养青少年的足球兴趣为重点，让青少年在快乐足球中锻炼体质、磨炼意志品质，在发挥个人运动技能的同时培养团队合作意识及顽强拼搏的精神。校园足球是在广大学生中全面开展的以增进学生身心健康，培养德、智、体全面发展的合格人才为目标的足球相关活动的总称。从场所、范围、目标和形式四个方面来阐述"校园足球"的含义：以学生为参与主体但场所不局限于校园；参与足球运动的数量要达到一定的基数；校园足球的核心问题是学生的身心健康和德、智、体的全面发展，而不是单纯地培养足球人才；有多种形式来推广校园足球。

3. 发展校园足球的深远意义

（1）建设体育强国的需要。中国体育正处于由体育大国向体育强国迈进的进程中，在竞技体育项目中，足球算是体育项目中的劣势项目，因此要加快体育强国的建设进程，补足球项目这个短板就显得尤为重要。青少年足球运动一直被世界各国认为是足球发展的基础与希望，世界各国都高度重视足球后备人才的培养。中共中央政治局委员、国务院副总理刘延东曾强调，要以中国足协换届为新起点，认真贯彻党的十八大、十八届三中全会精神，深入学习习近平总书记关于体育工作的一系列讲话精神，凝聚共识，坚定信心，不负重托，以振兴中国足球的实际行动为建设体育强国、实现中国梦做出应有贡献。

（2）青少年身体健康成长的需要。青少年正处于身体机能快速成长阶段，足球运动因其灵活多变和技术复杂对力量、速度、耐力、柔韧、协调等身体素质有严格的要求，因此，青少年参加足球训练，也是对自身身体素质的一种提升，可以增强体质、强健体魄，有利于身体素质的全面发展。

（3）提高青少年心理品质、培养顽强拼搏精神和坚忍不拔毅力的需要。青少年通过参与足球训练，可以振奋精神、激发斗志，增强坚强意志品质，养成积极进取和自强不息的生活态度。足球比赛还可以塑造运动员顽强拼搏的精神、坚忍不拔的毅力、刚毅果断的判断力、持久的身体耐力。这些品质都为学生以后步入社会提供了宝贵的精神财富：遇到急事不紧张，遇到困难不退步，遇到挫折不气馁。

（4）培养集体主义观念和团队协作精神的需要。在足球运动中，个人目标和集体目标具有高度一致性，但是集体的目标和利益始终是排在首位的。个人的所有行为都是为实现集体目标在服务，通过集体目标的实现而达成自己的个人目标，个人的行动计划要以满足集体目标为唯一的判断标准，这点在足球比赛过程中时时处处都影响、制约和规范着运动员个人的言行举止。因此，足球运动员必须具备强烈的集体观念、奉献精神和责任意识，必须摆正自己的位置，处理好集体与个人、主和次的关系。

（5）培养足球后备人才的需要。充足的足球后备人才是振兴中国足球市场的保障，发展青少年校园足球是培育足球后备人才的基础。通过发展校园足球，全面培养学生热爱足球的兴趣，扩大我国参与足球项目的人口基数；在训练的过程中可以发现有足球运动天赋的学生，集中训练、重点培养，利用体教结合的培养模式为我国足球项目培养后备人才。

第 五 章

内蒙古自治区体育产业专项调查报告

一、体育产业专项调查背景

体育产业是指为社会提供体育产品的同一类经济活动的集合以及同类经济部门的综合。广义的体育产业是指与体育运动相关的一切生产经营活动，包括体育物质产品和体育服务产品的生产、经营两大部分。狭义的体育产业是指体育服务业或体育事业中既可以进入市场又可以盈利的部分。

体育产业是第三产业中的朝阳产业，在国民经济中占据重要地位。发展体育产业不仅可以壮大国威、展示国力，也是增强人民体质的一种健康生活方式。2015 年，国家体育产业总规模为 1.7 万亿元，增加值为 5494 亿元，占 GDP 的比重为 0.80%，而世界主要国家体育产业占 GDP 的比重为 2.0%～3.0%，如美国同期水平为 3%、全球平均水平为 2.1%；我国体育服务业增加值占体育产业增加值的比重为 49.2%，从体育产业的发展规模和结构来看，整体规模较小、对国民经济贡献较低，但潜力无限，在未来能够成为我国国民经济新的增长点，也可能成为国民经济中的支柱产业。未来我国体育产业发展将步入黄金十年，对国民经济的贡献将稳步提升。

近年来，在国家经济社会和体育事业快速发展以及运动理念逐渐普及、国家政策持续支持、资金日益关注的大背景下，我国体育产业呈现出较快的发展态势，整体规模不断扩大，体育产出明显增加。体育产业与其他行业如旅游、文化、教育、医疗，互联网等不断融合，在拓宽行业广度和深度的同时，也为体育产业提供多种发展和塑造的机会。

为更好地贯彻落实《国务院关于加快发展体育产业促进体育消费的若干意见》（国发〔2014〕46 号），全面了解我国体育产业发展状况，相关部门依照《中华人民共和国统计法》，制定了 2016 年全国体育产业专项调查方案。作为全国体育产业专项调查中的重要组成部分，内蒙古自治区体育产业专项调查具有必要性和迫切性。因此，本着突出重点、提高效率、统一组织的原则与完善内蒙古自治区体育产业名录库的任务，内蒙古自治区统计局与内蒙古财经大学统计与数学学院一起制定了专项调查方案，并组织培训和实施调查来完成此任务。

二、体育产业专项调查的目的及任务

（一）体育产业专项调查的目的

本调查方案的制定与实施旨在摸清内蒙古自治区体育产业各类单位的基本情况，全面调查全区体育产业的发展规模、结构与布局，系统了解内蒙古自治区体育产业的发展状况，依据国家体育总局提供的 2013 年名录库建立内蒙古自治区体育产业基本单位名录库、基础信息数据库，为内蒙古自治区体育产业改革发展提供翔实而全面的统计数据信息支持。

（二）体育产业专项调查的任务

1. 设计体育产业调查方案

在国家体育总局的指导下，内蒙古自治区体育局统一组织实施本次专项调查，制定专项调查方案，组织专项调查工作培训、数据采集、审核等工作。考虑到内蒙古自治区体育产业第一次进行专项调查，同时综合考虑目前我区各盟市体育产业发展的实际情况，从科学、合理、可行的角度出发，确定各盟市必须进行调查的类别及调查时间。此次体育产业调查主要采用全面调查、抽样调查、典型调查以及部门行政记录相结合的调查方式，主要调查内容为法人单位的基本属性、从业人员、财务状况、生产经营情况等，以及法人单位中体育产业活动的经营性收入或非经营性费用支出、体育服务产品的生产和提供情况等，意在摸清内蒙古自治区体育产业各类单位的基本情况，建立内蒙古自治区体育产业各行业的基本单位名录库，了解内蒙古自治区体育产业的发展规模、结构与布局，对内蒙古自治区体育产业的发展状况有一个清晰的认识，为下一次开展体育产业专项调查奠定基础。

2. 专项调查准备工作

（1）建立调查小组。体育产业专项调查工作是我区开展的第一次体育产业专项调查，涉及面广、空白点多、情况复杂、工作难度大。为推进和实施该项工作，确保专项调查工作的顺利进展，由内蒙古自治区体育局牵头，内蒙古自治区统计局、内蒙古财经大学等多个单位共同实施专项调查工作，并成立内蒙古自治区体育产业专项调查工作小组，组长由内蒙古自治区体育局局长担任，副组长由内蒙古自治区体育局副局长、内蒙古自治区统计局副局长、内蒙古财经大学副校长担任，内蒙古财经大学党委书记担任顾问，小组成员来自内蒙古自治区体育局、内蒙古自治区统计局和内蒙古财经大学。

内蒙古自治区体育局负责协调组织本次调查，内蒙古财经大学负责主要的技术性工作，内蒙古自治区统计局负责协助技术性工作。具体的调查队伍是来自内蒙古自治区12个盟市和102个旗县（市、区）体育系统的工作人员约120人，且大部分人员有丰富的调查工作经验。为更好地完成此次调查工作，内蒙古财经大学组织统计与数学学院相关负责人带领200余位学生成立学生调查小组，并以盟市为单位分成12个分调查小组，协助各盟市体育负责人展开调查。

（2）组织参加培训。内蒙古自治区体育产业专项调查共组织了两次培训：第一次是组织培训各盟市、旗县主要负责人参与内蒙古自治区体育产业基础名录库的建设；第二次是组织培训各盟市、旗县主要负责人完善内蒙古自治区体育产业基础名录库，并利用基础名录库信息实地调查内蒙古自治区各地区体育相关单位及企业，收集各项数据。

本次调查的重点和难点是调查非体育系统的体育健身休闲活动、体育培训与教育、体育传媒与信息服务、与体育相关的服务、体育用品及相关产品制造、体育产业销售、贸易代理与出租、体育场地设施建设等，尤其是兼营体育业务的服务鞋帽制造与销售等的调查对象，几乎与体育毫无关联，体育部门单独实施调查难度较大。

2016年6月，国家体育总局组织各省市相关负责人在长沙市参加第一次培训，培训的基本内容是怎样建立体育产业基础名录库及相关软件的正确使用。内蒙古自治区体育局工作人员武晓迪和内蒙古财经大学统计与数学学院调查小组参加了本次培训。同年7月，内蒙古自治区体育局组织各盟市、旗县体育产业调查负责人在武川体育训练基地展开培训，主要培训内容为内蒙古自治区体育产业基础名录库的建立及录入系统的具体操作步骤。此次培训同时明确了调查工作的主要责任单位及分工部门，着重强调了统计数据质量的重要性。同年 8 月，国家体育总局组织各省市调查负责人在贵州省参加第二次培训，主要培训内容为基础名录库中各体育单位数据的采集及录入系统的正确使用。培训中，各省市负责人分小组讨论了上一阶段基础名录库建设的完成情况，总结分析了在建设过程中遇到的各种问题，并讨论解决对策。同年 9 月，内蒙古自治区体育局组织各盟市、旗县调查负责人在呼和浩特市展开培训，主讲人为负责协助调查工作开展的内蒙古财经大学教师巩红禹博士，主要培训内容为完善内蒙古自治区体育产业基础名录库建设及保证名录库中各相关单位数据的采集质量，进一步细化录入系统的操作步骤。

3. 专项调查方案实施

（1）建立调查单位名录信息。根据内蒙古自治区体育产业基础名录库信息建设的要求，盟市调查负责人组织各基层负责人和调查员开展任务分工，进行入户调查。

（2）调查前预约。调查前，通过电话等方式与被调查单位进行联系，预约前来调查登记的时间、内容、时长等，并建议调查对象安排一名联络员负责联络协调，以财务人员优先。对于联系不上或不同意配合的，可以直接入户联系或再次预约入户调查时间。

（3）现场调查登记。现场调查是调查员开展体育产业专项调查非常重要的环节，也是调查员个人综合素质的体现。调查员能否熟练地掌握和运用各种询问技巧，从而与调查对象进行融洽沟通，对于调查工作能否顺利进行并取得较为准确的调查结果具有十分重要的意义。

调查员现场调查登记前应携带附件：①调查工作证、《致全省体育产业从业机构负责人的一封信》；②调查区域单位名录信息、通讯录［被调查单位联系人及电话、调查片区负责人电话、所在县（市、区）调查机构电话］；③登记表；④调查所需文具（手提袋、铅笔、手写垫板、记录本、若干草稿纸等）。

现场拜访被调查单位对接人，由对接人进行情况介绍（围绕单位基本情况表），并要求其提供如下材料，进行调查信息的阅览与摘录：①营业执照或法人登记证书；②行政事业单位提供"2015 年度收入支出决算总表"，企业单位提供"2015 年度企业财务会计决算报表"，如果难以提供，可由负责人告知相关信息，由调查员填写；③本单位就业人员统计表。

（4）调查员进行数据质量控制。①调查员自查，就登记表中的相关指标逻辑性进行复核，并与被调查单位对接人进行现场确认，并签字盖章；②提交已获资料，接受上级调查负责人检查。

（5）信息录入。登记表核实无误后，调查员将登记表及时录入基础名录库。

4. 专项调查汇总分析

依据内蒙古自治区体育产业专项调查结果，对内蒙古自治区 2015 年体育产业总产值、体育产业增加值、体育产业就业人员数以及体育产业基本企业数等情况进行汇总分析，汇总分析结果详见本章第四部分。

5. 基本单位名录库维护

根据《国务院关于加快发展体育产业促进体育消费的若干意见》（国发〔2014〕46 号）和《中华人民共和国统计法》，结合本次体育产业的实地调查状况，对内蒙古自治区体育产业的基本法人单位基本名录库进行更新、维护和完善。

（三）任务完成情况

首先，摸清了截至 2015 年内蒙古自治区体育产业各类单位的基本情况，建立了内蒙古自治区体育产业各行业（尤其是体育服务业）的基本单位名录库。

其次，全面调查了 2015 年内蒙古自治区体育产业的发展规模、结构与布局，系统了解了内蒙古自治区体育产业的发展状况。

最后，探索建立了内蒙古自治区体育产业统计制度和核算制度，进一步建立和完善了内蒙古自治区体育产业基础数据库，为准确核算体育产业总规模、增加值等核心指标提供了可靠的基础数据。

三、内蒙古自治区体育产业专项调查方案

（一）专项调查范围和对象

本次体育产业专项调查在全国范围内开展，调查范围为新修订的《国家体育产业统计分类》中的部分行业，调查对象为规定行业范围内的法人单位。具体调查范围及类别如表 5-1 所示：体育管理活动（公共体育事务管理活动、体育社会组织管理活动、其他体育管理活动）；体育竞赛表演活动（职业体育竞赛表演

活动、非职业体育竞赛活动）；体育健身休闲活动（休闲健身活动、群众体育文化活动）；体育场馆服务（体育场馆、其他体育场地）；体育中介服务（体育中介服务）；体育培训与教育（体育培训、体育教育）；体育传媒与信息服务（体育出版物出版服务、体育影视及其他传媒服、互联网体育服务、其他体育信息服务）；其他与体育相关服务（体育旅游服务、体育健康服务、体育彩票服务、体育金融与资产管理服务、体育科技与知识产权服务）；体育用品及相关产业制造（体育用品制造，运动车、船、船空器等设备制造，特殊体育器械及配件制造，运动服装制造，运动鞋帽制造，体育游艺娱乐用品设备制造，其他体育用品及相关产品制造）；体育产品销售、贸易代理与出租（体育用品销售、运动服装销售、运动鞋帽销售、体育用品及相关产品综合销售、体育用品及相关产品互联网销售）；体育场地设施建设（固定资产投资 500 万元以上的体育场馆建设，室内、室外体育场地设施建设）。

表 5-1　内蒙古自治区体育产业专项调查范围及类别

调查范围	体育产业		
	代码	名称	
体育管理活动	0110	公共体育事务管理活动（9124＊）	
	0120	体育社会组织管理活动（9421＊、9422＊、9430＊、8890＊）	执行事业单位会计制度的体育组织
			执行民间非营利组织会计制度的体育组织
	0130	其他体育管理活动（8890＊＊）	
体育竞赛表演活动	0210	职业体育竞赛表演活动（8810＊＊、7219＊、8710＊）	
	0220	非职业体育竞赛活动（8810＊＊）	
体育健身休闲活动	0310	休闲健身活动	休闲健身活动（8830）
			星级宾馆饭店中的休闲健身活动（6110＊）
	0321	群众体育文化活动（8770＊）	
体育场馆服务	0410	体育场馆（8820）	
	0420	其他体育场地（8890＊＊、7810＊、7851＊）	
体育中介服务	05	体育中介服务（8942、7240＊、7299＊、8890＊、8949＊）	
体育培训与教育	061	体育培训（8292、8291＊、8299＊）	
	062	体育教育（8241＊、8236＊）	独立的体育院校
			非体育院校的体育专业教育

调查范围	体育产业		
	代码	名称	
体育传媒与信息服务	0710	体育出版物出版服务（852*）	
	0720	体育影视及其他传媒服务	体育电影和影视节目制作（8630*）
			体育广播、体育电视（8610*、8620*）
	0730	互联网体育服务（6420*、6540*）	
	0740	其他体育信息服务（6510*、6591*、7233*、7232*）	
其他与体育相关服务	0810	体育旅游服务	从事体育旅游服务的旅行社（7271*）
			游览景区体育旅游活动（7852*）
	0820	体育健康服务	运动医学类专科医院及体质监测机构（8890**、8315*）
			疗养院和中医院的运动康复或医疗活动（8316*、8312*）
	0830	体育彩票服务（8930*）	
	0850	体育金融与资产管理服务（6713*、6740*、6812*、7212*）	
	0860	体育科技与知识产权服务（7350*、7340*、7520*）	
体育用品及相关产品制造	091	体育用品制造（244）	
	0920	运动车、船、航空器等设备制造（3733*、3749*、3761*、3770*、3620*、3650*、3791*）	
	0930	特殊体育器械及配件制造（3329*、3399*、4030*、3891*、4022*、4023*）	
	0941	运动服装制造（1810*、1820*、1830*）	
	0942	运动鞋帽制造（1951*、1952*、1953*、1954*、2929*）	
	0950	体育游艺娱乐用品设备制造（2462*、2450*）	
	0960	其他体育用品及相关产品制造（3856*、1529*、1784*、2140*、1491*、1492*、2033*、2437*、2919*）	
体育产品销售、贸易代理与出租	1011	体育用品销售（5142、5242）	
	1012	运动服装销售（5132*、5232*）	
	1013	运动鞋帽销售（5133*、5233*）	
	1017	体育用品及相关产品综合销售（5211*、5212*）	
	1018	体育用品及相关产品互联网销售（5294*）	
体育场地设施建设	11	固定资产投资500万元以上的体育场馆建设	
		室内、室外体育场地设施建设（5010*、4890*）	

注：一个行业类别仅部分活动属于一个体育产业类别的，行业代码用"*"标记，一个行业类别属于两个以上体育产业类别的，行业代码用"**"做标记。

上述统计范围中每个类别必须调查的对象分别如下。

1. 体育管理活动

（1）公共体育事务管理活动。调查对象为各级政府所属的体育主管部门。包括区（县）级体育行政部门或具有行政职能的事业单位（体育局或者教体局）。若体育行政机构与其他社会事务管理机构合署办公，调查对象则为合署办公机构中的体育行政处室。

（2）体育社会组织管理活动。调查对象为从事体育专业、体育行业等管理和服务的各级各类体育社会组织。具体包括人群体育协会（青少年体育协会、老年体育协会、残疾人体育协会等）、从业者体育协会（体育新闻工作者协会等）、行业体育协会（农民体育协会、煤炭体协等）、体育行业协会（体育总会、体育用品联合会、体育场馆协会、体育产业协会、体育建筑业协会、运动休闲业协会等）、体育专业团体（体育发展战略研究会、中国体育科学学会等）、体育基金会及其他体育社会团体。

（3）其他体育管理活动。调查对象为从事其他未列明体育管理服务的组织和机构。包括从事竞技体育科技服务、体育工程科技服务、体育管理科技服务、体育器材装备服务、反兴奋剂管理服务、街道社区居委会和乡镇村民委员会等其他未列明的体育管理服务的组织和机构。

2. 体育竞赛表演活动

（1）职业体育竞赛表演活动。调查对象为从事职业联赛及商业体育表演活动的组织、宣传、训练、运动员服务和管理活动的组织和机构。包括开展职业联赛的全国性运动项目管理中心、单项运动项目协会、俱乐部联盟、联赛运营公司、企业化管理的体育俱乐部、体育赛事承办公司。

（2）非职业体育竞赛活动。调查对象为从事非职业的竞技体育比赛以及非竞技运动项目的组织、宣传、训练、运动员服务和管理活动的组织和机构。包括除职业联赛外所有竞赛表演活动的相关组织和机构，如体操、滑雪等奥运项目的全国或地方单项运动协会，信鸽等非奥运项目的全国或地方运动协会；从事非职业或业余体育赛事活动的各种体育俱乐部，含不同人群、不同运动项目的群众性体育俱乐部。

3. 体育健身休闲活动

（1）休闲健身活动。调查对象为主营或兼营面向社会开放的休闲健身场所和其他体育娱乐场所管理活动的组织和机构。包括综合体育娱乐场所、健身会所、健身俱乐部、高尔夫球会所、户外运动机构、体能拓展训练机构等以营利为目的、独立核算的企业法人单位；星级宾馆饭店中提供体育健身休闲服务的部门。

（2）群众体育文化活动。调查对象为从事群众体育文化活动、民族民间体育活动的组织和机构。包括各省份的社区、乡村全民健身活动站点、晨晚练点，社区、乡村文体活动站或中心，社区、乡村老年、少儿体育活动中心（站），青少年校外活动中心，青少年活动中心，少数民族体育协会或民族传统体育协会，少数民族项目体育俱乐部，从事体育非物质文化遗产保护活动的机构，开展体育电子游艺活动的电子游艺厅，组织移动电子竞技娱乐活动的机构，体育 APP 推广应用服务机构等。

4. 体育场馆服务

（1）体育场馆。调查对象为由政府投资或筹集社会资金兴建、各级体育行政部门或国有资产管理部门管辖的具有独立法人的体育场馆，如体育中心、综合性体育场（馆）、游泳场（馆）、篮球场（馆）、羽毛球场（馆）、乒乓球房（馆）等。

（2）其他体育场地。调查对象为从事除上述体育场馆外的其他体育场地的管理和服务的组织和机构。包括教育系统、厂矿、社区等运动场所的体育场地。

5. 体育中介服务

调查对象是为实现体育产品或服务的交易而充当媒介的、独立核算的服务业企业法人单位。包括主营或兼营体育中介业务的体育经纪公司、体育咨询公司、票务公司、体育广告公司等。

6. 体育培训与教育

（1）体育培训。调查对象为传授体育运动技能的非学历教育范畴的、独立核算的组织或机构。包括各种专业运动辅导机构（篮球、足球、乒乓球、羽毛球、田径、网球、高尔夫球等），体育活动"啦啦队"培训机构，各级、各类体育学校和业余体校，各类群众性体育培训、辅导学校等机构，各类健身培训俱乐部（交谊舞、国标舞、瑜伽等）等机构，致力于武术、棋类、赛车、气功、航空等技能培训的各种体育培训机构、专项运动俱乐部、学校、棋院等，青少年和少儿体育俱乐部、培训机构，体育经营管理、创意设计、科研、中介、运动防护师等体育专门人才的继续教育培训机构等。

（2）体育教育。调查对象为经教育行政部门批准，由国家、地方、社会办立的从事体育教育服务活动的学历教育范畴的、独立核算的组织或机构。包括体育专业院校、综合性大学体育院系、中等职业体育学校（不含体校）、非体育院校的体育院系等。

7. 体育传媒与信息服务

（1）体育出版物出版服务。调查对象为进行体育图书、体育报纸、体育期刊、体育音像制品和体育电子出版物等有版权物品的出版活动的、独立核算的企业法人单位，如体育报业总社，其他体育报、刊出版、发行机构，其他体育书籍的出版机构，体育音像出版机构，体育电子出版物、互联网出版机构等。

（2）体育影视及其他传媒服务。调查对象为主营或兼营体育电影、音像制品、体育广播、体育电视节目的制作、摄影及播出服务的、独立核算的企业法人单位。包括体育广播电视节目的制作与播出机构、体育电影的摄制与放映机构、体育录音录像等音视频内容制作机构、体育新闻机构、体育摄影服务机构等。

（3）互联网体育服务。调查对象为以互联网为平台，主营或兼营体育信息的采集、传输、存储、分析、处理与传播服务，体育网络平台服务，体育动漫游戏及电子竞技服务，体育 APP 应用，互联网与体育其他业态的融合发展服务的独立核算的企业法人单位，如搜狐体育、新浪体育、乐视体育、PPTV 体育频道等网络体育、体育电子竞技公司等。

（4）其他体育信息服务。调查对象为主营或兼营非互联网体育信息内容加工服务，体育健身、竞赛、管理、市场调查与体育经济等咨询服务，体育应用软件开发与经营等信息技术服务的企业法人单位。

8. 其他与体育相关服务

（1）体育旅游活动。调查对象为以推广、推销体育旅游产品为主营或兼营业务活动的、独立核算的服务业企业法人单位。包括向旅游者提供诸如体育娱乐、健身、竞技、康复、探险和观赏体育比赛等体育旅游产品的旅游公司、旅游网站、体育旅行社等。

（2）体育健康服务。调查对象为从事体质监测、运动康复、健身调理等行为的组织和机构。包括国民体质监测与康体服务机构，体育运动医学和创伤医院，社会体育指导员服务机构，科学健身调理服务机构，各级、各类运动医疗及康复场所，各级、各类运动干预、治疗服务俱乐部等机构等。

（3）体育彩票服务。调查对象为从事体育彩票发行、销售等行为的组织和机构。包括体育彩票管理中心，体育彩票发行、销售网点，其他体育彩票销售、印务等服务机构等。

（4）体育金融与资产管理服务。调查对象为从事体育基金管理、体育保险、体育投资与资产管理及产权交易等相关服务业务的法人单位。

（5）体育科技与知识产权服务。调查对象为从事体育人文科学、运动医学研究的组织或机构。包括各级各类体育科研院所、智库研究中心等机构，体育工程研发与技术服务机构，体育知识产权服务（赛事转播权、体育无形资产评估等）机构等。

9. 体育用品及相关产品制造

（1）体育用品制造。调查对象为以球类、体育器材及配件、训练健身器材、运动防护用具等加工为主营业务的、独立核算的工业企业法人单位。

（2）运动车、船、航空器等设备制造。调查对象为主营或兼营运动船艇、运动航空器、运动休闲车及配件、潜水设备制造的、独立核算的工业企业法人单位。

（3）特殊体育器械及配件制造。调查对象为主营或兼营武术器械和用品，运动用枪械、运动枪械用弹，可穿戴运动检测装备，体育场馆、卡丁车场、赛车场等用显示屏、计时记分系统，飞行用风向标、测风仪，无线电测向、导航、定向用电子打卡计时设备及运动轨迹实时监控系统等特殊体育器械及配件制造的、独立核算的工业企业法人单位。

（4）体育服装鞋帽制造。调查对象为主营或兼营运动服装、运动鞋帽等制造的、独立核算的工业企业法人单位。这里的运动服装指单件和成套生产的适合体育活动时穿着的服装，包括各式运动服、游泳装、滑雪服等；运动鞋指各种材质制造的适合体育活动时穿着的运动鞋、徒步鞋、跑鞋、足球鞋、网球鞋、篮球鞋、体操鞋、训练鞋、滑雪板靴等；运动帽指各种材质制造的适合体育活动时佩戴的帽子。

（5）体育游艺娱乐用品设备制造。调查对象为主营或兼营台球器材及配件、沙狐球桌及其配套器材、桌式足球器材及配件、棋类娱乐用品、牌类娱乐用品、专供游戏用家具式桌子、带动力装置仿真运动模型机器附件、保龄球设备及器材等体育游艺娱乐用品设备制造的、独立核算的工业企业法人单位。

10. 体育产品销售、贸易代理与出租

调查对象为通过专卖店、专营店、大型超级市场、百货公司、电子商务交易平台主营或兼营体育用品、运动服装、运动鞋帽等体育相关产品批零业务的、独立核算的商业企业法人单位。包括体育用品专卖店、专营店（百货公司、大型超市的专卖店除外）、大型超市、百货公司、应用第三方商务平台和自营平台进行体育产品销售的企业等。

11. 体育场地设施建设

（1）室内体育场地设施建设。调查对象为体育馆工程服务、体育及休闲健身用房屋建设机构，室内运动地面（如足球场、篮球场、网球场等）以及室内滑冰、游泳设施（含可拼装设施）的安装施工单位等。

（2）室外体育场地设施建设。调查对象为室外田径场、篮球场、足球场、网球场、高尔夫球场、跑马场、赛车场、卡丁车赛场以及室外全民体育健身工程（含健身路径、健身步道等）设施等室外场地设施的工程施工单位等。

对于上述调查范围的其他调查对象，如兼营体育健身休闲活动的其他单位或个体户，从事体育用品、体育服装鞋帽销售的个体经营者等，各盟市可以根据自己的需要自行研制调查方案开展相关类别的统计工作。

（二）调查时间

本次体育产业专项调查是调查 2015 年度内蒙古自治区体育产业的情况。

（三）调查内容

调查内容主要包括以下两方面：一方面是法人单位的基本属性、从业人员、财务状况、生产经营情况等，另一方面是法人单位中体育产业活动的经营性收入或非经营性费用支出、体育服务产品的生产和提供情况等。

（四）调查方法

本次内蒙古自治区体育产业专项调查同全国体育产业专项调查方法一致，采用全面调查、抽样调查、典型调查以及部门行政记录相结合的方式进行，如表 5 - 2 所示。

表5－2 内蒙古自治区体育产业专项调查方法

调查范围	体育产业		调查方法
	代码	名称	
体育管理活动	0110	公共体育事务管理活动（9124*）	行政记录
	0120	体育社会组织管理活动（9421*、9422*、9430*、8890*）	执行事业单位会计制度的体育组织	行政记录
			执行民间非营利组织会计制度的体育组织	利用和完善基础名录库全面调查
	0130	其他体育管理活动（8890**）	行政记录
体育竞赛表演活动	0210	职业体育竞赛表演活动（8810**、7219*、8710*）	利用和完善基础名录库全面调查
	0220	非职业体育竞赛活动（8810**）	利用和完善基础名录库全面调查
体育健身休闲活动	0310	休闲健身活动	休闲健身活动（8830）	抽样调查
			星级宾馆饭店中的休闲健身活动（6110*）	典型调查
	0321	群众体育文化活动（8770*）	典型调查
体育场馆服务	0410	体育场馆（8820）	利用和完善基础名录库全面调查
	0420	其他体育场地（8890**、7810*、7851*）	行政记录
体育中介服务	05	体育中介服务（8942、7240*、7299*、8890*、8949*）	有条件的省、自治区、直辖市利用和完善基础名录库全面调查
体育培训与教育	061	体育培训（8292、8291*、8299*）	利用和完善基础名录库全面调查
	062	体育教育（8241*、8236*）	独立的体育院校	利用和完善基础名录库全面调查
			非体育院校的体育专业教育	行政记录
体育传媒与信息服务	0710	体育出版物出版服务（852*）	利用和完善基础名录库全面调查
	0720	体育影视及其他传媒服务	体育电影和影视节目制作（8630*）	抽样调查
			体育广播、体育电视（8610*、8620*）	利用和完善基础名录库全面调查
	0730	互联网体育服务（6420*、6540*）	利用和完善基础名录库全面调查
	0740	其他体育信息服务（6510*、6591*、7233*、7232*）	利用和完善基础名录库全面调查

调查范围	体育产业			调查方法
	代码	名称		
其他与体育相关服务	0810	体育旅游服务	从事体育旅游服务的旅行社（7271＊）	抽样调查
			游览景区体育旅游活动（7852＊）	抽样调查
	0820	体育健康服务	运动医学类专科医院及体质监测机构（8890＊＊、8315＊）	利用和完善基础名录库全面调查
			疗养院和中医院的运动康复或医疗活动（8316＊、8312＊）	典型调查
	0830	体育彩票服务（8930＊）		行政记录
	0850	体育金融与资产管理服务（6713＊、6740＊、6812＊、7212＊）		有条件的省、自治区、直辖市利用和完善基础名录库全面调查
	0860	体育科技与知识产权服务（7350＊、7340＊、7520＊）		利用和完善基础名录库全面调查
体育用品及相关产品制造	091	体育用品制造（244）		行政记录
	0920	运动车、船、航空器等设备制造（3733＊、3749＊、3761＊、3770＊、3620＊、3650＊、3791＊）		有条件的省、自治区、直辖市利用和完善基础名录库全面调查
	0930	特殊体育器械及配件制造（3329＊、3399＊、4030＊、3891＊、4022＊、4023＊）		有条件的省、自治区、直辖市利用和完善基础名录库全面调查
	0941	运动服装制造（1810＊、1820＊、1830＊）		抽样调查
	0942	运动鞋帽制造（1951＊、1952＊、1953＊、1954＊、2929＊）		抽样调查
	0950	体育游艺娱乐用品设备制造（2462＊、2450＊）		有条件的省、自治区、直辖市利用和完善基础名录库全面调查
	0960	其他体育用品及相关产品制造（3856＊、1529＊、1784＊、2140＊、1491＊、1492＊、2033＊、2437＊、2919＊）		有条件的省、自治区、直辖市利用和完善基础名录库全面调查
体育产品销售、贸易代理与出租	1011	体育用品销售（5142、5242）		行政记录
	1012	运动服装销售（5132＊、5232＊）		抽样调查
	1013	运动鞋帽销售（5133＊、5233＊）		抽样调查

调查范围	体育产业		调查方法
	代码	名称	
体育产品销售、贸易代理与出租	1017	体育用品及相关产品综合销售（5211＊、5212＊）	典型调查
	1018	体育用品及相关产品互联网销售（5294＊）	行政记录
体育场地设施建设	11	固定资产投资500万元以上的体育场馆建设	行政记录
		室内、室外体育场地设施建设（5010＊、4890＊）	利用和完善基础名录库全面调查

1. 全面调查

采用全面调查方法，在利用和完善基础名录库的基础上，对所有调查对象逐一展开调查，使用全面报表，以法人单位为基础，获取全面数据。

在全区范围内开展全面调查的具体调查对象如下：执行民间非营利组织会计制度的体育社会组织管理机构；职业体育竞赛表演机构；非职业体育竞赛机构；体育场馆；体育培训服务机构；独立的体育院校；体育出版社；体育广播和电视传媒机构；互联网体育服务机构；其他信息服务机构；运动医学类专科医院及体质监测机构；体育科技与知识产权服务机构；室内外体育场地设施安装的建筑业企业。

2. 抽样调查

抽样调查的具体对象包括休闲健身企业、电影和影视广告制作公司、旅行社、游览景区、服装鞋帽制造企业、服装鞋帽销售企业。

3. 典型调查

典型调查的具体对象包括星级宾馆饭店、群众文化活动机构、疗养院、中医院、百货公司、超级市场。

4. 行政记录

采用行政记录法获取的资料主要包括公共体育事务管理机构、执行事业单位会计制度的体育组织管理机构、其他体育管理机构、其他体育场地、非体育院校的体育专业教育、体育彩票服务、体育用品制造、体育用品销售、体育用品及相关产品互联网销售、固定资产投资为 500 万元以上的体育场馆建设的核心指标数据。

（五）调查进度安排

专项调查工作的进度安排如下：2016 年 5 月底完成调查方案设计、培训教材编写、试点调查等准备工作，并完成专项调查工作布置；6 月 10 日前完成盟市的相关调查业务培训；6 月底各盟市及区旗县完成基础名录库核查工作；7 月中旬完成调查对象确定工作；8 月 15 日前完成调查单位数据采集；9 月底完成调查资料的审核和汇总；10 月上旬完成上报工作。

（六）质量控制

建立调查质量控制岗位责任制，制定体育产业专项调查质量控制办法和实施细则，对方案的培训、调查单位的核实与登记、调查表的填报、调查表的审核和数据处理等各个环节的工作实行全过程的质量控制，对辖区内的调查数据采取随机抽样与重点抽样相结合的方法进行事后质量检验与评估。其中，控制数据质量尤为关键。具体控制数据质量措施包括以下内容：①数据质量控制贯穿于调查始终（扎实落实岗位责任制，国家负责省、省负责盟市、盟市负责县）；②加强培训，提高各盟市及区旗县调查员业务能力；③加强宣传，提高调查对象配合程度；④提高名录库核查质量，确保调查单位不重不漏（名录库中存在的企业必须核实，不在的企业必须补充）；⑤严格按照报表填报要求填报调查表；⑥重视报表填报的完整性和计量单位的审核；⑦高度重视对填报数据逻辑关系的审核；⑧提高对数据质量的评估、审核能力；⑨数据抽样复核（第三方机构实施），不合格的必须退回重新调查。

（七）报送方式、时间与经费保障

1. 报送方式与时间

调查单位通过电子邮件或现场填报等方式对调查表进行填报，并通过专项调查统计软件逐级报送至内蒙古自治区体育局。调查单位数据报送的截止日期为 2016 年 8 月 15 日，自治区专项调查机构验收并上报的截止日期为 2016 年 9 月 5 日。

各盟市及区旗县体育局、教体局在调查结束后向内蒙古自治区体育局递交报送以下材料：经过摸排的相关名录库（Excel 格式，以电子文档上报）；调查所得资料（未经汇总的原始数据，以纸质调查资料上报）。

2. 经费保障

此次专项调查经费按任务分工实行分级负责制。

（八）专项调查表

调查表同国家体育产业专项调查所需表格一致。

（九）专项调查组织实施和相关要求

1. 调查任务分工

在本次专项调查中国家统计局负责提供产业机构基础名录库信息，在样本抽取、产业数据审核、核算等方面给予技术支持，协调促进地方统计部门积极参与体育产业专项调查工作。由内蒙古自治区体育局负责调查组织和实施，包括调查的宣传动员、方案制定、培训和部署、单位登记、资料开发、日常的组织和协调工作等。内蒙古自治区统计局、内蒙古自治区工商局、内蒙古自治区税务局、内蒙古自治区旅游局、内蒙古财经大学等部门协助支持本次体育产业专项调查的开展。具体分工建议如下：

（1）体育局牵头并负责组织实施协调等工作。

（2）统计局负责解释调查指标及相关数据的提供，协助事后质量抽查。

（3）国家体育总局及地方工商局负责提供内蒙古自治区体育产业的基本单位名录库数据，并督促法人单位的数据填报。

（4）税务局提供法人单位的纳税记录，以获得法人单位的相关经济指标。

（5）旅游局协助调查人员对法人单位的调查。

（6）内蒙古财经大学负责调查工作方案的设计。

（7）各盟市及区旗县体育局、教体局要按照调查方案的要求，积极与当地统计部门沟通协调，争取获得支持，组织好本地区调查的具体实施工作。主要工作包括完成基础单位名录库的核查、调查报表的发放、数据的回收与上报等。

2. 调查报表

本报表制度实行全国统一的统计分类标准和统一编码，各调查单位必须严格贯彻执行，不得擅自变更。表内各项指标的含义、口径范围，要严格按照专项调查有关解释执行，各项指标和平衡关系要符合审核条件的规定。计量单位必须按要求填写，保留整数。

3. 调查单位名录

调查单位名录由国家体育总局统一下发名录信息。

4. 数据采集工作流程

（1）建立调查单位名录信息。由各省、地市专项调查机构将本区域内调查单位名录下发给各基层调查单位，由基层调查单位将调查单位名录信息提供给调查片区负责人和调查员，调查员根据任务分工，进行入户调查。

（2）调查前进行预约。调查前，通过电话等方式与被调查单位进行联系，告知前来调查登记的时间、内容、时长等，并建议调查对象安排一名联络员负责联络协调，建议以财务人员为主。对于联系不上或不同意配合的，可以直接入户联系或预约入户调查时间。

（3）现场调查登记。现场拜访负责人，由负责人进行情况介绍（围绕单位基本情况表）。请负责人或财务提供如下材料（部分信息调查对象负责人可能难以提供），以便调查员进行相关信息的阅看与摘录：①营业执照或法人登记证书。②行政事业单位提供"2015年度收入支出决算总表"，企业单位提供"2015年度企业财务会计决算报表"，如果难以提供，可由负责人告知相关信息，由调查员填写。③本单位就业人员统计表。

（4）调查员进行数据质量控制。①调查员自查，就登记表中的相关指标逻辑性进行复核，并与被调查的单位负责人进行现场确认，并签字盖章；②调查片区负责人对每一份登记表进行复查；③接受上级调查部门检查。

（5）材料上交。登记表核实无误后，调查员将登记表及时上交给调查片区负责人，由调查片区负责人统一收缴、整理，交至所属专项调查机构。

5. 现场调查须知

现场调查是调查员进行体育产业专项调查非常重要的环节，是调查员个人综合素质的体现。调查员能否熟练地掌握和运用各种询问技巧，从而与调查对象进行融洽沟通，对于调查工作能否顺利进行并取得较为准确的调查结果具有十分重要的影响。

（1）携带现场调查所需用品。调查员现场调查登记前应准备：①调查工作证、《致全省体育产业从业机构负责人的一封信》；②所承担调查区域被普查单位名录信息、通讯录（被调查单位联系人及电话、调查片区负责人电话、所在盟市及区旗县调查机构电话）；③登记表；④调查所需文具（手提袋、铅笔、手写垫板、记录本、若干草稿纸等）。

（2）向调查对象介绍自己。首先，要树立良好的第一印象。由于调查员是受政府的委托，代表政府进行专项调查工作，因此要展现良好的仪表和精神面貌。具体要求：衣帽整齐、举止端庄、语言谦和，按规定佩带调查员证，有条件的可统一着装（宣传文化衫）。其次，要说好开场白。具体内容：①我是谁（即说明调查员的身份）；②我要做什么（来访目的，调查的性质和大致内容）；③表明不会占用对方太多时间；④承诺对调查数据保密；⑤希望得到对方的支持和配合。

（3）正确询问问题。①态度友善；②表述清楚；③内容全面（从费用支出询问开始）；④适当解释；⑤循序渐进；⑥择时入户；⑦注意保密；⑧铅笔填写。

（4）调查对象现场难以提供数据。当调查对象现场难以提供数据时，应做好以下应对措施：①留下调查表和联系方式，商定取表时间；②再次约定入户调查时间；③解释沟通，做调查对象思想工作。

（5）拒绝调查的现场处理。当调查对象拒绝调查时，对相应情况进行对应处理：①调查是否可信。如果调查对象对此次调查工作的可信度表示怀疑，调查员除了出示工作证外，还可以通过出示有关政府文件、宣传材料及国家统一印制的调查表等文件来取得对方信任。②为什么要调查我：调查员要向对方说明全国体育产业专项调查的对象：按照规定，贵单位属于我们的调查范围，并且是我负责的调查对象。③提供这些资料会不会对我有不利影响？我能不能看看别人的资料？首先，重申调查纪律是绝不能泄露调查资料的，并查阅《统计法》相关条款；其次，说明此次普查的所有数据决不会作为征税、缴费或任何行政处罚的依据，只作宏观分析用，不会对外提供个体资料。④被调查对象没有时间接受调查。如果时间不当，可以和被调查对象协商。遇到这种情况，调查员需要仔细辨别。如果被访问人真的因为忙，无法接受访问，调查员可根据实际情况向被调查对象建议："我等您手头的这件事忙完""我等会儿再来调查""您看我什么时候过来调查您比较方便"。如果被访问人只是嫌麻烦，调查员应帮助被访问人清楚地理解调查的重要性和法定性，争取时间及早进入调查，不要因被调查对象声称非常忙而有迟疑。⑤拒绝调查。经调查员反复解释，被调查对象仍拒绝调查时，不要发生语言和肢体冲突，由调查员则将情况上报调查片区负责人，由调查片区负责人进行沟通、协调，另行确定时间进行调查；若调查指导员仍难以协调处理的，由调查指导员上报盟市及区旗县专项调查机构，由盟市及区旗县协调相关方面力量，予以集中解决。

（6）现场调查注意事项。调查员在现场调查过程中切勿与被调查对象发生语言和肢体冲突。同时，应注意个人人身安全，在偏远地区进行调查时，建议结伴进行调查。调查对象拒不配合的集中应对：①加强专项调查的宣传工作；②召开企业座谈会；③发放《致调查对象的一封信》；④通过相关协会或业务合作单位沟通；⑤通过调查对象所在辖区统计局对口统计员或税务专管员进行协调；⑥数据评估，重点是主营业务收入和从业人员的评估。

（7）非现场调查的数据采集。非现场调查采集的数据包括以下内容：①2015年度体育统计年报数据，尤其是财务数据；②第六次体育场地普查数据；③体育彩票服务；④体育用品制造、体育用品销售（需根据名录库，确定企业在统计局的行业代码，如果行业代码错误，需根据核算需要进行调整）。

（十）数据审核和数据评估

1. 数据审核

对于企业财务状况表需要特别注意其营业收入项，评估、审核调查对象是否对此项存在瞒报的情况。调查对象的营业收入可以从其经营的业务、日常经营的情况与收费情况、消费人群数量等业务指标反映出来。例如体育健身休闲企业，根据其会员数量、会员卡价格、单次消费价格等信息，可推算出其大概的经营收入，评估其经营收入是否与其填报的经营收入一致。同时，也可以通过其经营成本来（从业人员劳动报酬、就业人数、营业场地面积、场地租金、水电费、税金、毛利润率等）反推其营业收入。例如，某企业有员工100人，假设人均年工资为4万元，则从业人员劳动报酬至少为400万元，其经营收入一般情况下要大于从业人员劳动报酬合计。

对于企业财务状况表重点审核其从业人员劳动报酬与从业人员数量之间的逻辑关系，人均年工资水平一般不会低于2万元左右。

企业财务状况表中营业收入与主营业务成本具有一定的对应关系，两者之间一般不会出现数倍差距。

对于行政事业单位财务状况表，在审核中一定要注意所有项目必须填全，不得空项，收支结余一般为零。

对于单位基本情况表要重点审查从业人员一项，部分协会易将会员人数当作从业人员。

抽样调查获得的系数也要经得起上级部门的审核，尤其是总局的审核。例如，百货公司、超级市场中体育用品、运动服务鞋帽销售的比例不可能过高，如果远远高于全国平均水平，则难以通过专家和总局审核。

2. 数据评估

数据评估的思路主要是通过业务指标或运营成本反推其营业收入。进行数据评估时需进行调研，需通过询问或聊天等方式了解有关情况。在询问、调查的顺序上，应先询问费用支出情况，因为调查对象对费用支出情况较易如实填报。根据费用情况，调查员既可大致推算其最低营业收入，也可通过营业面积、生产规模、人员工资等指标进行初步判断。同时，数据评估要慎用。

体育服装鞋帽销售从业机构评估：根据员工人数、平均工资水平、员工工资（一般是底薪＋销售提成）构成等方面进行评估。如一家安踏体育服装销售店，店内有三名工作人员，一般是两班倒，工作人员应记六名，每人月工资2500元，底薪1000元，则提成是1500元，按照3%的销售额提成，平均每个员工的销售额是5万元，月均销售额是30万元，该店年均销售额至少是360万元。

四、内蒙古自治区体育产业专项调查汇总分析

（一）体育产业专项调查分析

1. 2015年体育产业公告

2017年4月28日，内蒙古自治区体育局、内蒙古自治区统计局联合发布2015年内蒙古自治区体育产业规模及增加值数据。经统计核算，2015年，内蒙古自治区体育产业总产出（总规模）为283.34亿元，增加值为138.84亿元，占同期地区生产总值的比重为0.78%。按照国家体育产业11个大类进行分类，体育用品及相关产品销售、贸易代理与出租总产出和增加值最大，分别为242.04亿元和120.99亿元，占内蒙古自治区体育产业总产出和增加值的比重分别为85.43%和87.15%。体育服务业（除体育用品及相关产品制造、体育场地设施建设外的其他9大类）总产出和增加值分别为274.54亿元和135.55亿元，占内蒙古自治区体育产业总产出和增加值的比重分别为96.89%和97.73%。其中，体育场馆服务总产出和增加值分别为11.2亿元和6.1亿元，占内蒙古自治区体育产业总产出和增加值的比重分别为3.95%和4.39%（见表5-3）。

表5-3 内蒙古自治区2015年体育产业总产出和增加值

序号	名称	总量（亿元）		结构（%）	
		总产出	增加值	总产出	增加值
1	体育管理活动	6.00	1.87	2.12	1.35
2	体育竞赛表演活动	6.58	2.97	2.32	2.14
3	体育健身休闲活动	2.66	0.98	0.94	0.71
4	体育场馆服务	11.20	6.10	3.95	4.39
5	体育中介服务	0.00	0.00	0.00	0.00
6	体育培训与教育	2.42	1.11	0.85	0.80
7	体育传媒与信息服务	0.01	0.00	0.00	0.00
8	其他与体育相关服务	3.63	1.52	1.28	1.09
9	体育用品及相关产品制造	1.93	0.61	0.68	0.44
10	体育用品及相关产品销售、贸易代理与出租	242.04	120.99	85.43	87.15
11	体育场地设施建设	6.87	2.68	2.42	1.93
合计	内蒙古自治区体育产业	283.34	138.84	100.00	100.00

注：若总量与分量合计尾数不等，是因数值修约误差所致，未做机械调整。

2. 体育产业总产出及增加值分析

依据实地调查得到的企业名录库数据，计算得到内蒙古自治区各盟市体育产业总产出及增加值。从中可以看出，内蒙古自治区各盟市之间的体育产业整体发展水平不平衡，两极分化较为严重。其中，乌兰察布市和呼伦贝尔市的体育产业总产出和增加值占比较大，赤峰市、阿拉善盟和乌海市占比较小。

3. 各盟市体育产业期末从业人员数

由各盟市的体育产业期末从业人员数可以看出，整个内蒙古自治区体育产业2015年期末从业人员数为13846人次。由国家统计局官网数据可得，2015年内蒙古自治区年末常住人口为2511万人次，体育产业从业人员数占总人口的0.055%。就各盟市体育产业从业人员数而言，呼包鄂地区的体育产业从业人员数占比较高，阿拉善等较落后地区的从业人员数占比较低。就业人员数的多少与各盟市的地域面积和体育产业发展规模有关，但从业人员数在内蒙古自治区的占比则与各盟市的经济发展情况有关。

4. 各盟市体育产业法人单位数

截至 2015 年，内蒙古自治区体育产业法人单位数为 1395 家。现对收集到的内蒙古自治区体育产业个数，按盟市进行分类，结果如图 5－1 所示。可以发现：呼伦贝尔市的体育产业法人单位数最多，为 253 家，占整个内蒙古自治区体育产业法人单位数的 18.14%；其次为呼和浩特市，体育产业法人单位数为 221 家，占整个内蒙古自治区体育产业法人单位数的 15.84%；第三为赤峰市，体育产业法人单位数为 199 家，占整个内蒙古自治区体育产业法人单位数的 14.27%。各盟市中体育产业法人单位数排在后三名的是兴安盟、乌兰察布市、阿拉善盟，分别为 71 家、66 家、30 家，占比分别为 5.09%、4.73%、2.15%。

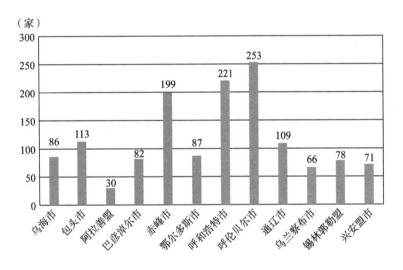

图 5－1　内蒙古自治区各盟市体育产业法人单位数

对收集到的内蒙古自治区体育产业法人单位数，按体育产业类别进行分类，结果如图 5－2 所示。可以发现：第 1 大类的体育产业法人单位数最多，为 549 家，占整个内蒙古自治区体育产业法人单位数的 39.35%；其次为第 3 大类，体育产业法人单位数为 193 家，占整个内蒙古自治区体育产业法人单位数的 13.84%；第三为第 10 大类，体育产业法人单位数为 166 家，占整个内蒙古自治区体育产业法人单位数的 11.90%。各类别中体育产业法人单位数排在后三名的是第 8 大类、第 5 大类、第 11 大类，为 24 家、18 家、6 家，占比分别为 1.72%、1.29%、0.43%。

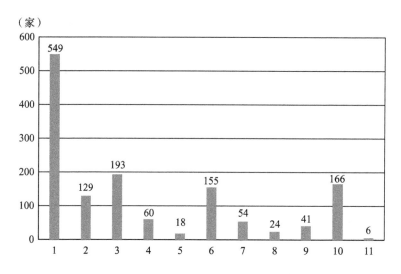

图 5－2　内蒙古自治区体育产业各类别法人单位数

注：上表中横坐标数字分别对应《国家体育产业统计分类》中的 11 类体育活动名称。1 表示单位基本情况；2 表示体育服务业企业；3 表示体育服务业行政、事业单位；4 表示体育服务业民间非营利组织单位；5 表示非独立体育部门；6 表示服务业企业；7 表示百货公司、大型超市中体育用品、运动服装鞋帽销售；8 表示服装、鞋帽销售企业中体育服装鞋帽销售；9 表示制造业企业体育产品制造；10 表示体育制造业；11 表示室内外体育场地设施安装企业。

5. 各盟市体育产业固定资产原价

固定资产原价指企业在建造、改置、安装、改建、技术建造、固定资产计量时实际支出的全部货币总额。正确计算固定资产原价是客观反映企业财产的必要条件，也是正确计提折旧的重要前提。图 5－3 为内蒙古自治区各盟市体育产业固定资产原价，可以看出：呼伦贝尔市、鄂尔多斯市、赤峰市和呼和浩特市的固定资产原价相对较高，分别为 1107387.77 千元、1080709.50 千元、1074434.72 千元和 659287.92 千元，其中鄂尔多斯市和赤峰市两个盟市相差不大；而兴安盟、锡林郭勒盟、阿拉善盟、乌兰察布市、通辽市、乌海市、巴彦淖尔市、包头市的固定资产原价相对较低，分别为 150583.40 千元、63166.90 千元、27209.50 千元、24027.00 千元、23073.18 千元、7292.98 千元、6923.03 千元和 952.27 千元。

6. 体育产业专项调查的经验

（1）各个部门充分配合，积极协助开展专项调查工作。体育产业专项调查工作涉及社会的方方面面，仅靠体育部门是不行的，必须得到有关部门的有力支持，尤其是统计等部门。为此，有关部门进行了积极沟通，在专项调查工作的诸多关键环节，都有统计局等有关部门的积极参与。为了切实做好体育及相关产业专项调查的相关工作，要求各地体育部门和统计部门充分认识做好这次专项调查工作的重要意义，增强责任意识，加强领导、通力协作、明确职责、各司其职，并按照工作部署精心组织，切实做好这项推进体育产业长远发展的基础性工作。各相关单位领导对本次体育产业专项调查工作的高度重视，为各盟市体育产业专项调查工作的顺利开展提供了有效保障。

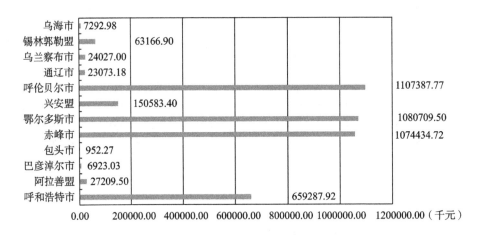

图 5-3　内蒙古自治区各盟市体育产业固定资产原价

（2）强化组织机构建设。在具体操作实施时，按照系统设置的层级系统，调查小组负责盟市，盟市负责旗县。调查小组的建立为调查方案的贯彻落实提供了强有力的组织保障。由于各级领导的重视，从上而下构建了强有力的组织领导机构，建立了一套指挥有力、运转协调、沟通顺畅的专项调查工作组织领导机制，使专项调查工作从一开始就进入良性发展的轨道，从而有效地保障了专项调查工作快速、扎实、有序、高效地进行，为专项调查工作的圆满完成打下了良好的基础。

（3）加强培训、沟通与协调，稳步推进专项调查工作。由于此次专项调查涉及面广、专业性强，且是第一次开展，缺乏相关经验，因此，培训工作成为专项调查的重中之重，是本次专项调查得以高质量完成的关键。体育局对此非常重视，专项调查工作小组先后在武川、呼和浩特市对体育产业专项调查的队伍人员进行了培训，贯彻落实体育产业专项调查工作精神和方案。体育局和统计局的同志参加了培训工作会议，有关专家针对专项调查组织实施、名录库建设和基础信息数据库等重要环节进行了集中业务培训，并解答了相关问题。培训的顺利召开，为顺利实施内蒙古自治区体育及相关产业专项调查工作奠定了基础，为全面深入开展工作开了个好头。此外，在暑假期间，调查小组还组织内蒙古财经大学学生参与各盟市体育产业专项调查，使效率得到极大的提高。

有效的沟通机制也为内蒙古自治区体育产业专项调查工作的顺利完成提供了保障。此次专项调查专门建立了QQ群及微信群，通过QQ和微信平台与各盟、市、县沟通，解决工作中遇到的各种问题，及时发布专项调查的相关信息。在工作的开展过程中，内蒙古自治区体委一直保持与所属单位的联系，及时掌握工作进度，并定期进行专项检查和抽查工作，督促专项调查工作的开展，帮助具体调查统计人员解决困难和问题。此次专项调查工作还专门配套建立了联络员通讯录和QQ工作群，发现问题及时沟通、及时解决、这些制度和措施的建立，保障了信息交流、传输的通畅，提高了工作效率。

7. 体育产业专项调查的问题

（1）各盟市培训人员的学习态度不一，积极性有待提高。

（2）地区体育产业发展不平衡，阿拉善盟、乌海市、乌兰察布市体育产业发展相对落后。

（3）从调查结果看，经验情况调查表数据准确性较差，数据剥离较困难。

（4）体育产业核算缺乏统一方法。

（5）有的被调查对象配合度不高。

（6）大量体育场馆闲置，没有合理利用。

8. 建议

（1）应加强培训动员工作，重点强调培训的重要性。

（2）加大对体育产业落后盟市的投资。

（3）实地调查人员应加强对数据的审核，保证数据的准确性。

（4）应给出体育产业总产出及增加值统一化的标准核算公式。

（5）体育局和统计局可进一步加深合作，出台相关文件政策，以督促地方统计局协助完成调查工作。

（6）加强对大型体育场馆运营管理工作的指导，盘活场馆资源、提高使用效益。

（7）体育产业调查工作的开展需自上至下地进一步统筹，让基层更好地完成工作。

9. 改进政策措施

（1）鼓励社会资本进入体育产业领域。进一步拓宽体育产业投融资渠道，支持符合条件的体育产品、服务等企业上市。鼓励各类金融机构增加适合中小微体育企业的信贷品种。支持扩大对外开放，鼓励境外资本投资体育产业。鼓励保险公司围绕健身休闲、竞赛表演、场馆服务、户外运动等需求推出多样化保险产品。推广和运用政府与社会资本合作等多种模式，吸引社会资本参与体育产业发展。

（2）加大政府投入。各级人民政府要将全民健身经费纳入财政预算，并保持与国民经济增长相适应。要加大投入，安排投资支持体育设施建设。要安排一定比例的如体育彩票公益金等财政资金，通过政府购买服务等多种方式，积极支持群众健身消费，鼓励公共体育设施免费或低收费开放，引导经营主体提供公益性群众体育健身服务。政府引导设立由社会资本筹资的体育产业投资基金。自治区设立支持体育发展专项资金，有条件的盟市、旗县（市、区）也要设立支持体育发展专项资金，对符合条件的企业、社会组织给予项目补助、贷款贴息和奖励。盟市和旗县（市、区）参照国家和自治区补助办法对中小型体育场馆进行补助。旗县级人民政府应当为所属免费开放体育设施的学校办理公众责任保险。鼓励引导企事业单位、学校、个人购买运动伤害类保险。制定体育公共服务标准和政府购买体育公共服务项目库，支持群众健身消费。

（3）完善税费价格政策。充分考虑体育产业特点，将体育服务、用品制造等内容及其支撑技术纳入国家重点支持的高新技术领域，对经认定为高新技术企业的体育企业减按15%的税率征收企业所得税。提供体育服务的社会组织，经认定取得非营利组织企业所得税免税优惠资格的，依法享受相关优惠政策。体育企业发生的符合条件的广告费支出，符合税法规定的可在税前扣除。落实符合条件的体育企业创意和设计费用税前加计扣除政策。落实企业从事文化体育业按3%的税率计征营业税。鼓励企业捐赠体育服装、器材装备，支持贫困旗县（市、区）和农村牧区体育事业发展，对符合税收法律法规规定条件的向体育事业的捐赠，按照相关规定在计算应纳税所得额时扣除。体育场馆自用的房产和土地，可按有关规定享受房产税和城镇土地使用税优惠。2020年12月31日前，国家和自治区鼓励新办的体育企业，自工商注册之日起，5年内免征企业所得税地方分项部分。对符合西部大开发税收优惠政策的体育企业，可按有关规定减按15%的税率征收企业所得税。体育场馆等健身场所的水、电、气、热价格按不高于一般工业的标准执行。

（4）完善规划布局与土地政策。各地区要将体育设施用地纳入城乡规划、土地利用总体规划和年度用地计划，合理安排用地需求。新建居住区和社区要按相关标准规范配套群众健身相关设施，按室内人均建筑面积不低于0.1平方米或室外人均用地面积不低于0.3平方米执行，并与住宅区主体工程同步设计、同步施工、同步验收、同步投入使用。凡老城区与已建成居住区无群众健身设施的，或现有设施没有达到规划建设指标要求的，要通过改造等多种方式予以完善。充分利用郊野公园、城市公园、公共绿地及城市空置场所等建设群众体育设施。鼓励基层社区文化体育设施共建共享。在老城区和已建成居住区中支持企业、单位利用原划拨方式取得的存量房产和建设用地兴办体育设施，对符合划拨用地目录的非营利性体育设施项目可继续以划拨方式使用土地。优先保证公共体育基础设施建设用地需求，符合土地利用总体规划的，优先予以保障土地利用年度计划。对于已列入划拨用地目录内的项目，可以划拨方式使用土地。各盟市、旗县（市、区）存量建设用地和收购储备的土地可优先安排体育产业建设项目使用。对体育产业项目用地，经项目所在地旗县级以上人民政府同意，可按国家有关规定分期缴纳土地出让金。所缴纳的土地出让金，优先用于所在地区的体育基础设施建设。符合国家政策的体育产业项目，企业使用经批准改造的废弃土地，可按有关减免税程序办理，从使用月份起免缴土地使用税10年。

（5）完善人才培养和就业政策。加强与高等院校、社会科研院所合作，研究自治区体育产业发展路径，培育体育产业专业技术人才。支持高等院校设立体育产业发展相关专业，建立一批产学研一体化的体育产业人才培养和实训基地，加速体育产业紧缺急需人才的培养。鼓励职业培训机构、体育企业建设规模化、专业化、市场化的体育产业教学、科研、培训基地。鼓励企业采取股权奖励、技术入股、提高薪酬等多种措施吸收区内外、国内外高水平体育专业技术人才、管理人才。鼓励通过签订委培协议等方式，对退役运动员进行再就业培训。加强体育产业从业人员管理，从事高危险性体育项目的体育指导和救助人员必须持证上岗。鼓励街道、社区安排公益岗位，聘用体育专业人才从事群众健身指导工作。

（6）优化市场环境。研究建立体育产业资源交易平台，创新市场运行机制，推进赛事举办权、赛事转播权、运动员转会权、无形资产开发等具备交易条件的资源公平、公正、公开流转。按市场原则确立体育赛事转播收益分配机制，促进多方参与主体共同发展。相关部门要积极为各类赛事活动的举办提供服务，加大重大赛事活动和大型群众性体育活动的安保服务管理工作，完善体育赛事和活动安保服务标准，降低赛事和活动成本。鼓励非公有资本和外资进入政策允许的体育产业领域，在投资核准、资质认证、证照办理方面同国有体育企业享受同等待遇。放宽体育企业准入条件，试行注册资本"零首付"，除法律、行政法规、国务院决定设置的企业登记注册前置许可外，不再设置其他前置许可。完善体育领域知识产权保护措施，鼓励和支持各类体育组织、体育赛事依法开发其专有名称、标识等无形资产。通过冠名、合作、赞助、广告、特许经营等形式，加强对体育组织、体育场馆、体育赛事及活动名称、标志等无形资产的开发，提升无形资产创造、运用和管理水平。注重并加强对自治区少数民族传统体育赛事和项目的保护和开发。

10. 强化组织实施

（1）健全工作机制。各地区要将发展体育产业、促进体育消费纳入国民经济和社会发展规划，纳入政府重要议事日程，建立多部门合作的体育产业发展工作协调机制。各有关部门要加强沟通协调，密切协作配合，形成工作合力，分析体育产业发展情况和问题，研究推进体育产业发展的各项政策措施，认真落实体育产业发展相关任务要求。要选择有特点、有代表性的项目和区域，建立联系点机制，跟踪产业发展情况，总结推广成功经验和做法。成立自治区级、盟市级体育产业领导小组，统筹协调各部门工作，在行业部门成立专门的办事机构。

（2）加强行业管理。完善体育产业相关法律法规，推动修订《内蒙古自治区体育设施管理条例》和《内蒙古自治区体育市场管理条例》。大力推进体育产业标准化工作，完善体育及相关产业分类标准和统计制度。建立体育产业评价与监测机制，发布体育产业研究报告。充实体育产业工作力量。加强体育产业区域同国内国际的合作与交流。加强体育组织、体育企业、从业人员诚信建设，加强赛风赛纪建设。

（3）加强督查落实。各盟市、各有关部门要根据本实施意见要求，并结合实际抓紧制定具体实施办法。自治区发展改革委、体育局要会同有关部门对落实本实施意见情况进行监督检查和跟踪分析，重大事项及时向自治区人民政府报告。

（二）已公布省份体育产业专项调查对比分析

从表 5-4 我国部分省份 2015 年体育产业数据对比可知，在大部分省份，对体育产业总产出和增加值贡献占比最大的是体育用品及相关产品销售、贸易代理与出租，体育产品销售贸易代理与出租，以及体育用品及相关产品制造；陕西省是特例，陕西省占比最大的行业为体育场馆服务。

表5-4 我国部分省份2015年体育产业数据对比

省份	总产值（亿元）	增加值（亿元）	占比最大的行业，以及占同期本省（市）总产出和增加值的比重（%）			体育服务业占总产出和增加值比重（%）	
			占比最大行业	占总产出的比重	占增加值的比重	占总产出的比重	占增加值的比重
内蒙古自治区	283.34	138.84	体育用品及相关产品销售、贸易代理与出租	85.43	87.15	96.89	97.73
上海市	910.13	351.22	体育用品及相关产品销售、贸易代理与出租	38.50	48.40	60.30	78.60
河北省	836.1885	254.2564	体育用品及相关产品制造	82.15	64.82	16.365	33.96
辽宁省	736.52	209.58	体育用品及相关产品制造	87.15	76.12	12.65	23.71
福建省	3138.72	1061.56	体育用品及相关产品制造	92.30	87.50	7.50	12.30
山西省	134.59	58.52	体育用品及相关产品销售、贸易代理与出租	34.10	36.20	68.20	77.50
湖南省	493.30	194.28	体育产品销售贸易代理与出租、体育用品及相关产品制造	44.50	46.80	69.00	77.30
贵州省	126.35	34.16	体育用品及相关产品销售、贸易代理与出租	40.70	48.30	86.80	94.50
陕西省	81.3	51.1	体育场馆服务	36.80	47.00	89.05	95.50
重庆市	262.78	127.38	体育用品及相关产品销售、贸易代理与出租	36.60	43.60	67.80	74.90

除河北省、辽宁省和福建省之外，其余省份的体育服务业占比均超过总规模和增加值的50%，这说明我国体育产业发展主要依靠体育服务业，同时说明了我国体育产业11大类之间发展不均衡的现状。

第 六 章

内蒙古自治区体育产业发展前景分析

"十三五"时期（2016～2020年）是国家全面建成小康社会的决胜时期，是协调推进"四个全面"战略布局、各项事业全面深化改革的关键时期，也是内蒙古自治区体育事业发展的重要机遇期。根据自治区党委《关于制定国民经济和社会发展第十三个五年规划建议》和《内蒙古自治区国民经济和社会发展第十三个五年规划纲要》及国家体育总局《体育发展"十三五"规划》的总体部署，结合我区体育工作发展面临的新形势、新任务、新要求，制定了体育产业发展规划。

一、规划背景

（一）"十二五"时期体育事业发展成就

"十二五"时期是我区发展进程中具有里程碑意义的时期。伴随着自治区经济社会的全面发展，体育工作在自治区党委、政府的坚强领导下，深入贯彻落实党的十八大和十八届三中、四中、五中全会精神，深入贯彻落实习近平总书记系列重要讲话和考察内蒙古自治区重要讲话精神，深入贯彻落实自治区党委"8337"发展思路和各项决策部署，充分发挥体育的多元功能，守望相助、团结奋斗，锐意改革、迎难而上，不断完善全民健身公共服务体系，努力提高竞技体育综合竞争力，加快促进体育产业发展，稳步推进足球改革发展试点工作，着力加强体育文化建设，展现了祖国北疆亮丽风景线上体育的独特风采。

1. 群众体育蓬勃开展

全民健身组织网络体系更加完善，全区所有盟市和73.39%的旗县（市、区）建立了体育总会，体育类社团组织进一步壮大，达到每万人0.62个，社会体育指导员达到3.9万余人。全民健身设施更加完善，82.35%的旗县（市、区）建有全民健身活动中心，81.35%的苏木乡镇建有全民健身活动站，61.43%的嘎查村建有全民健身活动点，一大批"广场工程""户外营地""健身步道"等设施投入使用，人均体育场地面积超过1.66平方米。群众体育活动丰富多彩，人民群众的健身意识进一步增强，经常参加体育锻炼的人数比例达40.3%。

2. 竞技体育综合实力稳中有升

管理体制和运行机制不断完善，竞赛组织水平进一步提高，优秀运动队科学训练、后备人才梯队建设等工作得到加强，总体发展势头良好。第十二届全国运动会中参赛人数、参赛项目、奖牌数和总分全面超越上届。

3. 体育产业步入可持续发展轨道

出台了《内蒙古自治区人民政府关于加快体育产业发展促进体育消费实施意见》，提出了体育产业发展目标和政策举措，一批以"车""马"和"草原""沙漠""冰雪"为特色的体育产业正在兴起。体育彩票销量稳步增长，截至2015年底，体育彩票累计销售120亿元，筹集公益金33.5亿元。

4. 足球改革发展试点工作开局良好

组织领导体系、政策规划体系、足球竞赛体系、人才开发体系、经费保障机制和政策保障体系初步形成，足球赛事蓬勃开展，足球文化氛围日益浓厚，社会影响力不断加强。

5. 体育法制、体育科技、体育宣传等取得长足进展，体育对外交流不断扩大和深化

自治区政府修订了《内蒙古自治区体育市场管理条例》和《内蒙古自治区全民健身条例》，制定了《内蒙古自治区体育竞赛管理办法》，出台了《全民健身实施计划（2011~2015年）》《关于加快发展体育产业促进体育消费的实施意见》《关于落实中国足球改革发展总体方案的意见》和《推进足球改革发展三年

行动计划（2015～2017 年）》，自治区六部门联合制定了《运动员聘用实施办法》等保障性文件。成功举办了中华人民共和国第十届少数民族传统体育运动会、内蒙古自治区第十三届运动会和第十三届世界大学生跆拳道锦标赛等重要赛事。中俄蒙国际青少年运动会形成机制。

（二）"十三五"时期体育事业发展面临的突出问题

"十三五"期间，广大人民群众日益增长的多元化、多层次体育需求和体育有效供给不足的矛盾依然突出。具体问题如下：

1. 全民健身公共服务体系有待完善

政府提供的公共体育服务资源不足，体育社会组织建设和作用发挥与时代发展不相适应，科学健身指导服务滞后，特别是城乡发展不平衡的问题比较突出。

2. 竞技体育核心竞争力尚需提高

重点项目优势不明显，后备人才培养体系不健全，竞赛体系尚待完善，职业化体育赛事发展进程缓慢。

3. 体育产业发展还处于培育阶段

产业主体实力较弱，产业形态单一，对具有地域特色和民族特点的体育资源挖掘不够，健身休闲、竞赛表演、场馆服务、中介培训等体育服务业发展水平较低，推动体育产业发展的体制机制尚未理顺。

4. 足球改革发展面临严峻挑战

足球人才匮乏，场地基础设施薄弱，足球社会化、职业化程度不高，足球文化和足球产业尚未形成，影响和制约足球改革发展的体制机制障碍依然存在。

（三）"十三五"时期体育事业发展的有利条件

全民健身与健康中国建设上升为国家战略，对体育发展提出新要求。以习近平同志为总书记的党中央把体育作为中华民族伟大复兴的一个标志性事业，十八届三中、四中、五中全会先后提出深化改革和依法治国，要求全面落实中国足球改革方案，有序推进依法治体和健康中国建设。国务院《关于加快发展体育产业促进体育消费的若干意见》明确提出，将全民健身上升为国家战略，要求促进全民健身与竞技体育协调发展、体育事业和体育产业良性互动。党和国家对体育的重视和支持更加有力，标准要求更高。

经济发展进入新常态，体育消费成为新增长点。经济发展新常态和体育供给侧结构性改革对体育与经济社会的协调发展提出了要求，将推动体育公共服务进一步向均等化、多样化发展，为体育产业发展提供良好的外部条件。群众健身意识逐渐提高，对体育服务的需求日益高涨，体育消费对经济发展的贡献将不断增强，成为消费升级、拉动内需的重要力量。

改革创新日益深入，跨界融合发展成为新趋势。在"四个全面"战略构想和"五大发展理念"的指引下，体育社会化、生活化、多元化发展愈加显著，以数据共享、资源共通、方法共用、人才共培等为主要途径的体育内部融合以及体育与教育、文化、旅游、医疗等领域的跨界融合发展成为必然趋势，体育和政治、经济、社会及文化将产生更加积极全面的互动。

信息技术突飞猛进，体育智慧化发展成为新亮点。在"大众创业、万众创新"的大背景下，以"互联网＋"为标志的新一轮创新发展浪潮已经到来，移动互联网、物联网、大数据与云计算成为未来各领域创新发展的核心。现代科技的广泛应用，迎合了体育参与者的个性化诉求，促使体育智慧化发展成为必然趋势。

打造祖国北疆亮丽风景线的伟大实践为充分发挥体育在建设健康内蒙古、推动经济转型升级、增强民族凝聚力和文化竞争力等方面的独特作用提供了新空间。体育与经济发展、民族团结、文化繁荣、边疆安宁、生态文明和各族人民幸福生活将产生更加积极全面的互动，筹办 2020 年全国第十四届冬季运动会、推进国家足球改革发展试点工作等重大任务将进一步提升内蒙古自治区体育的影响力，我区体育事业、体育产业将迎来快速发展的新时期。

二、总体战略

（一）指导思想

高举中国特色社会主义伟大旗帜，全面贯彻党的十八大和十八届三中、四中、五中全会精神，以马克思列宁主义、毛泽东思想、邓小平理论、"三个代表"重要思想、科学发展观为指导，深入贯彻习近平总书记系列重要讲话和考察内蒙古自治区重要讲话精神，深入贯彻自治区党委九届十一次、十二次、十三次、十四次全委会议精神和重大决策部署，牢固树立"创新、协调、绿色、开放、共享"的发展理念，紧密围绕自治区国民经济和社会发展的总体目标，深入实施全民健身国家战略，把增进人民福祉、促进人的全面发展作为体育发展的出发点和落脚点，以增强人民体质、提高全民素质和生活质量为根本，以全面深化改革为动力，创新发展模式，提高发展质量，积极扩大体育产品和服务供给，不断满足人民群众日益增长的体育需求，为内蒙古自治区全面建成小康社会、为把祖国北疆风景线打造得更加亮丽做出贡献。

（二）基本原则

1. 解放思想，创新发展

把创新作为推进体育发展的强大驱动力，深入探索"十三五"时期体育工作与新常态下经济社会相适应的特点与规律，稳步推进体育管理体制机制改革，努力实现理论创新、制度创新、科技创新和文化创新，为体育事业发展注入新的活力与动力。

2. 统筹兼顾，协调发展

坚持普及与提高相结合，促进优秀运动队项目与非优秀运动队项目、夏季运动项目与冬季运动项目、体育事业与体育产业、体育领域与社会其他领域、城市与农村牧区、东部与西部的协调发展。

3. 健康节俭，绿色发展

充分发挥体育行业绿色低碳优势，大力倡导健康生活方式，推动"健康内蒙古"建设。促进体育为经济、社会的绿色发展做出贡献。

4. 协作融合，开放发展

加强体育与社会相关领域的沟通和协作，推动体育与旅游、文化、教育、卫生的融合发展，积极吸引社会力量共同参与。加强体育对外交流，充分发挥体育在对外交流中的独特功能与作用，推动体育成为"向北开放"的重要力量。

5. 服务民生，共享发展

坚持以增强人民体质、提高全民族身体素质和生活质量、促进人的全面发展为目标，切实落实全民健身国家战略，努力满足人民群众不断增长的体育需求，做到体育发展为人民、体育发展成果由人民共享。

（三）发展思路

1. 以更宽的视野认识体育，增强三种意识

牢固树立危机意识，认清体育发展的新形势，常有改革发展的倒逼恐慌；明确体育发展的新要求，常感担承重任的本领恐慌；找准体育发展的新方位，常思适应角色的落伍恐慌。不断强化担当意识，勇于担当、敢于担当、善于担当，把担当作为一种政治责任、思想境界。大力培养圆梦意识，始终保持高昂的进取之心，在打造祖国北疆亮丽风景线的伟大实践中，推动体育工作有其地位、有所作为、有大作为。

2. 更高的境界发展体育，推进三化进程

推进群众体育生活化进程，着力构建全民健身公共服务体系。推进竞技体育集约化进程，不断优化训练竞赛发展方式。推进体育产业市场化进程，培育体育产业成为新的经济增长点。

3. 更优的标准建设体育，实施五大工程

实质性推进体育文化工程，丰厚我区体育发展的文化底蕴。实施高水平人才梯队工程，形成完备的体育管理人员、竞技体育专业人才、社会体育指导员和体育产业人才发现、培养、使用、激励体制机制。大力开展品牌创建工程，重点打造具有民族特色、地域特点的品牌赛事和活动。全面启动信息服务工程，创新体育管理方式，用现代手段满足人们健身服务的新需求。精心组织设施建设工程，科学规划新建项目，创新大型体育场馆运营机制，提档升级农村牧区和城市社区全民健身工程。

4. 以更活的思路经营体育，抓好三类赛事

办好专业性赛事，充分发挥发现人才、锻炼队伍、积累经验、提高竞技实力的作用。放开群众性赛事，广泛动员社会力量参与群众体育活动，引导支持各种社会组织举办群众性体育赛事活动。搞活商业性赛事，取消商业性和群众性体育赛事活动审批，让各种体育资源"活"起来。

5. 以更实的举措保障体育，构建三个体系

构建以发展为牵引、问题为导向，合法依规、方便操作的政策法规配套体系。构建以《"十三五"体育事业发展规划》《"十三五"体育产业发展规划》和《全民健身实施计划（2016～2020年)》为主要内容的自治区、盟市和旗县区三级全覆盖的战略规划体系。构建政府主导、体育部门牵头、各部门协同、全社会参与的组织管理体系。

（四）发展目标

1. 群众体育生活化水平大幅提升

基本建成亲民、便民、利民、共享的全民健身公共服务体系，全民健身场地设施、组织网络进一步完善，群众科学健身水平不断提高，群众健身活动、品牌赛事和特色赛事更加深入、广泛开展。经常参加体育锻炼的人数比例达到42%左右。

2. 竞技体育集约化格局全面优化

贯彻"奥运争光"计划，项目布局均衡合理，资源不断优化整合，人才梯队建设体系完善，总体实力进一步提升。

3. 体育产业市场化成效明显

基本建立内蒙古自治区特色鲜明、布局结构合理、产品和服务丰富的体育产业体系，产业规模、从业人数、经济效益在自治区国民经济中占有较重要的地位。到2020年，体育产业增加值占地区生产总值的比重达到1%左右。

4. 足球大区的雏形基本形成

体制机制基本理顺，足球人口明显增加，基础设施基本完善，优秀人才初步显现，联赛组织和竞赛水平显著提高。

"十三五"时期体育发展的主要量化指标如表6-1所示。

表6－1　"十三五"时期体育发展的主要量化指标

序号	项目	主要指标		2015 年	2020 年	指标性质
1	群众体育	经常参加体育锻炼人数比例		40.3%	42%左右	约束性
2		人均体育场地面积		1.66 平方米	2.5 平方米	约束性
3		公益社会体育指导员		3.9 万人	5 万人	约束性
4		《国民体质测定标准》合格率		85.9%	90%以上	约束性
5	竞技体育	主要竞赛成绩		2016 年里约奥运会	1 枚奖牌	约束性
6				2020 年东京奥运会	2 枚奖牌	约束性
7				2018 年雅加达亚运会	4 枚金牌	约束性
8				2017 年天津全运会	6 枚金牌	约束性
9				2020 年全国冬运会	争取优异成绩	约束性
10		队伍建设	运动员	在役运动员国际级运动健将	15 人　25 人	预期性
11				在役运动员国家级运动健将	146 人　180 人	预期性
12			教练员	优秀运动队具有副高级以上职称的教练员	53 人　90 人左右	预期性
13			裁判员	国际级裁判员	4 人　8 人以上	预期性
14				国家级裁判员	34 人　60 人以上	预期性
15		后备力量建设		竞技体育高水平后备人才基地	53 个　60 个以上	预期性
16				自治区注册青少年运动员	2.6 万人　4 万人以上	预期性
17	体育产业	体育产业增加值占地区生产总值的比重		—	1%左右	预期性
18		体育服务业占体育产业比重			30%	预期性
19		体育彩票销售量		120 亿元	240 亿元	预期性
20		创建国家级体育产业基地（示范单位）		—	1 个	约束性
21		创建自治区级体育产业基地			20 个	约束性
22		培育国际国内品牌赛事数量		—	3 个以上	预期性

续表

序号	项目	主要指标	2015 年	2020 年	指标性质
23	青少年体育	体育传统项目学校数量	140 所	170 所	预期性
24		篮球、排球特色学校	60 所	150 所	预期性
25		青少年体育俱乐部	200 所	300 所	预期性
26	足球改革发展	足球人口	30 万人	300 万人	预期性
27		注册球员数量	—	30 万人以上	预期性
28		足球特色学校数量	613 所	2400 所左右	预期性

三、重点任务

（一）完善全民健身公共服务体系

实施《内蒙古自治区全民健身实施计划（2016～2020 年）》，建设惠及全区人民的全民健身公共服务体系，推动体育融入群众生活、服务群众生活，为提高群众身体素质和生活质量服务。

1. 强化政府公共体育服务职责

形成政府主导、部门协同、全社会共同参与的全民健身"大群体"工作格局，提升全民健身现代治理能力。全民健身事业纳入当地国民经济和社会发展规划，全民健身经费纳入当地财政预算，全民健身工作纳入当地《政府工作报告》。

2. 完善全民健身设施建设

打造"10 分钟健身圈"。新改扩建的居民区，按照人均室内不低于 0.1 平方米或者室外不低于 0.3 平方米的标准配套建设体育健身设施，并与主体工程同步设计、同步施工、同步投入使用。盘活存量资源，改造一批旧厂房、仓库、老旧商业设施等用于体育健身。加强城乡结合地和公园、绿地、广场等公共场所的体育设施建设。高标准完成中央资金支持的全民健身设施建设项目，实施基础设施建设提档升级工程，建设一批社区多功能运动场。实现旗县（市、区）全民健身活动中心、苏木乡镇小型全民健身活动中心、嘎查村全民健身活动站点全覆盖。在苏木乡镇建设一批小型全民健身馆。

3. 健全全民健身组织网络体系

各旗县普遍建有体育总会、行业体育协会、单项运动协会等体育社团，城市社区、苏木乡镇都建有体育组织，形成遍布城乡、规范有序、富有活力的社会化全民健身组织网络。加强社会体育指导员队伍建设，形成组织健全、结构合理、覆盖城乡、服务到位的全民健身社会指导员队伍。探索社会体育指导员与人群和项目相结合的新模式，提升社会体育指导员的技能和素质。加大职业体育社会指导员的培训力度，加快认证步伐。

4. 广泛开展全民健身活动

完善全民健身活动体系，拓展全民健身活动的广度和深度。大力发展球类、健步走（跑）、广场舞、骑行、登山、徒步等群众喜爱、广泛参与的运动项目，积极培育冰雪、足球、龙舟、赛车、马术、航空等具有消费引领特征的时尚运动项目，扶持推广武术、太极拳、健身气功等民俗民间传统运动项目，鼓励开发适合不同人群、不同地域特点的特色运动项目。继续实施"一地一品牌，一地一特色"的群众性品牌赛事创建活动，持续扩大"百县万人"系列赛、"男儿三艺"大赛等全民健身品牌活动的社会影响力。倡导机关、社会团体、企业事业单位和其他组织每天健身一小时，组织开展工间操或其他形式的健身活动。

5. 完善全民健身科技服务体系

建立自治区、盟市、旗县（市、区）和苏木乡镇（社区）四级体质测定与运动健身指导站网络。创建一批科学健身示范区，建设国民体质测试仪器和全民健身器械物联网，促进智能测试与传统测试的高度融合。鼓励有条件的组织和个人开办康体、体质测定和运动康复等经营实体。广泛开设全民健身大讲堂，宣传普及科学健身知识。建设内蒙古自治区体育医院，推动体育科研、体育医疗服务大众并向基层延伸。实施"互联网＋全民健身"入户工程。

6. 大力发展少数民族传统体育

大力推广马术、搏克、射箭、曲棍球、驼球、抢枢、布鲁、安代操、筷子舞等有发展空间的民族类项目，挖掘、整理优秀民族民间传统体育项目，争取纳入非物质文化遗产名录。支持学校将民族传统体育项目纳入体育课程内容，扶持少数民族传统体育项目社会组织发展，鼓励和促进开展少数民族传统体育健身活动。办好自治区第九届少数民族运动会。

7. 提升青少年体育发展水平

进一步加强青少年体育俱乐部、体育传统校和青少年户外体育活动营地建设。广泛开展"阳光体育夏令营""百万青少年上冰雪""俱乐部活动月""体育项目进校园"等青少年公益体育活动和运动项目技能培训，培养青少年体育爱好，掌握一项以上体育运动技能。

8. 保障老年人、残疾人的健身权利

加强对老年人、残疾人群体开展体育活动的组织与领导，切实保障老年人、残疾人体育健身权利。建设一批适合老年人、残疾人开展健身活动的公共体育设施，培训一批服务老年人、残疾人的社会体育指导员和志愿者，扶持老年人健身社会组织，推广适合老年人、残疾人群体的日常健身活动项目、科学健身方法，加大供给力度，提高精准化服务水平。

（二）增强竞技体育综合实力

1. 调整优化项目布局

坚持奥运战略和全区竞技体育"一盘棋"思想，突出自治区优秀运动队主力军建设地位，动态调整和科学配置资源，巩固和加强传统优势项目（马术、拳击、摔跤、柔道、射击、竞走、马拉松、曲棍球等），调整和挖掘潜优势项目（铁人三项、现代五项、射箭、武术、跆拳道、乒乓球、举重等），培育和做大新兴项目（冬季项目、网球、橄榄球、自行车等）。

2. 加强自治区优秀运动队建设

加强运动员队伍建设，提高科学选材水平，实施运动员因材施教和个性化训练培养。注重运动员全面发展，推进体教融合，加强文化教育和思想素质培养。落实国家和自治区的相关政策，不断完善运动员聘用、退役和保障机制。加强教练员队伍建设，鼓励扶持教练员到高校或其他国家、地区进修学习；改革教练员考核方式，建立和完善量化考核指标体系；完善教练员表彰奖励的制度化和常态化机制；实施"引进来"战略，面向世界招聘高水平教练员和专家，带动本土教练员执教水平和综合素质的提高。建立优秀运动队竞争和激励机制，严格运动员、教练员选拔办法和选拔标准，形成进出有序、科学合理的管理体系。创新重

点项目复合型训练团队，整合人力、物力和财力优势，促进管理、训练、科研、医疗、保障一体化。

3. 完善后备人才培养体系

完善优秀运动队人才培训体系，扩大内蒙古自治区体育职业学院的办学规模并提高办学效益，完善盟市体校办学机制，实现旗县青少年体育训练组织全覆盖，形成自治区优秀运动队、体育职业学院和盟市体校及旗县（市、区）青少年体校、体育传统项目学校、民办体育类学校、青少年体育俱乐部高、中、初三级训练体系。推动各级体校与体育项目传统校联合创办适合学校开展的各项目高水平运动队。鼓励支持自治区优秀运动队和各级体校与自治区大中专院校、中小学开展联合办学、体育训练、体育比赛和人才培养等合作活动。鼓励支持社会力量重点开展足球项目、冬季项目和自治区重点竞技体育项目的青少年训练和竞赛活动。加强青少年体育赛事管理。教育、体育部门每年联合发布全区青少年赛事计划。

4. 提高体育科研保障水平

加大对体育科技的投入力度，改善科研条件，提高科研人员业务水平，逐步扩大体育科研服务的领域，提高服务质量。加强科研部门与训练部门的合作，充分发挥体育科研在训练中的先导作用和攻关作用。

5. 加强高水平后备人才基地建设

开展各层级高水平后备人才培养基地认定工作，鼓励盟市体校开展高水平体育后备人才基地申报工作，对国家体育总局认定的基地给予重点经费资助。开展自治区级综合性和单项高水平后备人才基地认定工作，制定认定标准、认定办法和资助办法，对达到相应认定标准的给予经费资助。

6. 夺取运动成绩和精神文明双丰收

在 2018 年雅加达亚运会、2020 年内蒙古全国冬运会、2020 年东京奥运会等国内外重要赛事上，争取创造优异的运动成绩。狠抓作风建设，严肃赛风赛纪，加强反兴奋剂工作。

（三）壮大体育产业规模

贯彻落实国务院《关于加快发展体育产业促进体育消费的若干意见》及

《内蒙古自治区人民政府关于加快发展体育产业促进体育消费的实施意见》，提升发展规模、质量和水平，不断丰富体育产品和服务供给，推动体育产业成为扩大居民消费和推动经济转型升级的重要力量。

1. 培育市场主体

培育自治区级体育产业基地和重大体育园区。鼓励有条件的盟市成立体育产业集团或公司，吸引社会资本参与体育产业各领域发展。支持和引导非公有制经济主体以资本、技术、信息等多种形式，参与体育市场开发和设施建设。创新体育场馆管理体制和运营机制，推进大型体育场馆免费或低收费向社会开放，发挥体育场馆与体育设施的社会效益和经济效益。支持企业开展体育用品研发和生产，培育本土体育用品制造业品牌企业，鼓励引进国内外知名体育制造企业，扶持一批具有市场潜力的中小型企业。扶持体育培训、策划、咨询、竞技、营销等企业发展，鼓励区内外、国内外大型健身俱乐部在我区开展连锁经营，鼓励对大型体育赛事充分进行市场研发。鼓励其他主体以土地、房产等资产出资，参与体育园区建设，鼓励有条件的旗县（市、区）在本行政区商业和工业园区内规划建设体育产业中心。

2. 优化产业结构

进一步优化体育服务业、体育用品业及相关产业结构，着力提升体育服务业比重。大力培育健身休闲、竞赛表演、场馆服务、中介培训等体育服务业。实施体育产业精品工程，支持各地区打造一批优秀体育俱乐部、示范场馆和品牌赛事。积极支持民族体育用品制造业创新发展，加大科技创新力度，提升传统体育用品质量水平，提高产品科技含量。

突出资源特点，抓好特色体育产业。依托足球改革发展试点省资源发展足球产业项目，依托草原资源发展夏季体育产业项目，依托冰雪资源发展冬季体育产业项目，依托沙漠资源发展赛车体育产业项目，依托畜牧资源发展马术产业项目，依托民俗资源发展民族特色体育项目。重点规划建设国家级北方足球训练基地和北方青少年足球夏令营活动基地。重点打造以"车""马""冰雪""那达慕"为主的体育项目品牌：以鄂尔多斯市、阿拉善盟、包头市、通辽市等盟市为重点，打造赛车、摩托车和休闲汽车户外营地，塑造具有自主品牌和经济效益的汽车、摩托车体育竞赛和自驾旅游项目；以兴安盟、锡林郭勒盟、呼和浩特市、鄂尔多斯市等盟市为龙头，做大做强全区马术产业，培育品牌马术赛事，打造内蒙古自治区马术节以及"8·18"赛马节等马术项目，逐步形成以竞技马产业为主的品牌赛事和知名企业；在呼伦贝尔市、赤峰市、兴安盟等盟市挖掘内蒙古自治区冰雪产业优势和特色，打造具有民族、地域特色的冰雪品牌；在呼伦贝尔市、锡林郭勒盟、乌兰察布市等盟市推动那达慕等少数民族传统体育项目发展，同时推动巴彦淖尔市龙舟和村道自行车以及乌海体育旅游城市等建设。做好体育彩票销售工作，进一步完善体育彩票市场管理制度，积极创新体育彩票市场形态，稳步扩大市场规模，加强体育彩票公益金的使用管理绩效评价。

3. 促进融合发展

创建"体育+其他产业"模式，促进体育产业与教育、健康、文化、旅游、传媒、信息、金融等行业融合发展。促进康体结合，加强科学健身指导，推广"运动处方"，发挥体育锻炼在疾病防治及健康促进等方面的积极作用。大力发展运动医学和康复医学，挖掘和发挥中蒙医药在运动康复等方面的优势作用。支持社会团体、企事业组织和个人兴办体育健康咨询、体质监测、锻炼指导和运动康复等经营服务实体。加强体育与养老产业的结合，发展老年群体的体育服务。深化体旅融合，充分发挥具有民族文化特征的传统体育项目、体育赛事、体育活动优势，构建由草原体育旅游品牌、冰雪体育旅游品牌、沙漠体育旅游品牌、森林体育旅游品牌、少数民族节日体育旅游品牌、民族体育赛事旅游品牌组成的体育旅游产品体系。体育、旅游、文化部门建立联合工作机制，共同打造一批重大体育旅游项目，加强宣传推广。鼓励交互融通，以体育设施为载体，打造城市体育综合体，推动体育与住宅、休闲、商业综合开发，将体育用地与居住绿地、公园绿地融合。支持教育、科技、金融、地产、建筑、交通、制造、信息、食品药品等企业开发体育领域产品和服务。推动区域融合发展，鼓励各盟市联合建设和发展体育产业项目、联合申报国家级区域体育产业重点示范项目或联合申办高水平体育赛事活动。推动内蒙古自治区体育产业融入"京津冀协同发展经济圈"，挖掘内蒙古自治区体育产业在"向北开放"中的潜力，推进与"一带一路"沿线国家的体育产业合作发展，提升体育产业发展水平。

（四）开创足球改革发展新局面

全面落实《内蒙古自治区关于贯彻落实中国足球改革发展总体方案的意见》，开创足球改革发展新局面。

1. 强化足球基础设施建设

将公共足球场地等基础设施建设纳入本地区国民经济和社会发展规划，把兴建足球场纳入城镇化和新农村、新牧区建设总体规划。编制《内蒙古自治区足球运动基础设施建设规划（2015～2020年）》。在呼和浩特市和包头市分别建成国家（北方）足球训练基地和国家（北方）青少年足球夏令营活动基地。通过新建或改造，实现每个盟市拥有1个自治区级足球训练基地和1个自治区级青少年足球夏令营活动基地，每个旗县（市区）拥有1个盟市级足球活动场地。

2. 大力发展校园足球和社会足球

完善幼儿园、中小学足球教学大纲，完善校园足球特色学校管理办法，合理布局青少年校园足球特色学校。构建稳定的校园足球联赛体系，建立健全校园足球联盟运作机制，广泛开展青少年校园足球竞赛和活动，加强校园足球师资队伍建设，提高校园足球活动水平。扶持有条件的高校创办大学、附属中学、附属小学、附属幼儿园"阶梯式""一体化"足球学院。重点支持内蒙古师范大学、内蒙古科技大学、赤峰学院、呼伦贝尔学院等开展试点工作。鼓励机关、企事业单位、人民团体、部队组建或联合组建足球队开展活动，扶持社区开展形式多样的群众性足球活动。工会、共青团、妇联等人民团体充分发挥各自优势，推进社会足球发展，促进社会足球人口不断扩大。

3. 加强职业足球队伍建设

重点发展内蒙古自治区女子足球队，强化青少年足球训练体系建设，拓展足球运动员成长渠道和空间，引导足球俱乐部健康稳定发展。鼓励各盟市引进职业足球俱乐部。每个盟市至少组建男、女各1支代表本地区足球最高水平的职业或准职业足球队伍。

4. 实施"人才强足"工程

积极引进国内外高水平足球教练员和培训讲师队伍，对全区教练员、裁判员、教师实施规模化培训。加强裁判员、科研医务人员、俱乐部经营管理人员、赛事运营管理人员等人才队伍建设，切实保障足球从业人员的各项待遇。到2020年实现校园足球、职业足球、社区足球、职工足球专兼职教练员、裁判员、新闻管理人员、足球教练员讲师、社会足球指导员全覆盖。

5. 健全足球协会组织

按照政事分开、权责明确、依法自治的原则，加强内蒙古自治区足球协会的建设，努力形成覆盖全区、组织完备、管理高效、协作有力、符合足球改革发展试点省区要求、适应现代化足球管理运营需要的协会管理体系。

6. 完善联赛竞赛体系

以校园足球联赛为重点，大力开展社会足球、准职业足球等系列联赛，逐步形成赛制稳定、等级分明、衔接有序、遍及城乡的竞赛格局。广泛开展大学、高中、初中、小学和幼儿园（简称"4＋1"）校园足球"4＋1"联赛，办好社区、职工和青少年足球联赛，重点打造内蒙古自治区准职业足球联赛（设超级、甲级和乙级三个层级）。积极申办国际、国内高水平足球赛事，培养锻炼本土赛事运营团队；积极创办有我区特色的国际、国内知名足球赛事，打造赛事品牌，培育足球市场。通过联赛竞赛杠杆，带动并促进足球产业发展，满足群众欣赏高水平足球比赛的需求。

（五）办好第十四届全国冬运会

1. 加强赛事筹备的组织领导

各级政府、各有关部门组建赛事筹备领导机构，建立和完善赛事筹备工作机制，落实资金、人员、场地、设施等相关任务，确保赛事筹办工作顺利进行。

2. 大力发展群众性冬季运动

广泛开展群众冬季项目健身活动，打造内蒙古自治区特色冰雪活动，培育各级冰雪体育赛事，开展"冰雪嘉年华"和群众冰雪健身体验活动。鼓励社会力量开展冰雪项目挖掘、推广和国际交流活动。培训冬季项目社会体育指导员以指导冬季运动。积极推广青少年冬季运动，在全区大、中、小学广泛普及和推广冬奥会、冬运会及冰雪知识，覆盖率达到100％。支持、鼓励开展各种形式的青少年冰雪活动，鼓励学校和青少年体育俱乐部在寒假开展冬令营。打造自治区"百万青少年上冰雪""雪地足球"等冬季体育活动品牌。鼓励有条件的学校引进冬季运动项目体育教师，发展自治区冬季体育项目特色学校。

3. 加快提升冬季项目运动水平

优化冬季运动项目结构，统筹冬季运动项目发展。加强冬季运动项目队伍建设，引进和培养一批高水平的冬季项目运动员，选拔配备一批优秀的教练员、管理人员和科研保障团队。鼓励社会力量组建职业队或俱乐部，构建多元一体的冬季运动项目发展模式。全力做好第十四届全国冬运会的备战工作，争取办赛水平、参赛成绩和精神文明全面丰收。

4. 建设多元化的冰雪场地设施

以全民冰雪场地设施为主，高水平比赛训练冰雪场地设施为辅，科学规划和建设冰雪场地空间布局，拓展冰雪设施网点服务范围。鼓励公共文化体育设施与冰雪场地设施共建共享。在重点盟市实现旗县（市）区冬季项目运动场（馆）全覆盖，在有条件的旗县（市）区建设一批冬季项目运动场（馆）。高质量建设内蒙古自治区冰上运动训练基地。

（六）创新体育赛事运行机制

办好专业性赛事，充分发挥发现人才、锻炼队伍、积累经验、提高竞技实力的作用。转变工作作风，做到量力而行、量入为出、廉洁办赛、节俭高效。注重青少年运动员的综合素质培养和全面发展，青少年赛事实行体能测试和文化测试准入制。放开群众性赛事，广泛动员社会力量参与群众体育活动，引导和支持体育社会组织等社会力量举办群众性体育赛事活动。搞活商业性赛事，加强与国际、国内体育组织等专业机构的交流合作，充分依靠市场力量，规范竞争行为，激活体育资源。积极引进国际、国内精品赛事，策划引进和申办一批高水平的足球和冬季项目等精品赛事，推动我区特色赛事和精品赛事的培育和发展。

转变政府职能，加快赛事管办分离，进行分级分类管理和服务，优化赛事办赛流程、空间布局，区分办赛主体责任，制定权责标准。以政府购买体育服务为牵引，鼓励社会力量承担自治区比赛任务，引入第三方赛事评估和安保服务，控制社会办赛风险。加强裁判员培养管理，壮大裁判员队伍，提升裁判员水平。

（七）繁荣发展体育文化

高度重视体育在提高人民身体素质和健康水平，促进人的全面发展，丰富人民精神文化生活，推动经济社会发展，激励全国各族人民弘扬追求卓越、突破自我的精神方面的重要作用，深入挖掘我区特色的体育文化特别是民族传统体育运动文化的内涵，建设体育文化载体，加强体育文化宣传，充分发挥体育在弘扬民族文化、促进民族团结、维护边疆稳定和加强对外友好交流中的作用和功能，不断提升内蒙古自治区体育文化的影响力。大力开展体育社会科学研究，加强成果转化。支持开展体育美术、体育集邮、体育收藏、体育影视、体育文学创作等体育文化活动，出版《内蒙古自治区体育志》，创编《内蒙古自治区体育年鉴》，同时编辑出版一批体育文化书刊，成立内蒙古自治区体育信息宣传中心，建设好内蒙古自治区体育博物馆，积极开展系列体育文化活动。

（八）积极开展对外体育交流与合作

充分挖掘、发挥体育在贯彻"一带一路"倡议、"向北开放"战略中的独特功能和作用。坚持和完善中俄蒙体育"五大交流机制"，办好中俄蒙国际青少年运动会和老年人运动会，大力开展中俄蒙飞镖、驼球、搏克等国际性健身赛事活动，争取建成若干以我区重点运动项目如拳击、冰雪、足球、摔跤为核心的人才联合培养基地。加强与朝鲜、韩国等国家的体育交流工作。面向世界全面开展足球运动国际交流活动，促进内蒙古自治区足球改革发展试点工作的深入开展。

（九）加大体育信息服务工程建设力度

把握"互联网＋"的产业融合发展趋势，搭建体育信息管理平台，提高对外服务、对内管理、横向交流的综合服务水平。实施"互联网＋全民健身"入户工程，积极开发、推广"掌上健身指导平台"手机终端，实现科学健身指导与群众科学健身需求无缝对接。建设内蒙古自治区竞技体育数据库，为科学训练提供科技支撑。建立体育统计体系，将体育统计纳入国民经济和社会发展统计体系，实现体育统计的科学化、制度化。充分利用新媒体，建立内蒙古自治区体育产业微信公众号以及网络客户端，开辟体育宣传新领域。

（十）实施重大项目工程建设

科学规划重大项目工程，高标准完成各项工程建设任务，为全民健身、竞技体育和体育产业发展创造更好条件。

专栏："十三五"时期体育重大项目工程

足球基地建设：建设国家北方足球基地、国家北方青少年足球夏令营活动基地，建设内蒙古足球海南训练基地；盟市建设自治区级足球训练基地，旗县建设盟市级足球训练基地。

竞技体育设施建设：建设内蒙古自治区体育训练中心、内蒙古自治区体育武川训练基地中和训练馆、内蒙古自治区马术馆，改建内蒙古自治区赛马场。

冰雪运动基础设施建设：建设内蒙古自治区冰上运动训练基地，在有条件的旗县（市、区）建设一批冬季运动项目训练场（馆）。

基层公共体育设施建设：实施基础设施建设提档升级工程，到2020年实现旗县（市、区）全民健身活动中心、苏木乡镇小型全民健身活动中心、嘎查村全民健身活动站点全覆盖。

四、保障措施

（一）强化组织领导，统筹推动发展

构建完善政府主导、部门协同、全社会共同参与的体育工作格局，加强体育工作的组织领导。建立体育局与发改委、财政、国土、教育、文化、卫生、旅游等相关部门的长效协调工作机制，促进资源共享，协同提升公共服务水平。充分发挥各级工会、共青团、妇联和社会组织的积极作用，统筹推动体育发展。

（二）加强依法治体，完善政策法规

健全完善政策法规体系，研究制定相关配套措施。落实国家和自治区政府规定的体育产业优惠、资金扶持、土地征用、人才引进等政策。深化行政审批制度改革，全面推进依法行政。切实推进简政放权、放管结合、优化服务改革任务，建立行政清单统一管理和对外公开制度，进一步细化审批标准。规范行政执法程序，完善行政执法协调机制，构建权责明确、衔接有序、传导有效的行政执法体系。进一步规范和细化各项行政处罚事项裁量基准，统一规范行政执法文书。加大依法行政培训力度，强化依法行政能力建设。深入开展领导干部、各级体育工作人员依法行政培训，加强执法人员资格管理，建立和完善执法人员培训体系。积极开展体育法制宣传活动。推行政府法律顾问制度，加强体育法制队伍建设。

（三）有序实施规划，落实责任监管

保证自治区、盟市、旗县（市、区）各级体育规划相互衔接，实现覆盖全区的战略规划体系。认真做好规划衔接与细化工作，确保条线之间、层级之间目标一致。对城乡区域确定差别化的目标任务、考核体系和政策措施，推动城乡体育协调发展。加强对规划实施的管理和监督。对发展指标进行逐年逐项分解，落实责任人、责任部门、完成时限，确保各项工作保质、保量、按时完成。加强对重点工作、重点工程的督促检查，对规划实施情况进行中期评估，检查规划落实情况，必要时对规划目标进行适当调整。

（四）实施人才强体，加强体育队伍建设

实施"高水平人才梯队工程"。重视和发挥人才在体育事业发展中的关键作用，充分开发国内外人才资源，统筹推进体育管理人才、竞技体育专业人才、社会体育指导员、体育科技和体育产业人才的队伍建设，不断提高体育人才队伍素质。创新人才管理机制，进一步完善政策扶持和激励机制，改善选人、用人机制。形成完备的发现人才、培养人才、使用人才、激励人才、留住人才的体制机制。

（五）加大政府投入，拓宽融资渠道

加大财政投入，将体育事业经费、体育基本建设资金以及公共体育设施建设列入财政预算，保证财政资金投入，满足人民群众的健身需求以及青少年训练需求，保证人均全民健身活动经费每年随财政收入按比例增长。创新体育投融资模式，促进体育投融资体制改革，采用政府购买服务、公私合作（PPP）、体育基金等多种模式推动公益性体育事业发展。发挥政府资金的带动作用和杠杆作用，引导社会资本参与体育项目建设。

附　录

附录1　内蒙古自治区运动员在国内外重大竞赛中获奖牌情况

2002年，全区运动员在国内外重大竞赛中获奖牌97枚。其中，国外获奖牌13枚、国内获奖牌84枚；破亚洲纪录1项，破自治区纪录114项。在校学生体育达到《国家体育锻炼标准》的占全部在校学生的86.1%。

2003年，全区运动员在国内外重大竞赛中获奖牌108枚。其中，国外获奖牌3枚、国内获奖牌105枚；破自治区纪录9项。在校学生《青少年体育健康标准》达标率89.9%。

2004年，全区运动员在国内外重大竞赛中获奖牌136枚，比上年增加28枚。其中，国外获奖牌13枚，增加10枚，国内获奖牌123枚；破全国纪录2项，破自治区纪录14项。

2005年，全区运动员在国内外重大竞赛中获奖牌96.5枚。其中，国外获奖牌6枚、国内获奖牌90.5枚；破亚洲纪录1项，破全国纪录1项，破自治区纪录18项。

2006年，全区运动员在国内外重大竞赛中获奖牌1649枚。其中，国外获奖牌46枚，国内获奖牌1603枚；破亚洲纪录1项，破全国纪录4项，破自治区纪录110项。

2007年，全区运动员在国内外重大竞赛中获奖牌1432枚。其中，国外获奖牌14枚、国内获奖牌1418枚；破亚洲纪录1项，破自治区纪录12项。

2008年，全区运动员在国内外重大竞赛中获奖牌1448枚。其中，国外获奖牌14枚。张小平获得北京奥运会拳击比赛冠军，实现了我区在奥运会历史上奖牌零的突破。国内获奖牌 1434 枚，破自治区纪录 3 项。

2009 年，全区运动员在国内外重大竞赛中获奖牌 1506 枚。其中，国外获奖牌 11 枚、国内获奖牌 1495 枚，破自治区纪录 4 项。

2010 年，全区运动员在国内外重大竞赛中获奖牌 1590 枚。其中，国外获奖牌 51 枚、国内获奖牌 1539 枚、破自治区纪录 4 项。

2011 年，全区运动员在国内外重大竞赛中获奖牌 199 枚。其中，国外获奖牌 36 枚、国内获奖牌 163 枚。

2012 年，全区运动员在国内外重大竞赛中获奖牌 100 枚。其中，国外获奖牌 7 枚、国内获奖牌 93 枚，破全国纪录 1 项。

2013 年，全区运动员在国内外重大竞赛中获奖牌 115 枚。其中，国外获奖牌 3 枚、国内获奖牌 112 枚。

2014 年，全区运动员在国内外重大竞赛中获奖牌 288 枚。其中，国外获奖牌 87 枚、国内获奖牌 201 枚。

2015 年，全区运动员在国内外重大竞赛中获奖牌 81 枚。其中，国外获奖牌 11 枚、国内获奖牌 70 枚。

2016：年内全区运动员在国内外重大竞赛中获奖牌 241 枚。其中，国外获奖牌 13 枚、国内获奖牌 228 枚。

2017 年，全区运动员在国内外重大竞赛中获奖牌 222 枚。其中，国外获奖牌 35 枚、国内获奖牌 187 枚。

附录2　部分省份的体育产业数据公告

1. 2015 年上海市体育产业数据公告

上海市体育局、上海市统计局联合发布了 2015 年上海市体育产业规模及增加值数据的公告。经统计核算，2015 年上海市体育产业总产出（总规模）为 910.13 亿元，增加值为 351.22 亿元，占当年全市 GDP 的比重为 1.4%。体育服务业（除体育用品及相关产品制造、体育场地设施建设外的其他 9 大类）总产出和增加值分别为 548.56 亿元和 276.09 亿元，占上海市体育产业总产出和增加值的比重分别为 60.3% 和 78.6%。按照国家体育产业 11 个大类分类，体育服务业中的体育用品及相关产品销售、贸易代理与出租总产出和增加值最大，分别为

350.77 亿元和 170.06 亿元，占上海市体育产业总产出和增加值的比重分别为 38.5% 和 48.4%（见附表 2 - 1）。

附表 2 - 1　2015 年上海市体育产业总产出和增加值

序号	名称	总量（亿元）		结构（%）	
		总产出	增加值	总产出	增加值
1	体育管理活动	26.26	17.96	2.90	5.10
2	体育竞赛表演活动	23.35	14.95	2.60	4.30
3	体育健身休闲活动	40.38	25.84	4.40	7.40
4	体育场馆服务	15.59	11.62	1.70	3.30
5	体育中介服务	6.81	1.42	0.80	0.40
6	体育培训与教育	12.49	10.00	1.40	2.80
7	体育传媒与信息服务	31.10	17.49	3.40	5.00
8	其他与体育相关服务	41.81	6.75	4.60	1.90
9	体育用品及相关产品制造	346.06	71.25	38.00	20.30
10	体育用品及相关产品销售、贸易代理与出租	350.77	170.06	38.50	48.40
11	体育场地设施建设	15.51	3.88	1.70	1.10
合计	上海市体育产业	910.13	351.22	100.00	100.00

注：若总量与分量合计尾数不等，是因数值修约误差所致，未做机械调整。

2. 2015 年河北省体育产业数据公告

经核算，2015 年河北省体育产业总产出（总规模）为 836.18 亿元，增加值为 254.25 亿元，占同期河北省国民生产总值的比重为 0.853%。按照国家体育产业 11 个大类分类，体育用品及相关产品制造总产出和增加值最大，分别为 686.94 亿元和 164.80 亿元，占河北省体育产业总产出和增加值的比重分别为 82.15% 和 64.82%。体育服务业（除体育用品及相关产品制造、体育场地设施建设外的其他 9 大类）总产出和增加值分别为 136.84 亿元和 86.35 亿元，占河北省体育产业总产出和增加值的比重分别为 16.365% 和

33.96%（见附表2-2）。

附表2-2　2015年河北省体育产业总产出和增加值

序号	名称	总量（亿元）		结构（%）	
		总产出	增加值	总产出	增加值
1	体育管理活动	8.81	5.71	1.05	2.25
2	体育竞赛表演活动	1.49	1.18	0.18	0.46
3	体育健身休闲活动	0.83	0.59	0.10	0.23
4	体育场馆服务	26.13	18.92	3.12	7.44
5	体育中介服务	0.061	0.033	0.01	0.01
6	体育培训与教育	5.14	1.50	0.61	0.59
7	体育传媒与信息服务	0.52	0.23	0.06	0.09
8	其他与体育相关服务	50.16	27.37	6.00	10.76
9	体育用品及相关产品制造	686.94	164.80	82.15	64.82
10	体育用品及相关产品销售、贸易代理与出租	43.69	30.81	5.22	12.12
11	体育场地设施建设	12.41	3.11	1.48	1.22
合计	河北省体育产业	836.18	254.25	100.00	100.00

注：若总量与分量合计尾数不等，是因数值修约误差所致，未做机械调整。

3. 2015年辽宁省体育产业数据公告

根据辽宁省体育产业专项调查结果，依据国家体育总局提供的核算方法，现将辽宁省2015年体育产业的主要数据公布如下：

2015年辽宁省体育产业总产出（总规模）为736.52亿元，增加值为209.58亿元。体育服务业（除体育用品及相关产品制造、体育场地设施建设外的其他9大类）总产出和增加值分别为93.13亿元和49.69亿元，占辽宁省体育产业总产出和增加值的比重分别为12.65%和23.71%。按照国家体育产业11大类分类，体育用品及相关产品制造总产出和增加值最大，分别为641.88亿元和159.54亿元，占辽宁省体育产业总产出和增加值的比重分别为

87.15% 和 76.12%（见附表 2－3）。全省体育产业企业（法人单位）总数为 4963 家，从业人数为 7.17 万人。

附表 2－3 2015 年辽宁省体育产业总产出和增加值

序号	名称	总量（亿元）		结构（%）	
		总产出	增加值	总产出	增加值
1	体育管理活动	8.40	5.45	1.14	2.60
2	体育竞赛表演活动	1.53	0.53	0.21	0.25
3	体育健身休闲活动	3.99	2.20	0.54	1.05
4	体育场馆服务	34.80	16.32	4.72	7.79
5	体育中介服务	0.16	0.05	0.02	0.02
6	体育培训与教育	12.45	9.39	1.69	4.48
7	体育传媒与信息服务	0.24	0.08	0.03	0.04
8	其他与体育相关服务	19.67	8.32	2.67	3.97
9	体育用品及相关产品制造	641.88	159.54	87.15	76.12
10	体育用品及相关产品销售、贸易代理与出租	11.89	7.33	1.61	3.50
11	体育场地设施建设	1.50	0.35	0.20	0.17
合计	辽宁省体育产业	736.52	209.58	100.00	100.00

4. 2015 年福建省体育产业数据公告

福建省体育局和福建省统计局联合发布了 2015 年福建省体育产业规模及增加值数据公告。公告指出，2015 年，福建省体育产业总产出（总规模）达 3138.72 亿元，增加值为 1061.56 亿元，占同期省内生产总值的比重为 4.1%。福建省体育产业总产出占全国的 18.3%，增加值占全国的 19.3%，分别稳居全国第一位。从国家体育产业 11 个大类看，体育用品及相关产品制造总产出和增加值占全国的比重分别为 25.8% 和 33.7%，处于全国领先。公告显示，根据体育产业 11 个大类看，福建省体育用品及相关产品制造总产出和增加值最大，分别为 2897.37 亿元和 929.18 亿元，占比分别为 92.3% 和 87.5%；体育服务业（除体育用品及相关产品制造、体育场地设施建设外的其他 9 大类）总产出和增加值分别为 235.18 亿元和 130.97 亿元，占比分别为 7.5% 和 12.3%。

5. 2015 年山西省体育产业数据公告

经核算，2015 年山西省体育产业总产出（总规模）为 134.59 亿元，增加值为 58.52 亿元，占同期全省国民生产总值的比重为 0.46%。按照国家体育产业 11 个大类分类，体育用品及相关产品销售、贸易代理与出租总产出和增加值最大，分别为 45.85 亿元和 21.16 亿元，占山西省体育产业总产出和增加值的比重分别为 34.1% 和 36.2%；体育服务业（除体育用品及相关产品制造、体育场地设施建设外的其他 9 大类）总产出和增加值分别为 91.81 亿元和 45.34 亿元，占山西省体育产业总产出和增加值的比重分别为 68.2% 和 77.5%（见附表 2 - 4）。

附表 2 - 4　2015 年山西省体育产业总产出和增加值

序号	名称	总量（亿元）		结构（%）	
		总产出	增加值	总产出	增加值
1	体育管理活动	10.07	5.04	7.50	8.60
2	体育竞赛表演活动	1.79	0.63	1.30	1.10
3	体育健身休闲活动	3.60	1.68	2.70	2.90
4	体育场馆服务	13.69	7.33	10.20	12.50
5	体育中介服务	0.50	0.15	0.40	0.20
6	体育培训与教育	6.09	4.78	4.50	8.20
7	体育传媒与信息服务	1.53	0.63	1.10	1.10
8	其他与体育相关服务	8.68	3.93	6.40	6.70
9	体育用品及相关产品制造	33.94	11.15	25.20	19.00
10	体育用品及相关产品销售、贸易代理与出租	45.85	21.16	34.10	36.20
11	体育场地设施建设	8.84	2.02	6.60	3.50
合计	山西省体育产业	134.59	58.52	100.00	100.00

注：①2015 年山西省体育产业增加值是按照《国家体育产业统计分类》（2015）进行核算的，与 2012 年比，行业分类有了变化，所以一些行业数据与以往存在不可比因素。

②以 2010 年为基期，2010 ~ 2015 年全省体育产业增加值年均增速为 22.7%；以 2012 年为基期，2012 ~ 2015 年全省体育产业增加值年均增速为 19.7%。

6. 2015 年湖南省体育产业数据公告

经调查核算，2015 年湖南省体育产业总产出为 493.30 亿元，增加值为

194.28 亿元，占当年全省 GDP 的比重为 0.67%。其中，体育服务业总产出和增加值分别为 340.29 亿元、150.15 亿元，占全省体育产业总产出和增加值的比重分别为 69.0%、77.3%。

按照《国家体育产业统计分类》（国家统计局局令 2015 年第 17 号）的 11 个大类，体育产品销售贸易代理与出租、体育用品及相关产品制造、体育场馆服务三大类别的规模排在前三位，总产出分别为 219.30 亿元、137.75 亿元、30.52 亿元，占全省体育产业总产出的比重分别为 44.5%、27.9%、6.2%；增加值分别为 90.99 亿元、40.74 亿元、16.89 亿元，占全省体育产业增加值比重分别为 46.8%、21.0%、8.7%。

7. 2015 年贵州省体育产业数据公告

2015 年，贵州省体育产业总产出（总规模）达到 126.35 亿元。其中，从体育产业的 11 个大类看，体育用品及相关产品销售、贸易代理与出租的总产出和增加值最大，分别为 23.28 亿元和 16.49 亿元，占贵州体育产业总产出和增加值的比重分别为 40.7% 和 48.3%。

8. 2015 年陕西省体育产业数据公告

经调查核算，2015 年陕西省体育产业总产出为 81.3 亿元，增加值为 51.1 亿元，占当年全省 GDP 的比重为 0.28%。其中，体育场馆服务总产出和增加值最大，分别为 29.9 亿元、24 亿元，占全省体育产业总产出和增加值的比重分别为 36.8%、47%。体育服务业（除体育用品及相关产品制造、体育场地设施建设外的其他 9 大类）总产出和增加值分别为 72.4 亿元和 48.8 亿元，占比分别为 89.05% 和 95.5%（见附表 2-5）。

9. 2015 年重庆市体育产业数据公告

经调查核算，2015 年重庆市体育产业总产出为 262.78 亿元，增加值为 127.38 亿元，占同期重庆市 GDP 的比重为 0.81%。按照国家体育产业 11 个大类分类，体育用品及相关产品销售、贸易代理与出租总产出和增加值最大，分别为 90.06 亿元、55.47 亿元，占重庆市体育产业总产出和增加值的比重分别为 36.6%、43.6%。体育服务业（除体育用品及相关产品制造、体育场地设施建设外的其他 9 大类）总产出和增加值分别为 178.26 亿元和 95.44 亿元，占比分别为 67.8% 和 74.9%（见附表 2-6）。

附表 2-5　2015 年陕西省体育产业总产出和增加值

序号	名称	总量（亿元）		结构（%）	
		总产出	增加值	总产出	增加值
1	体育管理活动	6.3	3.8	7.7	7.5
2	体育竞赛表演活动	1.5	0.8	1.8	1.6
3	体育健身休闲活动	5.2	3.1	6.4	6.0
4	体育场馆服务	29.9	24.0	36.7	46.9
5	体育中介服务	0.1	0.02	0.1	0.03
6	体育培训与教育	2.1	1.4	2.6	2.7
7	体育传媒与信息服务	0.01	0.00	0.01	0.00
8	其他与体育相关服务	3.9	0.6	4.7	1.2
9	体育用品及相关产品制造	2.2	0.6	2.8	1.1
10	体育用品及相关产品销售、贸易代理与出租	23.5	15.1	28.9	29.6
11	体育场地设施建设	6.7	1.7	8.2	3.3
合计	陕西省体育产业	81.3	51.1	100	100

注：若总量与分量合计尾数不等，是因数值修约误差所致，未做机械调整。

附表 2-6　2016 年重庆市体育产业总产出和增加值

序号	名称	单位数（个）	从业人数（人）	总产出（亿元）	增加值（亿元）	占体育产业增加值比重（%）
1	体育管理活动	332	1537	4.63	1.67	1.30
2	体育竞赛表演活动	233	2593	5.62	2.93	2.30
3	体育健身休闲活动	2443	16425	30.96	13.17	10.30
4	体育场馆服务	82	1322	8.39	5.28	4.20
5	体育中介服务	120	1118	7.46	4.04	3.20
6	体育培训与教育	273	14417	6.33	3.34	2.60
7	体育传媒与信息服务	106	5700	8.60	4.61	3.60
8	其他与体育相关服务	2325	3052	10.20	4.93	3.90
9	体育用品及相关产品制造	2805	24558	73.29	26.88	21.1
10	体育用品及相关产品销售、贸易代理与出租	18891	91982	96.06	55.47	43.6
11	体育场地设施建设	486	1469	11.22	5.06	4.00
合计	重庆市体育产业	28096	164203	262.78	127.38	100.0

注：若总量与分量合计尾数不等，是因数值修约误差所致，未作机械调整。

10. 2016 年辽宁省体育产业数据公告

经统计核算，2016 年辽宁省体育产业总产出（总规模）为 844.38 亿元，增加值为 240.65 亿元，占当年全省 GDP 的比重为 1.07%。体育服务业（除体育用品及相关产品制造、体育场地设施建设外的其他 9 大类）总产出和增加值分别为 223.38 亿元和 109.84 亿元，占辽宁省体育产业总产出和增加值的比重分别为 26.45% 和 45.65%。按照国家体育产业 11 大类分类，体育用品及相关产品制造总产出和增加值最大，分别为 617.85 亿元和 129.76 亿元，占辽宁省体育产业总产出和增加值的比重分别为 73.17% 和 53.92%（见附表 2 - 7）。

附表 2 - 7 2016 年辽宁省体育产业总产出和增加值

序号	名称	总量（亿元）		结构（%）	
		总产出	增加值	总产出	增加值
1	体育管理活动	8.39	5.45	0.99	2.26
2	体育竞赛表演活动	13.35	4.25	1.58	1.77
3	体育健身休闲活动	6.19	3.69	0.73	1.53
4	体育场馆服务	34.84	16.34	4.13	6.79
5	体育中介服务	41.66	11.62	4.93	4.83
6	体育培训与教育	40.75	31.63	4.83	13.14
7	体育传媒与信息服务	0.72	0.31	0.09	0.13
8	其他与体育相关服务	72.92	33.66	8.64	13.99
9	体育用品及相关产品制造	617.85	129.76	73.17	53.92
10	体育用品及相关产品销售、贸易代理与出租	4.56	2.90	0.54	1.20
11	体育场地设施建设	3.15	1.04	0.37	0.43
合计	辽宁省体育产业	844.38	240.65	100.0	100.0

注：若总量与分量合计尾数不等，是因数值修约误差所致，未作机械调整。

附录3　内蒙古自治区体育产业全面调查方案

1. 全面调查说明

采用全面调查方法，在利用和完善内蒙古自治区基础名录库的基础上，对所有调查对象逐一展开调查，采用全面报表，以法人单位和产业活动单位为基础，获取全面数据。

需在内蒙古自治区范围内利用和完善基础名录库的体育产业类别如附表3-1所示。

附表3-1　体育产业类别

序号	代码	体育产业名称
1	0120	执行民间非营利组织会计制度的体育社会组织管理活动（9421*、9422*、9430*、8890*）
2	0210	职业体育竞赛表演活动（8810**、7219*、8710*）
3	0220	非职业体育竞赛活动（8810**）
4	0400	体育场馆（8820）
5	061	体育培训（8292、8291*、8299*）
6	062	独立的体育院校
7	0710	体育出版物出版服务（852*）
8	0720	体育广播、体育电视（8610*、8620*）
9	0730	互联网体育服务（6420*、6540*）
10	0740	其他体育信息服务（6510*、6591*、7233*、7232*）
11	0820	运动医学及体质监测服务（8890**、8315*）
12	0860	体育科技与知识产权服务（7350*、7340*、7250*）
13	11	室内、室外体育场地设施安装（5010*、4890*）

在全区范围内开展全面调查的具体调查对象包括：执行民间非营利组织会计制度的体育社会组织管理机构，职业体育竞赛表演机构，非职业体育竞赛机构，体育场馆，体育培训服务机构，独立的体育院校，体育出版社，体育广播和电视传媒机构，互联网体育服务机构，其他信息服务机构，运动医学类专科医院及体质监测机构，体育科技与知识产权服务机构，室内外体育场地设施安装的建筑业企业。

2. 全面调查实施步骤

（1）由国家统计局提供全面调查的产业活动单位基础名录库，由国家体育总局在此基础上进行名录的修正与完善之后提供给自治区，形成完善后的调查名录库。

（2）在完善后的调查名录库基础上，向实施全面调查的体育产业单位发放调查告知书和调查表。

（3）由调查员入户调查，调查对象进行调查表填报，调查员回收调查表。

（4）调查指导员组织调查员按照审核要求对回收的调查表进行互审，并对审核中发现的差错和问题，原则上由原调查员核对，并联系填报单位核实修改。

（5）根据专项调查统计软件填报流程，由调查员将核对准确的调查数据逐级提交至本地区专项调查主管部门，自治区、盟市专项调查主管部门将调查数据汇总提交至内蒙古自治区体育局专项调查主管部门。

3. 全面调查结果

内蒙古自治区体育产业全面调查的结果如附表3-2所示。

附表3-2　全面调查结果　　　　　　单位：千元

小类	营业收入（02）	本年支出合计（03）	本年费用合计（04）	营业收入（06）	其中：体育业务活动（或体育部门）营业收入（06）	工程结算收入（11）
0210 职业体育竞赛表演活动	178026	477104.09	153	2116.17	110	
0220 非职业体育竞赛表演活动	1289.42	52.8	481.65	3020	528	

续表

小类	营业收入（02）	本年支出合计（03）	本年费用合计（04）	营业收入（06）	其中：体育业务活动（或体育部门）营业收入（06）	工程结算收入（11）
0322 民族民间体育活动			4	100	100	
0330 其他休闲健身活动			19.5	51577	51577	
0511 体育经纪人						
0512 体育广告服务						
0520 体育活动的策划服务				100	30	
0530 其他相关体育中介服务						
0611 体校及体育培训	2290.46	218886.34	2310	154	154	
0612 其他体育培训	1281.18	718.63	4402.86	12680	12090	
0710 体育出版物出版服务						
0720 体育影视及其他传媒服务						
0730 互联网体育服务						
0740 其他体育信息服务				2147	582	
0820 体育健康服务		0		1890	1459	
0840 体育会展服务				300	300	
0850 体育金融与资产管理服务						
0860 体育科技与知识产权服务		2098				
0870 其他未列明与体育相关服务			0	848.96	848.96	
0920 运动车、船、航天器等设备制造						

小类	营业收入（02）	本年支出合计（03）	本年费用合计（04）	营业收入（06）	其中：体育业务活动（或体育部门）营业收入（06）	工程结算收入（11）
0930　特殊体育器械及配件制造						
0950　体育游艺娱乐用品设备制造						
0960　其他体育用品及相关产品制造						
1014　运动饮料营养品销售						
1015　体育出版物销售						
1016　其他体育用品及相关产品销售				8269	8269	
1020　体育设备出租				2850	2850	
1030　体育用品及相关产品贸易代理				50	50	
1120　室外体育场地设施建设						33754.17
合计	182887.06	698859.86	7371.01	86102.13	78947.96	33754.17

附录4　内蒙古自治区体育产业抽样调查方案

1. 抽样调查范围

抽样调查的具体对象包括休闲健身企业、体育电影和影视节目制作公司、体育旅游服务机构、运动服装制造企业、运动鞋帽制造企业、运动服装销售企业、运动鞋帽销售企业。

2. 抽样框选取

以国民经济行业小类"休闲健身活动（8830）、电影和影视节目制作（8630）、旅行社（7271）、游览景区管理（7852）、服装鞋帽制造（1810、1820、1830、1951、1952、1953、1954）、服装鞋帽销售（5132、5232、5133、5233）"的四位代码分别作为抽样总体，形成 15 个抽样框，展开抽样调查。具体如附表4-1 所示。

附表4-1　抽样框

调查对象	抽样框
休闲健身企业	休闲健身活动（8830）
体育电影和影视节目制作公司	电影和影视节目制作（8630）
体育旅游服务机构	旅行社（7271）
	游览景区管理（7852）
运动服装制造企业	机织服装制造（1810）
	针织或钩针编织服装制造（1820）
	服饰制造（1830）
运动鞋帽制造企业	纺织面料鞋制造（1951）
	皮鞋制造（1952）
	塑料鞋制造（1953）
	橡胶鞋制造（1954）
运动服装销售企业	服装批发（5132）
	服装零售（5232）
运动鞋帽销售企业	鞋帽批发（5133）
	服装零售（5233）

样本由国家体育总局统一提供。抽样分布是利用概率论的原理通过样本推断总体。附表4-2 中的抽样比显示，抽样占比都相对较高，抽样结果更具有代表性和可信性。抽样调查的结果如附表4-2 所示。

附表 4 – 2　内蒙古自治区体育产业抽样调查统计结果

小类	营业收入(02)(千元)	本年支出合计(03)(千元)	本年费用合计(04)(千元)	营业收入(06)(千元)	其中：体育业务活动（或体育部门）营业收入(06)(千元)	营业收入(08)(千元)	其中：体育服装鞋帽营业收入(08)(千元)	工业总产值(09)(千元)	其中：体育类产品产值(09)(千元)	营业收入(10)(千元)	抽样比(%)
0310 休闲健身活动	59319.41	7443.21	124541.54	132659.88	11879.27						99.37
0810 体育旅游活动				45058.4	25005.4						100.00
0941 运动服装制造											
0942 运动鞋帽制造											
1012 运动服装销售						51110	40450				100.00
1013 运动鞋帽销售						22432	22432				100.00
1701 运动服装制造（大库）								501140	190630	270	
1801 运动鞋帽制造（大库）								5600	2170		
1901 运动服装销售（大库）						29321.6	1722.6				
2001 运动鞋帽销售（大库）						3670	1880				
2101 体育旅游活动（大库）				139803.95	60061.5						

附录5 内蒙古自治区体育产业典型调查方案

典型调查的具体对象包括星级宾馆饭店、群众文化活动机构、疗养院、中医院、百货公司、超级市场。

内蒙古自治区体育产业典型调查的样本量为百货公司 10 家、大型超市 10 家。典型调查样本应分布于不同的地级市。

各省份的典型调查的样本量为五星级宾馆饭店 2 家、四星级宾馆饭店 3 家、三星级宾馆饭店 4 家、群众文化活动中心 20 家、疗养院 10 家、中医院 10 家。典型调查样本应分布于不同的盟市。典型调查结果如附表 5 - 1 所示。

附表 5 - 1　内蒙古自治区体育产业典型调查统计结果

小类	0321｜群众体育文化活动	1017｜体育用品及相关产品综合销售	1201｜百货公司	1301｜大型超市	1401｜酒店	1501｜疗养院	1601｜中医院
费用支出（05）（千元）	22073.97						
其中：体育事业方面（或体育活动）的费用支出（05）（千元）	5118.68						
营业收入（06）（千元）					70000		52500
其中：体育业务活动（或体育部门）营业收入（06）（千元）					6000		0
营业收入（07）（千元）			391511.65				
其中：体育用品营业收入（07）（千元）			2245.07				
体育服装营业收入（07）（千元）			15070.98				
体育鞋帽营业收入（07）（千元）			10022.11				

小类	0321｜群众体育文化活动	1017｜体育用品及相关产品综合销售	1201｜百货公司	1301｜大型超市	1401｜酒店	1501｜疗养院	1601｜中医院
体育类占比（%）	23.19		6.98		8.57		
规上营业收入（千元）		24109880					
规上从业人员（人）		30343					

相比于全面调查和抽样调查，典型调查更具有代表性和方向性。上表中的体育类占比一行表明，群众体育文化活动、百货公司以及酒店三类不同产业中，群众体育文化活动中体育事业方面支出占比最高为23.19%，其次为酒店和百货公司。

附录6　全国体育产业发展规划

"十三五"时期是全面建成小康社会的决胜阶段，是协调推进"四个全面"战略布局、实现中华民族伟大复兴中国梦的重要时期，也是体育发展重要战略机遇期和筹办2022年北京冬奥会、冬残奥会的重要时期。为促进我国体育全面、协调、可持续发展，努力实现建设体育强国的目标，充分发挥体育在建设健康中国、推动经济转型升级、增强国家凝聚力和文化竞争力等方面的独特作用，根据党中央、国务院的总体部署和"十三五"时期我国体育发展面临的新形势、新任务、新要求，政府制定了全国体育发展规划。

1. "十二五"时期我国体育发展情况和"十三五"时期面临的形势

（1）"十二五"时期我国体育发展取得的显著成就。党中央、国务院高度重视体育工作，特别是党的十八大以来，习近平总书记多次对体育工作发表重要讲话、作出重要批示和指示，对体育工作进行了一系列精辟论述，成为推动"十二五"时期体育发展的强大动力。各级政府对体育事业的投入不断加大，全社会参与体育的热情日益高涨，体育在实现中华民族伟大复兴中国梦和全面建成小康社会中的作用进一步显现。党中央、国务院的重大决策部署极大地激发了体育事业的发展活力。体育发展获得重大机遇。北京成功获得了 2022 年冬奥会的举办权；中央全面深化改革领导小组审议通过了《中国足球改革发展总体方案》，足球改革发展的体制机制和政策措施实现了重大突破；国务院颁布实施了《全民健身计划（2011～2015 年）》，印发了《关于加快发展体育产业促进体育消费的若干意见》。体育各领域改革力度持续加大，实施行政审批制度改革，取消群众性和商业性体育竞赛活动审批；出台了《中国足球协会调整改革方案》，中国足球协会与体育总局脱钩，全国性单项体育协会改革试点稳步推进，启动了第一批 14 个全国性体育协会与体育总局的脱钩改革试点工作；全国综合性和单项体育赛事管理制度改革不断深化；改革了全运会计分政策和比赛成绩的公布方式。全民健身上升为国家战略，公共体育服务体系建设速度加快，全民健身意识极大增强，组织网络日趋完善，活动形式呈多样化，包括青少年在内的群众体育蓬勃发展。截至 2014 年底，全国经常参加体育锻炼的人数比例达到 33.9%，城乡居民达到《国民体质测定标准》合格以上的人数比例是 89.6%，人均体育场地面积达到 1.5 平方米。竞技体育综合实力和国际竞争力进一步增强，优势项目继续保持和巩固，潜优势项目有所提升，田径、游泳等基础大项进步明显，冬季项目稳步发展。"十二五"期间，我国运动员共获得世界冠军 596 个，创、超世界纪录 57 次。中国体育代表团在伦敦奥运会取得境外参赛最好成绩，在索契冬奥会实现冬奥会基础大项零金牌的突破。通过全面贯彻落实《国务院关于加快发展体育产业促进体育消费的若干意见》，体育产业规模逐步扩大，体育消费明显增加，2014 年体育产业总规模达到 13574 亿元，产业结构持续优化，产业体系日趋健全，产业政策不断完善，与文化、旅游、医疗、养老、互联网等领域的互动融合日益加深。同时，体育文化在体育发展中的地位进一步提高，体育对外交往进一步深化拓展，体育行业作风建设和反腐倡廉工作明显推进，体育法治、科技、人才、教育和宣传等工作不断开创新局面。

（2）"十三五"时期我国体育发展存在的矛盾与问题。"十三五"时期，我国体育发展将进入更加严峻的改革攻坚期。体育领域改革创新与体育强国建设的总体目标仍不相适应，体育与经济社会协调发展的机制有待进一步健全，人民群众日益增长的多元化、多层次体育需求与体育有效供给不足的矛盾依然突出。一些长期制约体育事业发展的薄弱环节和突出问题依然严峻：体育管理体制的改革尚需深化，体育发展方式亟须转变，管办不分、政社不分、事社不分的体制弊端遏制了体育发展活力，调动社会力量参与体育的政策措施尚不完善。体育社会化水平不高，基层体育社会组织发展滞后，支持培育体育社会组织发展的机制仍需完善，全民健身公共服务体系有待进一步完善。竞技体育结构布局还不够科学合理，一些影响广泛的基础大项和集体球类项目水平较低，职业体育的快速发展迫切需要建立和完善与之相适应的体制机制。体育产业总体规模不大与结构不完善并存，体育服务业比例偏低、种类偏少。体育文化在社会主义核心价值体系建设中的作用未能有效发挥，体育的多元价值有待深入挖掘。体育人才队伍建设还不能适应快速发展的形势，高素质复合型的体育管理人才依然缺乏。

（3）"十三五"时期我国体育发展面临的机遇。以习近平同志为总书记的党中央把体育作为中华民族伟大复兴的一个标志性事业。"十三五"时期，党和国家对体育的重视和支持将更加有力，为体育繁荣发展提供了重要机遇。全面建成小康社会将为体育发展开辟新空间，使其在增强人民体质、服务社会民生、助力经济转型升级中的作用更加突出。经济发展新常态和体育供给侧结构性改革对体育与经济社会的协调发展提出了要求，体育产业作为新兴产业、绿色产业、朝阳产业，完全有条件和潜力成为未来我国经济发展新的增长点，体育消费对经济发展的贡献将不断增强。建设健康中国、全民健身上升为国家战略，将为体育发展提供新机遇，不断满足广大人民群众对健康更高层次的需求，进一步营造崇尚运动、全民健身的良好氛围，推动体育融入生活，培育健康绿色生活方式，增强人民群众的幸福感和获得感，有效提高全民族健康水平。全面深化改革和依法治国的战略部署将为体育改革增添新动力，事业单位分类改革和体育社会组织改革的整体推进将进一步消除制约各类体育社会组织发展的体制和机制障碍，体育组织化水平和社会化程度将快速提升。信息化、全球化、网络化交织并进，为体育各领域的改革和发展提供了技术新引擎，"中国制造2025"、"互联网＋"行动计划、"大众创业、万众创新"为体育发展激发新活力，使其与政治、经济、社会和文化将产生更加积极全面的互动。新型外交战略将为展现体育文化软实力提供广阔舞台，筹办2022年北京冬奥会等国际大赛将不断提升中国体育的国际影响力，我国冰雪体育运动和冰雪产业将迎来快速发展新时期。把握"十三五"时期体育发展机遇，必须更新理念，拓宽视野，坚定不移地深化改革，扎实推进各项工作，在新的更高起点上推动我国体育全面协调可持续发展。

2."十三五"时期体育发展的指导思想、基本原则、主要目标和基本理念

（1）"十三五"时期体育发展的指导思想。高举中国特色社会主义伟大旗帜，全面贯彻党的十八大和十八届三中、四中、五中全会精神，以马克思列宁主义、毛泽东思想、邓小平理论、"三个代表"重要思想、科学发展观为指导，深入贯彻习近平总书记系列重要讲话精神，解放思想、深化改革、开拓创新、激发活力，把增进人民福祉、促进人的全面发展作为体育发展的出发点和落脚点，坚

持建设体育强国的战略定位，实施全民健身国家战略，推进健康中国建设，坚定不移走中国特色社会主义体育发展道路，创新体育发展方式，全面提升体育治理体系与治理能力的现代化水平，努力将体育建设成为中华民族伟大复兴的标志性事业。

（2）"十三五"时期体育发展的基本原则。①坚持以人为本。必须牢固树立以人民为中心的发展思想，以保障人民群众的体育权益为着眼点，充分调动人民参与体育的积极性、主动性、创造性，进一步激发和调动各方活力，不断满足人民群众日益增长的多元化体育需求。②坚持科学发展。必须从中国体育发展实际出发，遵循现代体育发展的内在规律，顺应社会发展新趋势，加快转变体育发展方式，实现体育更高质量、更有效率、更加公平、更可持续的发展。③坚持深化改革。必须始终坚持以改革促发展，破除体制机制障碍，充分发挥市场在体育资源配置中的决定性作用和更好地发挥政府作用，积极培育社会力量参与体育发展，不断完善中国特色体育发展道路。④坚持依法治体。必须进一步强化法治理念，坚持依法决策、依法行政、严格执法，把体育发展纳入法治轨道，加快建设中国特色体育法治体系，切实保障公民体育权利。⑤坚持党的领导。必须认真落实党中央、国务院发展体育工作的一系列指示精神，进一步把思想和行动统一到党和国家对体育发展的战略部署上，全面贯彻从严治党要求，坚定不移地推进反腐倡廉，加强体育队伍思想政治与作风建设，积极应对各种风险挑战，为体育改革与发展提供更为坚实的政治保障。

（3）"十三五"时期体育发展的主要目标。根据全面建成小康社会的总体部署、实现体育强国的战略目标和建设健康中国的任务要求，深化体育重点领域改革，促进群众体育、竞技体育、体育产业、体育文化等各领域全面协调可持续发展，推进体育发展迈上新台阶。①体育重点领域改革取得新突破，体制机制创新取得新成果。加快政府职能转变，推进足球项目改革试点，加速职业体育发展，创新体育社会组织管理和体育场馆运营，逐步完善与经济社会协调发展的体育管理体制和运行机制，基本形成现代体育治理体系。②全民健身国家战略深入推进，群众体育发展达到新水平。《全民健身计划（2016～2020年）》有效实施，全民健身公共服务体系日趋完善，人民群众健身意识普遍增强，身体素质逐步提高。到2020年，经常参加锻炼的人数达到4.35亿人，人均体育场地面积达到1.8平方米。③竞技体育发展方式有效转变，综合实力和国际竞争力进一步增强。项目结构不断优化，发展质量和效益显著提高。2018年平昌冬奥会在保持水平的基础上，扩大参赛规模，成绩稳中有升，追求超越。2020年东京奥运会，努力争取运动成绩领先地位。④体育产业规模和质量不断提升，体育消费水平明显提高。到2020年，全国体育产业总规模超过3万亿元，体育产业增加值的年均增长速度明显快于同期经济增长速度，在国内生产总值中的比重达到1%，体育服务业增加值占比超过30%。体育消费额占人均居民可支配收入比例超过2.5%。⑤体育文化在体育发展中的影响进一步扩大，在培育社会主义核心价值观中的作用更加突出。培育运动项目文化，力争打造一批高质量的体育文化精品工程，办好一批社会效益显著的体育文化品牌活动，把丰富多彩的体育文化理念融入体育事业发展的各个环节，为精神文明建设增添力量。

（4）"十三五"时期体育发展的基本理念。①创新发展。把创新作为推进体育发展的强大驱动力，充分激发各类主体的创新活力，积极推进理论创新、制度创新、科技创新、文化创新，推动体育领域"大众创业、万众创新"，探索体育发展新模式。②协调发展。积极推动体育与经济社会的协调发展，不断增强各项体育工作的系统性和协同性，促进体育事业与体育产业协调发展、群众体育与竞技体育全面发展，推动城乡体育均衡发展、区域体育联动发展。③绿色发展。充分发挥体育行业绿色低碳优势，服务于健康中国建设，倡导健康生活方式，推进健康关口前移，延长健康寿命，提高生活品质。倡导体育设施建设和大型活动节能节俭，挖掘体育在建设资源节约型、环境友好型社会中的潜力。④开放发展。加强体育与社会相关领域的融合与协作，积极吸引社会力量共同参与体育发展。加强体育对外交往，积极借鉴国际体育发展先进理念与方式，增强在国际体育事务中的话语权。⑤共享发展。加快完善体育共建共享机制，着力推进基本公共体育服务均等化，使全体人民在体育参与中增强体育意识、享受体育乐趣、提升幸福感，做到体育发展为了人民、体育发展依靠人民、体育发展成果由人民共享。

3. 深化重点领域改革创新，增强体育发展活力

（1）加快政府职能转变。进一步厘清体育行政部门权力边界，减少审批事项，放宽市场准入，实施负面清单管理模式，加强事中事后监管。研究制定体育工作综合评价体系，从群众体育、竞技体育、体育产业、体育文化等方面综合评价政府体育工作。进一步健全政府购买体育服务体制机制，完善资金保障、监督管理、绩效评价等配套政策，制定政府购买体育服务指导性目录，把适合由市场和社会承担的体育服务事项，按照法定方式和程序，交由具备条件的社会组织和企事业单位承担，逐步构建多层次、多方式的体育服务供给与保障体系。

（2）创新体育社会组织管理。研究制定体育社会组织改革相关政策，大力引导、培育、扶持体育社团、体育民办非企业单位、体育基金会等体育社会组织发展，创新体育社会组织管理方式。落实《行业协会商会与行政机关脱钩总体方

案》，稳步推进全国性体育社会组织改革试点工作，统筹解决试点工作中的重点、难点问题，及时总结和推广改革试点经验，推动各级各类体育社会组织改革。

（3）推进职业体育改革。积极探索社会主义市场经济条件下职业体育的发展方式，鼓励具备条件的运动项目走职业化道路，稳步推进职业体育发展。完善职业体育的政策制度体系，扩大职业体育社会参与，鼓励发展职业联盟，逐步提高职业体育的成熟度和规范化水平。健全职业体育法律、法规，推进体育信用体系建设，优化和规范职业体育发展环境。依法明确职业体育发展的主体，理顺各利益主体间的关系，切实维护各方合法权益。改进职业联赛决策机制，不断完善和建设中国特色职业体育联赛制度。

（4）实施足球改革。落实《中国足球改革发展总体方案》和《中国足球协会调整改革方案》，充分发挥体育行政部门在宏观管理、基本建设、政策规范、市场秩序等方面的基础保障、服务、引导和监管作用。中国足球协会切实履行领导和治理中国足球的任务，与有关部门配合，加强足球场地设施建设，继续推进校园足球发展。以青少年为重点，普及发展社会足球，不断扩大足球人口规模，夯实足球发展基础。改进足球竞赛体系和职业联赛体制。完善职业足球俱乐部的法人治理结构，加快现代企业制度建设，充分发挥俱乐部的市场主体作用。探索职业足球背景下国家队建设规律，处理好国家队、联赛、青少年足球发展的关系，统筹资源、协调利益，凝聚为国争光的共识。

（5）创新体育场馆运营。积极推进体育场馆管理体制改革和运营机制创新，引入和运用现代企业制度，激发场馆活力，探索大型体育场馆所有权与经营权分离。完善政府购买体育场馆公益性服务的机制和标准，健全体育场馆公益性开放评估体系。推行场馆设计、建设、运营管理一体化模式，将办赛需求与赛后综合利用有机结合。鼓励场馆运营管理实体通过品牌输出、管理输出、资本输出等形式实现规模化、专业化运营。增强大型体育场馆复合经营能力，拓展服务领域，延伸配套服务，打造城市体育服务综合体。

4. 落实全民健身国家战略，加快推动群众体育发展

（1）不断完善基本公共体育服务。加快建设水平较高、内容完备、惠及全民的基本公共体育服务体系，逐步推动基本公共体育服务在地域、城乡和人群间的均等化。推进基本公共体育服务示范区建设，制定结构合理、内容明确、符合实际的基本公共体育服务标准体系。加强基本公共体育服务信息化建设，建立数据采集和监测体系。以实施《全民健身计划（2016~2020年）》为主要抓手，落实目标任务和重大政策措施，创新全民健身组织方式、活动开展方式、服务模

式，开展实施效果评估和满意度调查。

（2）加强健身场地设施建设与管理。统筹规划、合理布局、规范标准、节约集约，重点建设一批便民利民的健身场地设施，逐步建成县（市、区）、街道（乡镇）、社区（村）三级群众健身场地设施网络，推进建设城市社区15分钟健身圈。推动休闲健身场地设施建设，构建休闲健身运动场地设施网络。结合基层综合性文化服务中心、农村社区综合服务设施建设及区域特点，加强乡镇体育场地设施建设。优化健身场地设施投资结构，鼓励社会资本投入健身设施建设，落实国家财税优惠政策。加强健身场地设施管理与维护，坚持建管并举，提高健身场地设施使用率。实现全国市（地）、县（区）全民健身活动中心覆盖率超过70%，城市街道、乡镇健身设施覆盖率超过80%，行政村（社区）健身设施全覆盖。到2020年，新建县级全民健身活动中心500个、乡镇健身设施15000个、城市社区多功能运动场10000个，对损坏和超过使用期限的室外健身器材进行维护更新，努力实现到2020年人均体育场地面积达到1.8平方米的目标。

（3）广泛开展丰富多样的全民健身活动。完善全民健身活动体系，拓展全民健身活动的广度和深度。大力发展健身走（跑）、骑行、登山、徒步、游泳、球类、广场舞等群众喜闻乐见的运动项目，积极培育冰雪、帆船、击剑、赛车、马术、极限、航空等具有消费引领特征的时尚运动项目，扶持推广武术、太极拳、健身气功等民族、民俗、民间传统运动项目，鼓励开发适合不同人群、不同地域特点的特色运动项目。建立有效的业余竞赛活动体系和激励机制，探索多元主体办赛机制，促进全民健身活动广泛开展。

（4）基本建成覆盖全社会的全民健身组织网络。大力培育基层全民健身组织，逐步建立遍布城乡、规范有序、充满活力的社会化全民健身组织网络。推动全民健身组织自身建设，提高综合服务能力。拓宽社会体育指导员的发展渠道，提升社会体育指导员的技能和综合素质，探索社会体育指导员与人群和项目结合的新模式。构建全民健身志愿服务组织网络，建立全民健身志愿服务长效机制。加强全民健身组织政策法规的制定，形成全民健身组织发展的管理和保障机制。

（5）加大科学健身指导和宣传力度。进一步完善国民体质测试常态化机制，探索体质测定与运动健身指导站、社区医院等社会资源相结合的运行模式。建立广泛覆盖城镇乡村的体质测试平台，开展不同人群的国民体质测试工作，依托体质监测数据库，建立科学健身指导服务体系。组织开展科学健身主题宣传活动，引导各级各类媒体运用群众喜闻乐见的方式，普及健身知识，推广健康生活方式，提高公众对科学健身的知晓率、参与率，提升运动健身的宣传效果。

（6）加快青少年体育发展。实施青少年体育活动促进计划，进一步加强青少年体育俱乐部、体育传统校和青少年户外体育活动营地建设。广泛开展丰富多样的青少年公益体育活动和运动项目技能培训，促进青少年养成体育锻炼习惯，掌握一项以上体育运动技能。大力推动青少年校外体育活动场地设施建设，开发适应青少年特点的运动器械、锻炼项目和健身方法。探索青少年校外体育辅导员队伍的培育工作，推进青少年体育志愿服务体系建设，完善青少年体育评价机制。整合各方资源，以开展全国青少年阳光体育大会为龙头，积极构建学校、家庭、社区相结合的青少年体育活动网络，打造青少年体育活动和赛事活动品牌。创建国家示范性青少年体育俱乐部 300 个，国家级青少年体育俱乐部 6000 个。建成各级体育传统项目学校 15000 所以上，国家级传统校达到 500 所。鼓励各类体育场地设施向青少年免费或优惠开放。施行青少年体育健身活动状况调查制度。

（7）保障特殊群体基本体育权利。构建政府主导、多元主体参与的特殊群体体育活动保障体系，加大供给力度，提高精准化服务水平。加强对老年人、残疾人等特殊群体开展体育活动的组织与领导，研制与推广适合特殊群体的日常健身活动项目、体育器材、科学健身方法。广泛调动社会力量，为贫困人口和农民工等弱势群体参加体育活动提供场地设施、科学指导等保障服务。

5. 落实奥运争光计划，提高竞技体育综合实力

（1）转变竞技体育发展方式。树立正确政绩观，充分认识竞技体育多元功能和综合社会价值。坚持和完善竞技体育举国体制，逐步形成国家办与社会办相结合的竞技体育管理体制和评估体系。加强对竞技体育发展理论、训练理念、竞技战术、组织管理等方面的研究和经验总结，使创新成为竞技体育发展的强大驱动力。完善国内综合性运动会和单项比赛竞赛组织与管理办法，发挥竞赛的杠杆作用，调动社会资源参与办赛的积极性，建设品牌赛事，实现社会效益与经济效益融合统一。

（2）优化竞技体育项目结构。综合评估竞技体育项目发展潜力和价值，坚持突出重点、优化结构、提高效益。优势项目保持优势，潜优势项目加快发展，基础项目和集体球类项目水平稳步提高。引导国内区域间竞技体育协调发展，鼓励各省份重点发展符合本地区实际、具有区域特点的竞技体育项目。统筹奥运会项目与非奥运会项目、夏季奥运会项目与冬季奥运会项目、优势与潜优势项目、基础项目与集体球类项目协调发展，加快落后项目的发展进程。进一步推进青少年训练教学大纲的修订与推广应用工作，全面把握专项特点与竞技规律，构建符合现代运动训练发展要求的训练体系，以创新带动训练水平的提高，加强国家队复合型教练员团队建设和基础建设，强化保障机制，取得更多优异的运动成绩。

足球。落实《中国足球中长期发展规划（2016～2050年）》《全国足球场地设施建设规划》，与有关部门配合，加强足球场地设施建设。到2020年，全国足球场地数量超过70000块，平均每万人拥有足球场地达到0.5块以上，有条件的地区达到0.7块以上；全国特色足球学校达到20000所，全社会经常参加足球运动的人数超过5000万人，足球事业和产业协调发展的格局基本形成。男足、女足参加世界杯、亚洲杯、奥运会等重大国际赛事有好的表现。

篮球。全面实施《篮球青少年后备人才培养中长期发展规划》，建立30个以上的篮球重点后备人才培养基地。在2020年上东京奥运会上男篮、女篮确保参赛，名次提升，在亚洲保持领先水平，缩小与世界先进水平的差距。举办好2019年男篮世界杯，提高中国篮球运动普及水平。

排球。在推动我国排球运动整体水平明显提高的基础上，中国女排保持在亚洲的领先地位和世界先进水平，在2020年东京奥运会上保持领先水平行列；中国男排逐步缩小与世界强队的差距，力争获得2020年东京奥运会参赛资格。

（3）做好重大赛事的备战参赛和组织工作。继续贯彻实施《奥运争光计划纲要（2011～2020年）》，狠抓备战工作的综合协调与组织保障，确保完成好2018年平昌冬奥会和2020年东京奥运会等大型国际综合性赛事的备战参赛任务。进一步加强运动队思想政治工作。完善国家队竞争和奖励机制，建立符合运动项目实际的复合型国家队训练管理团队，完善《国家队训练质量管理评估办法》，提高训练质量和效益。加强运动训练基地建设。认真组织好全国综合性赛事和承办的国际赛事的筹办工作，做好重要国际赛事的备战参赛工作。

（4）加强竞技体育后备人才培养工作。制定出台《关于进一步加强竞技体育后备人才培养工作的指导意见》，充分发挥竞技体育举国体制优势，积极调动社会各界力量，拓宽后备人才培养渠道，构建富有成效的后备人才培养体系。以国家高水平体育后备人才基地建设为龙头，改革与完善三级训练网络，发挥学校尤其是体育院校在后备人才培养中的积极作用。加大对《奥运项目竞技体育后备人才培养中长期规划（2014～2024年）》实施情况的督导检查力度，加快研究制定各项目青少年运动员选材标准，按照各项目青少年训练教学大纲实施系统训练，加强教练员、体育教师队伍建设，提高选材育才科技含量。

（5）完善运动员文化教育与保障体系。推进运动员文化教育常态化，协调做好公办体育运动学校运动员文化教育督导工作，推动义务教育阶段的文化教育工作纳入当地教育管理序列。加强运动员在役期间的文化教育工作，建立运动员文化教育与保障信息服务系统。开展国家队文化教育示范队建设，引入社会力量创新教育模式。推进优秀运动员进入高等院校学习的各项政策改革。继续完善运动员收入分配和激励保障政策，实现社会保障制度对运动员全面覆盖。全面开展运动员职业意识养成教育、运动员职业生涯规划和职业培训工作。进一步做好退役运动员就业安置工作，完善运动员职业转换社会扶持体系，引导和鼓励退役运动员积极从事全民健身服务、学校体育、体育产业经营开发等工作。

（6）全面提升反兴奋剂工作水平。全面贯彻实施《反兴奋剂条例》《反兴奋剂管理办法》，完善反兴奋剂管理体系，探索建立兴奋剂综合治理长效工作机制，做好备战参赛的各类运动会的反兴奋剂工作。全面开展反兴奋剂教育资格准入，实施"反兴奋剂进校园工程"。继续开展反兴奋剂基础性工作，推进创新性的反兴奋剂新技术、新方法研究，提高兴奋剂管制的质量和水平。

6. 以筹办 2022 年北京冬奥会为契机，推动冬季运动发展

（1）大力普及冰雪运动项目。研制并实施《群众冬季运动推广普及计划》，大力发展大众冰雪健身休闲项目，扶持滑冰、冰球和雪上等有潜力的冰雪健身休闲项目快速发展。加强冬季项目场地设施建设，加强冰雪运动专业指导和培训，支持有条件的企业和个人成立冰雪运动俱乐部、培训学校。积极打造"全国大众冰雪季"和"青少年冰雪运动普及"等群众性品牌冰雪活动，举办花样滑冰、冰球、冰壶和单板滑雪等赛事，积极推动冰雪运动进入校园。大力发展冰雪运动产业，以带动冰雪设备和冰雪运动装备生产、大众冰雪健身服务平台建设为抓手，逐步打造多元冰雪产业链，有效扩大冰雪体育产业市场供给。推动有气候条件优势、有产业基础的东北地区加快发展冰雪运动。推进"冰雪运动南展西扩"战略，鼓励有条件的南方和西部省市积极开展冰雪运动。

（2）提高冬季运动竞技水平。以北京冬奥会全面参赛为目标，扩大冬季运动开展规模，提高基础设施投入力度。落实《国家体育总局 2022 年北京冬奥会备战工作计划》，优化冬季项目的结构布局，建立完善国家、省份、社会、高校四级体系，巩固扩展短道速滑、花样滑冰、速度滑冰和空中技巧、单板滑雪等项目的基础和水平，加大冰球、高山滑雪等落后项目的政策扶持措施和投入力度，大力发展雪车、雪橇和北欧两项等新开展项目。精心打造各运动项目国家队，完善国家队的组建、选拔、训练、管理等各项制度，加强对国家队经费投入、奖励政策、基地建设、后勤服务、情报信息、科研等方面的保障。落实《冬季项目后备人才培养中长期发展规划》，实施"冬季项目后备人才培养工程"，加强高水平后备人才基地的建设，努力改善后备人才培养的训练设施和教练团队；建立规模、布局和结构合理的后备人才培养体系，有重点地增加对全国后备人才基地的经费投入。有序推进 2018 年和 2022 年冬奥会的备战与参赛工作，力争进入第二集团前列。

创新发展理念，拓宽发展路径，打通冬季运动项目与夏季运动项目后备人才的培养渠道，鼓励夏季项目与冬季项目的人才共享，促使冬季项目后备人才结构更加优化，后备人才素质逐步提高。结合项目的实际情况，将冬季项目中有潜质的运动员送到相关冬季运动强国进行委托培养。

（3）积极筹办 2022 年北京冬奥会。践行《奥林匹克 2020 议程》，坚持"绿色办奥、共享办奥、开放办奥、廉洁办奥"的理念，将筹办冬奥会作为实施"京津冀协同发展战略"的重要举措，树立奥林匹克运动与城市良性互动、共赢发展的典范，创造更多持久的奥运遗产。认真分析国际冬季运动发展趋势，使我国冬季项目在观念、体制和机制上更好地与国际接轨，适应国际竞争的要求。加强对冬季项目各类专业人才的培养力度，为成功举办一届精彩、非凡、卓越的冬奥会打下坚实基础。

7. 扩大体育产品和服务供给，促进体育消费

（1）调整体育产业结构。进一步优化体育服务业、体育用品制造业及相关产业结构，实施体育服务业精品工程、体育用品制造业创新提升工程和体育产业融合发展工程。加快体育产业要素结构升级，培育专业人才、品牌、知识产权等高级要素。以足球、冰雪等重点运动项目为带动，通过制定发展专项规划、开展青少年技能培养、完善职业联赛等手段，探索运动项目的产业化发展道路。大力发展"体育＋"，积极拓展体育新业态。引导和支持"互联网＋体育"发展，鼓励开发以移动互联网为主体的体育生活云平台及体育电商交易平台。与旅游部门共同研制《体育旅游发展纲要》，开展全国体育旅游精品项目推介，打造一批体育旅游重大项目。

（2）优化体育产业空间布局。围绕"一带一路"倡议、京津冀协同发展、长江经济带三大国家战略，加快国家体育产业基地建设，合理规划布局全国体育产业发展。积极推进区域体育产业协同发展，加强京津冀、长三角、珠三角以及海峡两岸等体育产业圈建设。充分挖掘中西部地区体育产业的资源优势，鼓励各地因地制宜发展区域特色产业，形成东、中、西部体育产业良性互动格局。联合发展改革部门，继续加强对全国 35 个体育产业联系点城市、10 个联系点单位的政策指导，督促相关地区和单位切实做好联系点组织实施工作，加快出台一批可复制、可推广的政策创新成果，为全国体育产业发展提供引导经验。统筹协调不同类型、不同区域、不同领域的体育产业基地发展，构建特色鲜明、类型多样、结构合理的国家体育产业基地布局，加快足球、冰雪等项目国家体育产业基地建设。进一步优化国家体育产业基地管理，树立国家体育产业基地品牌，全面提升国家体育产业基地品质及管理规范化水平。"十三五"期间，在全国建立 50 个产业规模较大、集聚效应明显的县域国家体育产业示范基地，100 个具有较高知名度和国际影响力的国家体育产业示范单位，100 个特色鲜明、市场竞争力较强的国家体育产业示范项目。

（3）培育体育市场主体。着力扶持、培育一批有自主品牌、创新能力和竞争实力的骨干体育企业。深化体育类国有企业改革，提升体育产业领域中国有资产的价值。引导有实力的体育企业以资本为纽带，实行跨地区、跨行业、跨所有制的兼并、重组、上市。鼓励体育优势企业、优势品牌和优势项目"走出去"。积极支持体育产业的海外并购，鼓励吸引国际体育组织或体育企业、国际体育学校落户中国。全面落实国家扶持中小微企业发展的政策措施，积极扶持中小微体育企业发展，鼓励成立各类体育产业孵化平台，为体育领域的"大众创业、万众创新"提供环境。充分利用认证认可手段，为体育产业创新发展提供技术支撑。转变监管理念，加强对体育市场的事中事后监管，强化社会监督。

鼓励有条件的省市设立体育发展专项资金，对符合条件的企业及社会组织给予项目补助、贷款贴息和奖励；引导已设立体育发展专项资金的省市进一步优化资金使用方向、创新资金使用方式、提高资金使用效益。政府引导设立由社会资本筹资的中国体育产业投资基金。

加快体育资源交易平台建设，推进赛事举办权、场馆经营权、无形资产开发等具备交易条件的资源公平、公正、公开流转。

筹建体育产业信息服务平台，培育一批服务于体育产业的金融市场主体，丰富多元化的金融产品和服务供给，构建便捷的体育产业投融资渠道。

（4）扩大体育产品供给。推广运用政府和社会资本合作模式，加大财政金融扶持力度，支持社会力量进入体育产业领域，建设体育设施，开发体育产品，提供体育服务。联合发展改革、财政等部门，根据关于加快推进健康与养老服务工程建设的相关要求，放宽市场准入，发挥政府购买服务等支持作用，进一步丰富体育服务供给。引导企业增加科技投入，加大自主研发和科技成果转化，开发科技含量高、拥有自主知识产权的产品，培育一批具有自主知识产权的体育用品知名品牌，重点支持可穿戴运动设备和智能运动装备的研发和制造。

（5）引导体育消费。鼓励各地研究、制定引导体育消费的政策措施，有条件的地区可以探索面向特定人群或在特定时间试行发放体育消费券。加强体育场馆等体育消费基础设施建设与改造，引导社会力量盘活存量资源，改造旧厂房、仓库、老旧商业设施等用于体育健身，鼓励机关、学校等企事业单位的体育场馆设施向社会开放。推动体育企业与移动互联网的融合，积极利用大数据、云计算、智能硬件和各类主题 APP 拓展客户，提升体育营销的针对性和有效性。总结和推广各地鼓励大众体育消费的先进经验。

（6）做好体育彩票工作。坚持国家彩票的方向，把握安全运营的生命线，全力做好体育彩票各项工作。转变发展理念和发展方式，大力强化体育彩票的公益属性，提高发展质量，增强公信力建设。狠抓依法治彩，继续贯彻《彩票管理条例》，进一步完善各项市场管理制度。加快建立健全与彩票管理体制匹配的运营机制。加快体育彩票创新步伐，积极研究、推进发行以中国足球职业联赛为竞猜对象的足球彩票。适应发展趋势，完善销售渠道，稳步扩大市场规模。加强公益金的使用管理绩效评价，不断提升体育彩票的社会形象。

8. 实施科教兴体，加快人才队伍建设

（1）完善体育科技创新体系。建立和完善资源布局合理、配置优化，适应体育领域"大众创业、万众创新"的科技创新体系。以高等院校、体育科研院所和重点实验室为基础，推进竞技体育专项研究平台、群众体育科学健身指导平台、体育产业科研服务平台建设。以运动促进健康、运动处方、科学健身指导与服务为重点，开展全民健身理论与方法的研究与应用。以"三大球"、基础大项、冬季项目取得突破为目标，加强科学选材、运动防护、训练监控、体能恢复、伤病治疗、运动康复、信息分析和应用等领域研究，着力解决重点运动项目关键技术问题。以具有自主知识产权的装备器材、新型体育服务技术、"互联网＋"产品为重点，着力推动科技创新和成果转化。

进一步理顺国家队购买体育科技与医疗服务的工作机制，鼓励运动项目管理中心与科研单位"结对子"，围绕运动项目和学科领域，努力打造具有特色的"训科医"竞技体育科技服务平台。

积极开展科学健身指导平台建设，以群众科学健身需求为导向，充分发挥政府主导作用，引导市场广泛参与和投入，鼓励市场运作，努力推动全民健身科学研究成果普及、推广和转化。

充分发挥企业在体育产品研发和创新中的主导作用，鼓励企业承担和参与体育科技研发任务，努力办好体育科技成果展示会，并依托体育科技成果产权交易平台，搭建体育产品研发和成果转化线上、线下服务平台。

（2）繁荣体育哲学社会科学研究。紧密结合体育改革与发展实践，围绕体育发展中的重大理论与现实问题开展研究。重视高水平的研究成果应用，鼓励各级科研机构、高等院校建设体育智库，为体育发展和重大决策提供咨询服务。加强体育哲学社会科学研究队伍建设，重点培养体育理论研究骨干力量，加大青年体育理论人才的培养力度。推进体育哲学社会科学队伍学风建设，严格学术规范。

（3）壮大体育人才队伍。充分发挥高等院校的优势，加强体育特色专业和重点学科建设，壮大体育人才队伍，支持高等院校与运动项目协会协同创新、共同发展。创建体育院校创新创业服务平台，深化体育院校竞赛改革和创新，协调做好体育高等职业教育和继续教育。坚持人才优先发展，优化体育人才成长环境，完善体育人才培养开发、选拔任用、流动配置、激励保障机制。深入贯彻落实《全国体育人才发展规划》，实施《2022年冬奥会人才工作规划》，继续实施"优秀中青年专业技术人才百人计划""精英教练员双百培养计划"等专项人才计划，充分发挥北京体育大学、国家教练员学院、国家体育总局干部培训中心等机构的作用，加强教练员岗位培训工作，提高竞技体育人才队伍质量，提升全民健身体育人才服务水平，扩大体育产业人才规模，形成一支德才兼备、结构合理、能力突出、业绩显著的骨干人才队伍。

9. 加强体育文化建设，提高体育宣传和对外交往工作水平

（1）促进体育文化大发展、大繁荣。大力弘扬以爱国主义为核心的中华体育精神，培育和传播奥林匹克文化。加快推进运动项目文化建设，启动体育文化精品建设工程。充分挖掘体育的多元价值，精心培育体育公益、慈善和志愿文化。落实《中共中央关于繁荣发展社会主义文艺的意见》，扶持和引导体育文艺创作。结合国家文化发展战略，传承和推广优秀中华民族传统体育项目，保护和开发体育非物质文化遗产，以体育为载体阐释"中国梦"，推动中华体育文化走向世界。以大型赛事为平台，总结运动项目文化特点，梳理运动项目历史沿革，提炼运动项目文化精神，举办运动项目文化推广活动，提升运动项目文化影响力。重视并弘扬优秀中国传统体育项目，促进优秀中国传统体育项目"走出去"。继续办好体育文化博览会等品牌活动。加快中国体育博物馆的建设。扶持体育文艺创作，推出体育影视、体育文学等精品工程。做好国内综合性运动会筹备、举办期间的体育文化、教育等一系列活动。配合北京冬奥组委实施奥林匹克文化计划、奥林匹克教育计划，营造全社会关心、支持、参与冬奥会的浓厚氛围。

（2）加强体育宣传与舆论引导工作。服务党和国家发展大局，适应媒体格局、受众对象、传播技术深刻变化的态势，以积极回应社会关切、提升体育事业公众形象为目的，以建立健全宣传工作机制为切入点，着力提高舆论的引导能力和水平，大力宣传中华体育精神和奥林匹克精神，为体育事业的健康发展提供舆论支持、精神动力和文化条件。加大对体育多元功能的挖掘与传播，加大对体育改革、全民健身和体育产业的宣传力度，完善和健全信息发布机制，推动政府信息公开。

（3）进一步扩大对外体育交流与合作。在"优势互补，互利共赢"的基础上与世界体育大国、强国发展双边合作关系。本着"与邻为善，以邻为伴"的精神，与亚洲及周边国家开展体育交流与合作。根据"突出重点，量力而行"的原则，开展与非洲和拉美国家的务实合作，为体育发展营造良好的外部环境。积极参与政府间人文交流活动，以体育交流活动丰富人文交流的内涵。以筹办2022年北京冬奥会、2022年杭州亚运会和参加重大体育赛事为契机，拓展与国际体育组织的合作领域，积极参与国际体育事务，增强国际体育事务话语权，加快体育外事人才培养。

（4）巩固深化对港澳台体育交流与合作。进一步深化两岸体育各领域的交流与合作，巩固和发展两岸体育交流的良好局面。继续办好两岸体育交流座谈会，完善两岸体育组织间的对口交流机制，打造更多品牌性交流活动。坚持"奥运模式"框架，妥善处理国际体育领域的涉台问题，维护国家核心利益。按照"一国两制"方针和《基本法》有关规定，全面深化内地与港澳间的体育交流与合作，积极支持港澳体育发展。继续推动内地与港澳体育界的交流互动，增强港澳同胞的国家认同感和民族自豪感。

10. 推进依法治体，提升体育法治化水平

（1）深入推进依法行政。依法履行政府职能，运用法治思维推进体育领域各项改革。强化法治意识，坚持法定职责必须为、法无授权不可为。不断提升各级政府体育主管部门职权的规范化、科学化水平。建立健全科学决策机制，确保体育发展各项决策程序正当、过程公开、责任明确。建立和完善体育行政部门法律顾问制度，加强行业协会脱钩的相关法律制度建设。

（2）完善体育法规体系建设。加快推进《体育法》修改工作，加强体育重点领域科学立法，扩大公民参与立法途径，构建系统的公民体育权利法律保护体系。统筹、完善体育法规体系建设。做好规章与法律、行政法间的衔接，协调体育规范性文件之间的内容，避免重复立法和法律冲突。

（3）切实提高体育行政执法水平。明确体育执法的权限，保证体育执法有

法可依、运行规范，保障体育活动参与者的知情权、监督权。完善体育行政执法制度，合理配置执法力量，规范执法行为，加强行政执法责任制，确保执法人员权责统一，保证对体育执法的监督与监管。

（4）健全体育纠纷多元化解决机制。推进多元化体育纠纷解决机制建设，完善体育协会对职业联赛、反兴奋剂、运动员参赛资格等纠纷解决的听证制度。研究探索建立中国特色的体育仲裁制度，加强与国际体育仲裁机构的沟通合作。充分发挥体育调解在体育纠纷解决中的作用，不断提升和完善体育行政复议和行政诉讼对体育纠纷解决的救济功能。

（5）推进体育法治宣传教育。营造体育系统学法、守法、尊法、用法的良好氛围。各级体育部门领导干部和体育工作者要持之以恒学法、坚定自觉遵法、严格自律守法、积极主动用法，养成遇事找法、办事依法、解决问题靠法的行为习惯。充分利用移动互联网等现代通信手段，创新普法形式，提高普法效率，确保普法实效。

11. 加强组织领导，确保规划落实

（1）加强组织领导。各级政府要高度重视体育工作，将体育发展纳入当地国民经济和社会发展的总体规划，把体育经费、基本建设资金列入本级财政预算和基本建设投资计划。各级体育部门要加强与发展改革、财政、税收、金融、国土等部门的联系与合作，建立健全体育工作领导协调机制。

（2）促进区域体育发展。积极推进京津冀、长三角、珠三角、海峡两岸等区域体育协同发展，构建区域体育协同发展的体制机制，共同打造合作平台，促进区域在体育资源共享、制度对接、要素互补、流转顺畅、待遇互认和指挥协同方面的良性互动，推动区域在体育健身圈建设、体育赛事举办、体育产业发展、体育人才培养交流等方面的协同发展。

（3）做好扶贫援助工作。以体育需求为导向，不断创新体育扶贫工作的方式和组织形式，实施精准援助，丰富革命老区、民族地区、边疆地区和贫困地区的体育生活，做好体育援疆、援藏工作，提高当地体育发展水平。

（4）强化基础性工作。整合力量、完善队伍，进一步加强体育事业和体育产业统计工作，健全体育信息发布制度。完善体育标准体系，提高体育标准化水平。实施体育领域的"互联网＋"战略，加速体育信息化建设进程。

（5）狠抓反腐倡廉和行业作风建设。贯彻全面从严治党要求，落实主体责任和监督责任，明纪立规，正风反腐，加大对重点领域的监督检查，强化监督和问责力度，建立惩防结合的源头治理体系，为体育发展营造风清气正的良好环境。

（6）加强监督落实。建立目标任务考核制度，分解落实本规划确定的目标任务，实行规划年度监督、中期评估和终期检查制度。建立健全动态调整机制，跟踪分析规划实施情况，为调整目标任务和制定政策措施提供依据，确保本规划目标任务如期完成。

参考文献

［1］阿拉腾巴特尔．蒙古族那达慕文化发展研究［J］.内蒙古师范大学学报，2012（11）.

［2］巴特尔，巴音道尔吉．蒙古族传统体育的研究与思考［J］.内蒙古师范大学学报，1999（3）.

［3］巴音道尔吉，巴特尔．建国以来蒙古族竞技体育成就述评［J］.内蒙古师范大学学报，1998（3）.

［4］白红梅．当代蒙古族那达慕大会的多元形态及其文化意义［J］.内蒙古民族大学学报，2014（9）.

［5］白红梅．那达慕文化的结构与功能［J］.草原文化研究，2009（3）.

［6］曹琛．中外休闲体育产业比较研究［D］.首都经济贸易大学硕士学位论文，2005.

［7］陈爱辉．我国体育产业政策变迁的研究［D］.北京体育大学博士学位论文，2015.

［8］陈改桃．草原文化精神内涵管窥——从蒙古族的那达慕谈起［J］.阴山学刊，2008（4）.

［9］陈慧敏．试论体育产业在国民经济发展中的作用演变［J］.吉林体育学院学报，2006（2）：1－2.

［10］陈慧敏．体育产业在国民经济发展中的作用的演变［A］//中国体育科学学会体育产业分会.首届中国体育产业学术会议文集［C］.中国体育科学学会体育产业分会，2005：1.

［11］丛密林，王伟平．内蒙古马文化及其传承途径的研究［J］.吉林体育学院学报，2011（2）.

［12］崔冬冬，谢恩杰，唐文兵．浅析休闲体育产业的概念和功能［J］.新西部（下半月），2010（3）：221，224.

[13] 范尧，陈李凡，杨帆，全炳男. 我国体育产业改革的历史回顾与路径选择研究 [J]. 体育文化导刊，2016（11）：113-117.

[14] 冯赣梅. 体育产业在国民经济发展中的价值分析 [J]. 商业时代，2008（30）：92-93.

[15] 付群，肖淑红，王萍萍，刘彦. 我国体育产业发展的现状及特点研究——以北京市体育产业发展为例 [J]. 南京体育学院学报（社会科学版），2015，29（3）：73-80.

[16] 高铭. 体育产业在我国国民经济发展中的地位与作用 [J]. 运动，2015（9）：139-140.

[17] 高平，薛海军. 内蒙古成为首个足球改革试点省区 [N]. 光明日报，2014-10-14.

[18] 高娃. 蒙古族传统体育现代化研究 [J]. 山东体育学院学报，2009（11）.

[19] 国家体育总局政策法规司编. 体育事业"十二五"规划文件资料汇编 [M]. 人民体育出版社，2011.

[20] 郝占. 冰雪运动助力内蒙古体育腾飞 [N]. 中国体育报，2012-01-13.

[21] 何杰明. 我国体育产业的发展历程及相关概念研究 [J]. 新乡教育学院学报，2008，21（1）：109-111.

[22] 花常花. 体育、休闲及衍生概念的辨析——兼论休闲体育产业的发展 [J]. 运动，2011（12）：139-140，156.

[23] 黄宝玲. 浅析体育产业对社会发展的作用 [N]. 临汾日报，2011-01-22（A02）.

[24] 黄晓，王小娟. 新校园足球发展中存在的问题及应对策略研究 [J]. 体育世界，2016（11）.

[25] 吉如河，乔建国. 内蒙古传统马术马上技巧项目古今探析 [J]. 内蒙古师范大学学报，2016（3）.

[26] 蒋喆彦. 我国体育产业发展政策研究 [D]. 华东政法大学硕士学位论文，2013.

[27] 雷丽. 我国校园足球发展现状与对策的浅析 [J]. 学校体育学，2016（6）.

[28] 李凤新. 那达慕对区域经济发展的影响 [J]. 北京体育大学学报，2007（3）.

[29] 李海燕. 浅探内蒙古体育旅游资源的开发 [J]. 内蒙古师范大学学报，

2007 (3).

[30] 李效辉. 发达国家体育产业的历史演进及对我国体育产业发展的启示 [J]. 商场现代化, 2008 (16): 330 – 331.

[31] 李秀芳. 蒙古族传统体育文化那达慕的发展 [J]. 体育文化导刊, 2008 (11).

[32] 连桂红, 刘建刚. 关于体育产业几对关系概念的逻辑辨析 [J]. 山东体育学院学报, 2001 (1): 16 – 18.

[33] 梁冰. 从足球热思考制约我国校园足球发展的因素及对策 [J]. 体育文化导刊, 2017 (1).

[34] 马尚奎. 国民经济持续发展新引擎——对我国体育产业发展的探析 [J]. 学术交流, 2014 (3): 120 – 123.

[35] 内蒙古区情网, http://www.nmqq.gov.cn/.

[36] 彭松, 向勇. 北京市体育产业的发展背景及未来趋势 [J]. 新西部 (理论版), 2012 (Z5): 32, 36.

[37] 任步攀, 吴纪饶. 对体育产业相关核心概念及其内在逻辑的概述 [J]. 体育文化导刊, 2006 (4): 9 – 12.

[38] 宋冬梅. 体育产业对经济社会发展的意义与价值 [J]. 安顺师范高等专科学校学报 (综合版), 2003 (4): 52 – 54.

[39] 宋秀红, 张文斌, 牛春来. 浅析体育产业对社会发展的促进作用 [J]. 现代交际, 2011 (11): 118 – 119.

[40] 苏水军, 吴东明. 大数据背景下的足球产业可视化研究 [J]. 四川体育科学, 2016 (6).

[41] 田璐, 乌兰托亚. 内蒙古7.3亿元力推足球改革发展 [N]. 中国财经报, 2015 – 09 – 19.

[42] 王国英. 内蒙古现代马产业向何处去 [N]. 内蒙古日报, 2011 – 07 – 06.

[43] 王怀栋, 郝拉柱, 葛茂悦, 李畅游, 李明. 内蒙古运动马产业现状及发展分析 [J]. 中国农学通报, 2013 (8).

[44] 王怀栋, 郝拉柱, 葛茂悦. 内蒙古运动马产业现状及发展分析 [J]. 中国农林通报, 2013 (8).

[45] 王俊敏. 中国体育产业政策体系研究 [D]. 北京体育大学硕士学位论文, 2014.

[46] 王磊. 新中国体育产业历史演进研究 [D]. 吉林大学硕士学位论

文，2014.

[47] 王银霞，加快内蒙古地区体育产业发展的政策建议 [D].内蒙古师范大学硕士学位论文，2012.

[48] 王子朴，原玉杰，詹新寰．我国体育产业政策发展历程及其特点 [J].上海体育学院学报，2008（2）：15－19.

[49] 魏建建．我国体育产业的发展现状研究 [D].武汉体育学院硕士学位论文，2013.

[50] 吴静祎，于秋生，张良，葛青．休闲体育产业相关概念探究 [J].产业与科技论坛，2011，10（23）：28－29.

[51] 席行盖，王伟平，丛密林．内蒙古马术学校现状及发展趋势研究 [J].硕博论坛，2014（4）.

[52] 邢莉．蒙古族"那达慕"的变迁 [J].中央民族大学学报，2007（5）.

[53] 徐云，王德喜．美国体育产业特点给我们的启示 [J].湖州师范学院学报，2006（2）：61－64.

[54] 杨枭．体育产业对我国国民经济与社会发展的意义与价值 [J].商场现代化，2006（28）：316－317.

[55] 杨叶红，方新普．体育产业概念界定及分类研究 [J].安徽师范大学学报（自然科学版），2011，34（4）：394－397.

[56] 姚大为．对中国足球运动发展的思考 [J].理论观察，2016（12）.

[57] 于长镇．试论体育第三产业发展的几个特点 [J].辽宁师范大学学报（自然科学版），1986（3）：79－82.

[58] 曾海，胡锡琴，卫蕾．我国体育产业的经济特点及发展思路 [J].商场现代化，2006（15）：189－190.

[59] 詹新寰．中国体育产业政策的历史与走向 [J].环球体育市场，2010（6）：32－33.

[60] 张剑杰，斯力格．草原文化视域下的内蒙古足球 [J].体育文化导刊，2016（10）.

[61] 张启民．2011 年哲里木赛马节在后旗隆重开幕 [N].通辽日报，2011－08－19.

[62] 张曙光．文化生态视域下那达慕的传承与保护 [J].内蒙古大学艺术学院学报，2010（3）.

[63] 张岩．关于体育产业特点研究的几点思考 [J].成都体育学院学报，

2001 (5)：32 – 35，76.

［64］张岩. 体育产业概念的三种涵义及其适用范围［J］. 体育文化导刊，2001 (5)：23 – 24.

［65］张艳娟. 蒙古族的那达慕［J］. 黑龙江省社会主义学院学报，2001 (6).

［66］张扬，买毅强. 中原体育文化产业发展探究［J］. 体育科技，2017 (2)：109 – 110，115.

［67］章海晨. 我国足球产业的形成与发展策略［J］. 体育成人教育学刊，2005 (5).

［68］赵清波. 发达国家体育产业发展的特点及模式带来的启示［J］. 体育科技文献通报，2005 (4)：15.

［69］赵永铣，巴图.“那达慕”文化的由来与流传［J］. 内蒙古社会科学，1998 (5).

［70］赵永铣，巴图. 那达慕的由来与流传［J］. 内蒙古社会科学，1998 (5).

［71］郑永芳. 中国体育产业在国民经济中的地位研究［D］. 武汉体育学院硕士学位论文，2014.

［72］周庆谊. 论博克运动的草原游牧文化特征［J］. 前沿，2009 (4).